OSSOS DO OFÍCIO
ARQUEOLOGIA NA PRÁTICA

Editora Appris Ltda.
1ª Edição - Copyright© 2020 dos autores
Direitos de Edição Reservados à Editora Appris Ltda.

Nenhuma parte desta obra poderá ser utilizada indevidamente, sem estar de acordo com a Lei nº 9.610/98. Se incorreções forem encontradas, serão de exclusiva responsabilidade de seus organizadores. Foi realizado o Depósito Legal na Fundação Biblioteca Nacional, de acordo com as Leis nos 10.994, de 14/12/2004, e 12.192, de 14/01/2010.

Catalogação na Fonte
Elaborado por: Josefina A. S. Guedes
Bibliotecária CRB 9/870

H624o
2020
	Hibert, Klaus
	  Ossos do ofício: arqueologia na prática /
	Klaus Hibert. - 1. ed. – Curitiba: Appris, 2020.
	  307 p. ; 23 cm	

	Inclui bibliografias ISBN 978-85-473-3850-3	
	1. Arqueologia – Manuais, guias, etc. I. Título. II. Série.	
		CDD – 930.1

Livro de acordo com a normalização técnica da ABNT

Appris
editora

Editora e Livraria Appris Ltda.
Av. Manoel Ribas, 2265 – Mercês
Curitiba/PR – CEP: 80810-002
Tel. (41) 3156 - 4731
www.editoraappris.com.br

Printed in Brazil
Impresso no Brasil

Klaus Hilbert

OSSOS DO OFÍCIO
ARQUEOLOGIA NA PRÁTICA

FICHA TÉCNICA

EDITORIAL	Augusto V. de A. Coelho
	Marli Caetano
	Sara C. de Andrade Coelho
COMITÊ EDITORIAL	Andréa Barbosa Gouveia (UFPR)
	Jacques de Lima Ferreira (UP)
	Marilda Aparecida Behrens (PUCPR)
	Ana El Achkar (UNIVERSO/RJ)
	Conrado Moreira Mendes (PUC-MG)
	Eliete Correia dos Santos (UEPB)
	Fabiano Santos (UERJ/IESP)
	Francinete Fernandes de Sousa (UEPB)
	Francisco Carlos Duarte (PUCPR)
	Francisco de Assis (Fiam-Faam, SP, Brasil)
	Juliana Reichert Assunção Tonelli (UEL)
	Maria Aparecida Barbosa (USP)
	Maria Helena Zamora (PUC-Rio)
	Maria Margarida de Andrade (Umack)
	Roque Ismael da Costa Güllich (UFFS)
	Toni Reis (UFPR)
	Valdomiro de Oliveira (UFPR)
	Valério Brusamolin (IFPR)
ASSESSORIA EDITORIAL	Eduardo Zomkowski
REVISÃO	Cindy G. S. Luiz
PRODUÇÃO EDITORIAL	Lucas Andrade
DIAGRAMAÇÃO	Bruno Ferreira Nascimento
CAPA	Lucielli Mahira Trevizan Luz
COMUNICAÇÃO	Carlos Eduardo Pereira
	Débora Nazário
	Karla Pipolo Olegário
LIVRARIAS E EVENTOS	Estevão Misael
GERÊNCIA DE FINANÇAS	Selma Maria Fernandes do Valle

AGRADECIMENTOS

Quando um texto leva tanto tempo para ser escrito – como este – foi muitas pessoas participam da sua realização. Por isso, quero agradecer a meus colegas e amigos que me ajudaram a compor este texto. Todos contribuíram na elaboração deste manual de arqueologia, cada um do seu jeito.

Minhas considerações especiais vão para Jens Soentgen, que me incentivou a ler autores que ainda não conhecia e que me ajudaram a me reinventar como arqueólogo. Ao mesmo tempo, quero agradecer ao colega e amigo René Gertz e a Luís Marcos Sander, que, com muita paciência e sabedoria, conseguiram entender minhas algaravias, escritas em português, mas pensadas em alemão, e traduzi-las para um texto acessível. Agradeço a Arno Kern, pelo apoio acadêmico e pela confiança na minha capacidade de arqueólogo e professor, a Marcélia Marques e Gustavo Wagner, pela amizade e pelos textos que escrevemos juntos, a José Proença Brochado, pelas conversas inspiradoras, a Paulo das Graças Santos, Mariana Cabral e José Alberione, que me mostraram que é possível fazer e pensar coisas diferentes na Arqueologia. Quero agradecer também a Filipi Pompeu, que me emprestou uma de suas poesias.

Meus agradecimentos pessoais e de coração vão para Luana, para Katharina, Johann e, em especial, para Lautaro, que me apoiou quando mergulhei nessas águas profundas das incertezas.

A todos, um "muito obrigado!"

Recebi apoio financeiro generoso para escrever este manual por meio de uma Bolsa de Estágio Sênior concedida pela Capes (Coordenação de Aperfeiçoamento de Pessoal de Nível Superior), processo nº BEX 0529/10-9, (2010-2011), e uma Bolsa de Produtividade do CNPq (Conselho Nacional de Desenvolvimento Científico e Tecnológico) 2015-2020.

APRESENTAÇÃO

Ossos do Ofício é um manual de Arqueologia para todos os interessados nesse ofício. A linguagem que escolhi é de um diário. Alguns dos meus leitores, certamente, se sentirão incomodados, em especial pela falta de uma abordagem mais científica com que tratei a Arqueologia e seu estudo. Para meu conforto, tenho certeza de que essa é a linguagem usada pelas pessoas realmente interessadas. Trata-se, portanto, de uma construção textual acessível. Nessa casa vernácula, cabem todos aqueles que querem conviver comigo. Ela é confortável, entulhada de coisas estranhas e inexplicáveis, com defeitos e com soluções práticas e artesanais.

Este manual descreve, de acordo com minha memória e baseado nas minhas imaginações e experiências como professor e arqueólogo, as reações e os acontecimentos que ocorreram em um determinado cenário, que chamamos de "sítio arqueológico".

De modo semelhante ao roteiro das fábulas populares, este manual inicia sua narração com a contextualização da situação, delineia o cenário, o lugar, apresenta os personagens e o herói – o arqueólogo. Nesse cenário das fábulas populares, primeiro aparecem os dragões com asas de morcego, cuspindo fogo. Em todos os contos, sempre aparecem, primeiro, os dragões. Depois dos dragões, entram em cena os reis orgulhosos e poderosos, com suas coroas de ouro, as rainhas dóceis e sábias, com seus colares de pedras preciosas, os príncipes valentes e ingênuos, com suas espadas, e as princesas lindas e rebeldes, com seus véus de noiva. Com elas, surgem os heróis que salvam as princesas das garras dos dragões. Os dragões são extintos. Não pelos heróis. No final, nem tenho certeza se o herói fica com a princesa. Mas isso não importa, pois, por último, aparecem os arqueólogos, que encontram a coroa, o colar, a espada, o véu, escavam os ossos e os dentes do rei, da rainha, do príncipe, da princesa e, no final, também dos dragões.

O herói do meu conto, o arqueólogo, que acorda a princesa do seu sono eterno, não tem espada, mas usa uma trolha, uma colher de pedreiro, com que descobre as coisas do passado. Ele não escava tesouros de ouro, mas aquilo que descobre vale ouro. Ele agrega valores às memórias das pessoas e explica suas relações com o passado, contando histórias. Os arqueólogos contam histórias para as pessoas sobre outras pessoas em outros lugares e em outros tempos. Pois a História não é o passado. História é uma narrativa sobre o passado, contada no presente, com a finalidade de construir o futuro das pessoas (alguém já disse isso em outras palavras, mas não me recordo exatamente quem).

As histórias que os arqueólogos contam, com a ajuda dos objetos que encontram nos lugares, servem para reorganizar o passado. São histórias sobre a vida e a morte. São ossos do ofício. São histórias que tratam das pessoas, das coisas, do fazer, do sofrer, dos lugares e dos tempos. Acredito que devem ser histórias úteis, contadas, escritas, retratadas e desenhadas para responder às necessidades das pessoas que precisam de compreensão, de consolo e de ajuda para entender suas tragédias, suas derrotas e também suas vitórias.

PREFÁCIO

Tanto historiadores quanto arqueólogos estudam o passado. A diferença entre ambos é que os primeiros estudam o passado a partir de escritos, de imagens, de depoimentos orais, e também a partir de objetos. Os arqueólogos dependem quase exclusivamente dessa última "fonte". Além disso, os arqueólogos, em geral, lidam com um passado mais distante que os historiadores. As bases teóricas e metodológicas, portanto, são diferentes.

Apesar de não ser arqueólogo, li este livro de Klaus Hilbert com muito prazer e proveito. Em primeiro lugar, trata-se de uma leitura muito agradável, em função de sua linguagem coloquial. Em segundo lugar, ele conta histórias sobre a Arqueologia, coisa que, obviamente, interessa a um historiador. Essas duas características, certamente, serão muito bem recebidas pelos leitores.

Um manual, muitas vezes, é um livro relativamente árido. Não é usual que se o leia de uma assentada. Coloca-se o livro na estante e, quando se prepara uma pesquisa ou enfrenta-se um problema concreto em meio a um processo investigativo, busca-se o manual, para olhar o item específico no qual se imagina encontrar a solução. Aqui é bem diferente.

Os comentários sobre o fazer Arqueologia, em muitas passagens, referem-se a arqueólogos de carne e osso, sejam figuras internacionais do passado – como Heinrich Schliemann –, sejam arqueólogos brasileiros recentemente falecidos ou em plena atividade – como José Proenza Brochado ou Arno Kern. Tanto iniciantes quanto profissionais experientes podem aprender muito com os acertos, mas também com os erros desses mestres.

As práticas cotidianas de um arqueólogo são descritas numa linguagem literária, até poética, que jamais se torna cansativa. Mesmo uma pessoa que – como eu – nunca sequer visitou um local de escavação tem seu imaginário despertado pelos detalhamentos sobre a presença de cachorros vira-latas, de formigas, de agentes alérgicos que despencam de uma árvore chamada aroeira. Durante a leitura, até se sente o cheiro que a terra revirada emana. Sem muito esforço, nossa imaginação consegue enxergar as melecas com que o arqueólogo lida.

Tensões e alegrias decorrentes do convívio a céu aberto, longe de casa, são apresentadas sem qualquer idealização. Ficamos sabendo dos inconvenientes causados por algumas visitas – interessante é que as visitas de curiosos das redondezas não constituem o problema mais frequente e grave; muito pior é quando um colega supostamente mais sabido vem para não só sugerir, mas até entrar na escavação e, sem ter sido convidado, interferir no trabalho alheio.

Aprendizes trapalhões ou presunçosos são outro problema descrito com muito realismo. Por um lado, o arqueólogo experimentado não pode desmerecer o esforço do aprendiz com censuras ou a desqualificação categórica de um achado sem valor, ou mesmo falso. Por outro, não há como não insistir no rigor da investigação e na necessidade de observar princípios éticos e científicos.

Além de apresentar descrições detalhadas dos instrumentos que devem acompanhar o arqueólogo em campo – instrumentos que vão desde o tipo de chinelo ou calçado a ser usado, o radinho portátil, até a trena ou a pá de pedreiro. Em meio a esses detalhes técnicos, porém, não se perde o aspecto lúdico. Mas que só é lúdico em certo sentido. Veja-se o item dedicado ao "vaguear": "vaguear" quase rima com "vagabundear", pois não representa uma ação sistemática, planejada, mas sim um caminhar sem rumo certo, para tentar localizar sítios "a olho nu". É algo divertido, prazeroso e pode trazer bons resultados para quem tem um "olho arqueológico".

Por tudo isso, o leitor tem em mãos um manual diferente – diferente na linguagem, diferente na estrutura, diferente nos temas enfocados. Tenho certeza de que, mesmo na hipótese totalmente improvável de que o leitor não venha a derivar dele nada de útil para sua atividade, terá lido um texto muito divertido e que, com certeza, ensina muito para a vida, mesmo para aqueles que não são arqueólogos.

Prof. Dr. René E. Gertz,
Historiador

SUMÁRIO

1 O CENÁRIO 17
Esclarecimento sobre as intermitências 25
Intermitência: meu espelho visto por Filipi Pompeu 25
    Reflexo 25

2 O ROTEIRO 27
    O começo 27
    O lugar 28
    A perda 28
    A ameaça 29
    O herói 31
    A proibição 31
    A partida 32
    A coisa 33
    A tentação 34
    O salvamento 35
    O retorno 35
    O castigo 36
    A nova partida 37
    O novo roteiro 38
    Intermitência: o caminho do meu conto apontado por José Hernández 38
        El guacho Martín Fierro 38

3 O PERSONAGEM 39
    Colecionadores 39
        João da Silveira 40
        Arseno Ewerling 41
        Jorge Simão 49
    Arqueólogos 51
        Arqueólogos de campo 51
        Arqueólogos de gabinete 52
        Yippies 53
        Yuppies 53
        Guppies 54
        Puppies 54
        Lollies 54
        Filósofo Renascido 55
        Filho dos Anos Setenta 55
        Old-Timer 56
        Os "Pronapianos" 58
    Intermitência: disputa entre os heróis narrada por Lewis Carroll 60
        Tweedledum and Tweedledee 60

4 A SEDUÇÃO 61
Estímulos 61
   A primeira frase 61
   A pergunta 62
   A natureza romântica 63
   O encontro 65
O projeto 66
   A ansiedade 68
O mistério 72
Intermitência: certezas e enganos de Lewis Carroll 75
   The Mad Gardener's Song 75

5 A PROCURA 77
Vaguear 77
   Desenhos vagantes 78
   Vaguear arqueológico 78
Passear 79
   Passeio 79
   Passeio arqueológico 80
Marchar 81
   A marcha marcada 82
   A marcha reta 82
   A marcha arqueológica 83
Rastrear 84
   Ler o rastro 85
   Pegada arqueológica 86
Prospectar 88
   Prospecção arqueológica 89
Intermitência: procurando novos caminhos com Bob Dylan 91
   Mr. Tambourine Man 91

6 O ACHAR 93
Regras do achar 93
   Achados *in situ* 94
Superstições 95
   Superstições arqueológicas 96
Como achar 98
   Achar monumentos 99
   Achar objetos 100
   Achar em amontoados 105
   Achar dispersos 106
   Arte de achar 106
   Encontrar achados 107
   Nomear os achados 109
   Falar dos achados 110

    Achar histórias 111
    Perguntar por achados 113
  Intermitência: as coisas queridas por Bertolt Brecht 117
    Von allen Werken 117

7 O LUGAR DOS ACHADOS 119
  Lugares das coisas da vida e da morte 119
  Lugares das substâncias 124
    Terra 125
    Areia 129
    Argila 131
  Lugares dos amontoados 132
    Formação de amontoados 134
  Intermitência: meus lugares da infância e Robert Louis Stevenson 136
    Travel 136

8 O LUGAR DOS ENCONTROS 139
  Encontros vagarosos 139
  Encontros apressados 140
  Lugar dos encontros íntimos 140
    Árvores 141
    Formigas 143
    Minhocas 145
    Tatus 148
  Lugar dos encontros públicos 148
    Crianças 149
    Grupos 150
    Adultos 151
    Arqueólogos 152
    Cachorros 155
  Despedida dos intrusos dos habitantes locais 157
  Intermitência: ver e perceber através dos olhos de Patativa do Assaré 158
    Linguagem dos óio 158

9 O LUGAR DAS SENSAÇÕES 161
  Cheirar 161
    Cheiro de praias 161
    Cheiro dos Pampas 162
    Cheiro da mata 163
    Cheiro de catacumba 164
    Cheiro de terra 166
    Cheiro da pedra 167
    Cheiro dos arqueólogos 167
  Comer 168
    Bolachas 169
    Chocolate 171

Chiclete	175
Terra	176
Beber	177
Água	178
Chimarrão	179
Ouvir	179
Barulhos	179
Rir	182
Fala	182
O que se fala	183
Música	183
Som	184
Tocar	185
Manusear	185
Moldar	186
Massagear	186
Intermitência: perfumes e veneno das coisas em Charles Baudelaire	187
Le Flacon	187

10 O LUGAR DAS EMOÇÕES 189

Dormir na escavação	189
Lugar dos mortos	189
O morto no cemitério	192
Deitar-se com os mortos	196
Encontro com o morto	199
Comer e ressuscitar os mortos	202
Intermitência: Ossos do ofício	204
Der Machandelboom	204
Intermitência: propício a ressurreições por Wladimir Saldanha	204
ELEGIA PARA EHUD NETZER, MEU PAI	204

11 O LUGAR DA MEMÓRIA 209

Ars Memorativa	210
Memória dos lugares	211
Marcar lugares para lembrar	214
Intermitência: lembrar lugares para voltar com Kleiton & Kledir	216
Deu Pra ti	216

12 O LUGAR DA ESCAVAÇÃO 217

Como escavar	217
Escavar	222
Recortar e delinear	222
Escavar buracos	224
Escavar em buracos	225
Escavar arqueólogos	226
Vestimenta	228

O chapéu e as botas de couro..........230
Chinelos..........231
O chicote..........233
Ferramentas..........234
A trolha..........235
Pás e picaretas..........239
Peneiras..........242
Metros e trenas..........247
Pranchetas, planilhas, lápis, apontadores e borrachas..........248
Intermitência: a lista das coisas de Günter Eich..........250
Inventur..........250

13 O VALOR DAS COISAS..........253
Pedras..........254
A Kryptonita..........255
Moon rocks..........256
A Pedra Filosofal..........259
Sobre substâncias e pedras..........260
Estudo descritivo dos fenômenos..........263
Intermitência: as coisas loucas de Pablo Neruda..........265
Oda a las cosas..........265

14 O VALOR DAS PALAVRAS..........269
Ler coisas arqueológicas..........269
Palavras e coisas..........270
Vestindo um modelo arqueológico..........275
Primeiro enunciado..........276
Segundo enunciado:..........277
Terceiro enunciado:..........278
O valor de um sítio arqueológico..........278
Intermitência: não são apenas palavras... de Mário Quintana..........281
Os poemas..........281

15 O "FIM"..........283
A cortina se fecha e as luzes se apagam..........284
Intermitência: o mundo é um palco e todos somos apenas atores..........285
All the World's a Stage..........285

REFERÊNCIAS..........287

ÍNDICE REMISSIVO..........305

1

O CENÁRIO

A ideia inicial para este trabalho surgiu, muitos anos atrás, depois de uma daquelas numerosas e longas conversas com José J. Proença Brochado.[1] Na verdade, não se tratava de conversas no sentido tradicional da palavra, envolvendo, diretamente, diversas pessoas e, eventualmente, diferentes pontos de vista. Nada disso! As conversas com Brochado, bem como suas aulas, eram monólogos. Quem participou das conversas, quero dizer, quem assistiu às aulas de Brochado, aprendeu muito sobre a história da América pré-colonial. E, certamente, quando um pequeno grupo de estudantes reunia-se na hora do almoço, em um dos restaurantes do *campus* da Universidade Católica do Rio Grande do Sul, embarcava, carregado pelo fluxo contínuo e monótono de suas palavras, numa viagem imaginária ao redor do mundo. Sempre controlando o ritmo e o fluxo da conversa, Brochado, às vezes, acelerava, encurtava suas histórias, contornava com grande habilidade assuntos polêmicos ou de pouca relevância. De vez em quando, parava, passava a mão na barba branca, resmungava, procurava palavras ou nomes, para, em seguida, deter-se, por um bom tempo, na descrição minuciosa de uma escavação arqueológica no Mississipi, da qual participara como estudante. Com certo toque irônico, Brochado escolhia as palavras, apresentava suas ideias com muita precisão e quando, finalmente, decidia retomar o ponto de partida da viagem, a maioria dos seus ouvintes já tinha esquecido o começo da história. Essas conversas, ou melhor, esses monólogos, podiam demorar horas. Seu público mudava constantemente. Ninguém tinha fôlego suficiente para acompanhar o ritmo de suas histórias infinitas, mas ele não se importava. Os novos ouvintes, por sua vez, não sabendo em que pé andava a conversa e de qual assunto tratava-se, desviavam o foco da conversa, mas Brochado sempre os trazia de volta das longas viagens, e seguidamente chegávamos atrasados para nossas salas de aula.

---

[1] José J. Proença Brochado foi professor de Antropologia na Universidade Federal do Rio Grande do Sul. Depois de sua aposentadoria na UFRGS, foi, até 1996, professor na PUCRS. Participou, entre 1965 e 1970, do PRONAPA (Programa Nacional de Pesquisas Arqueológicas) e, sem dúvida, é um dos maiores especialistas na cultura Guarani arqueológica.

Brochado sabia de tudo um pouco, ou pelo menos sabia contar algo sobre qualquer coisa, e não só da área da Arqueologia ou da Antropologia, ele sentia-se confortável para falar sobre, por exemplo, literatura russa, poesia francesa medieval, música incaica ou sobre a atual situação política e econômica da Islândia. Entretanto uma de suas especialidades eram as comparações etnográficas. Para quase todas as situações arqueológicas envoltas em alguma dúvida ou inexploradas, Brochado conhecia um exemplo da Etnologia que ilustrava ou reforçava seu ponto de vista e eliminava as dúvidas. Por vezes, suas referências etnológicas e os exemplos que usava eram de etnias pouco conhecidas e de regiões tão remotas e distantes que o próprio George Peter Murdock (1967) teria dificuldade de encontrá-las em seu atlas. Alguns dos seus ouvintes até desconfiavam que Brochado simplesmente inventasse nomes, lugares e etnias, não por ignorância, mas por motivos puramente didáticos e para ilustrar melhor seus argumentos.

Um dia, a viagem acadêmica conduzida por Brochado levou-nos ao continente temático chamado "Mudança Cultural", um dos seus temas preferidos. Durante essa viagem, chegamos a conhecer, entre outros, os Charruas do Rio da Prata. Brochado explicava em mínimos detalhes, entre uma garfada e outra, a importância do cavalo como um dos fatores principais para a mudança cultural dessas populações indígenas e resumia suas ideias dizendo:

"Antes, os Charruas eram caçadores, coletores e pescadores; após o contato com os europeus, tornaram-se cavaleiros dos Pampas".

No primeiro instante, essa conclusão nos pareceu tão convincente e tão óbvia que ninguém mais comentou ou questionou o assunto. Afinal de contas, todos os gaúchos sabiam disso, e, sim, todos concordavam com sua afirmação, entre uma garfada e outra, de modo que nossas viagens pelo mundo das "Mudanças Culturais" continuaram com outros exemplos e em outras partes do mundo, até o fim do almoço. E, mais uma vez, chegamos atrasados para as nossas aulas.

No dia seguinte, fui eu que iniciei a discussão, na hora do almoço, antes que Brochado pudesse iniciar seus monólogos, ao provocá-lo afirmando que as mudanças culturais entre os Charruas certamente não ocorriam dessa maneira tão simples e casual como ele as descrevera no dia anterior. Claro que Brochado sabia disso! Ambos sabíamos que a história dos Charruas do Rio da Prata envolviam também outros personagens e assuntos e ia além de uma simples mudança cultural de caçador/pescador para criadores de cavalos. Eu sabia disso, pois, quando estava escrevendo minha tese de doutorado sobre alguns aspectos da Arqueologia pré-histórica do Uruguai, já tinha notado que as fontes documentais, ao tratarem diretamente dos Charruas, eram, além de escassas, muito genéricas (HILBERT, 1991). As pesquisas arqueológicas no Uruguai, mesmo tendo iniciado no final do século XIX e sendo bastante sistemáticas e surpreendentemente bem documentadas, pareciam-me, naquela época, pouco confiáveis. Percebi logo que a principal meta desses esforços arqueológicos consistia em comprovar a existência de uma relação direta entre a "extinta" etnia Charrua e os vestígios arqueológicos. Usando as escassas fontes escritas com essa finalidade e misturando-as com as análises dos inúmeros fragmentos de objetos materiais encontrados, estudiosos como José H. Figueira, Orestes Araújo, Francisco Bauzá, Antonio Serrano e outros elaboraram, cuidadosamente, uma imagem das antigas populações do Rio da Prata, inclusive dos Charruas, transformando-os em heróis e nos principais símbolos de identidade nacional uruguaia (HILBERT, 2001; 2009a).

O problema que levantei para o debate naquele dia, durante o almoço, foi o de enfatizar a falta de sítios arqueológicos que pudessem ser diretamente atribuídos aos Charruas. Alguns argumentaram que esses sítios nunca existiram. Brochado apontou a deficiência de métodos adequados como causa dessa lacuna. Tânia, doutoranda do professor Brochado, argumentou que tudo teria origem na ausência de teorias na Arqueologia brasileira. Ela indignava-se, principalmente, com uma "versão empobrecida do Histórico-culturalismo". Essa "Arqueologia empírica", explicava, "que envolve a aquisição e análise de dados sem teorias preexistentes, é responsável pela pesquisa do nosso passado histórico!" Nem todos entenderam sua empolgação; outros concordaram, principalmente Jorge, um estagiário, que apontou outro motivo para a falta de teorias, que estaria na "ignorância da Arqueologia brasileira frente à profunda revolução que o Processualismo na Arqueologia anglo-americana trouxe". Tânia complementou dizendo que a Arqueologia brasileira não ergueu "com ímpeto olímpico a chama da renovação do pensamento arqueológico". Por essa razão, a Arqueologia brasileira continuava sendo caracterizada como descritiva e classificatória (LIMA, 2002). Brochado, de sua parte, tentou acalmar os ânimos na mesa dizendo com toda a calma do mundo:

"Não precisamos fazer cara feia quando estamos discutindo sobre teorias".

Assim, nesse clima de efervescência, surgiu entre os participantes da mesa a proposta de elaborar um projeto de pesquisa bastante ambicioso com a intenção de localizar sítios arqueológicos, não somente aqueles que pudessem ser atribuídos aos Charruas, mas algo mais abrangente e básico. Aos poucos, no decorrer da discussão, o problema dos Charruas passou para um segundo plano e, no final da discussão, perdeu-se pelo caminho, mais uma vez.

Todos concordaram que o projeto deveria ser bem fundamentado, do ponto de vista metodológico e teórico, e contemplar as atuais tendências da ciência arqueológica de tal maneira que pudesse servir como modelo para todos os futuros projetos, devendo ser, enfim, uma espécie de supermanual arqueológico. Este manual deveria explicar como encontrar um sítio arqueológico, como escavar e como analisar os vestígios. Todos estavam empolgados, trocando ideias, entre uma garfada e outra.

Nem preciso dizer que esse ousado plano de elaborar um manual arqueológico nunca foi realizado por nós e que a proposta, mesmo sendo relevante, ficou naquela mesa, na hora do almoço, junto aos pratos sujos com restos de comida, talheres, copos e guardanapos esquecidos com minhas anotações e rabiscos.

Retomei essa ideia de elaborar um projeto-modelo com as instruções de como encontrar e escavar sítios arqueológicos e de como analisar os objetos, muitos anos depois, precisamente em 2011, durante um estágio de pós-doutorado[2] na Universidade de Augsburg, junto a Jens Soentgen. Jens é formado em Química e possui doutorado em Filosofia. Sua especialidade são as substâncias, *Stoffe* (SOENTGEN, 1996; 1998, HAHN; SOENTGEN, 2010). Ele não entende nada de Arqueologia, mas sabia levantar dúvidas e formular perguntas como estas:

"Como os arqueólogos descobrem sítios arqueológicos? Que são sítios arqueológicos? Como se formam as terras pretas antropogênicas? Que é um achado arqueológico?"

Quando comecei a responder essas perguntas e explicar, do ponto de vista de um arqueólogo experiente, as metodologias de prospecção, de escavação, de análise dos vestígios e dos objetos arqueológicos, dei-me conta de que estava preso, quanto à linguagem, a conceitos e a abordagens inerentes à minha profissão. Jens não entendeu nada. Só inclinava a cabeça para o lado, esfregava o lóbulo da sua orelha direita entre os dois dedos e

---

[2] Bolsa de Estágio Sênior financiado pela Capes, processo n. BEX 0529/10-9.

selecionava cuidadosamente algumas palavras que pudessem ser compartilhadas entre nós.

"Simplifique no início. As coisas se complicam depois sozinhas!"

"O que significa procurar, achar, descobrir na Arqueologia, do teu ponto de vista?"

"Qual é a relação do arqueólogo com os objetos, com as substâncias, com as pessoas do passado e da atualidade?"

"Como os arqueólogos transformam uma paisagem, qual a relação dos moradores de uma área com os sítios arqueológicos?"

"Como os arqueólogos lidam com o não saber deles próprios e dos outros?"

Iniciar um projeto de pesquisa com uma pergunta é uma prática antiga, além de constituir uma boa tática para não precisar respondê-la de imediato. Toda uma categoria literária foi denominada conforme essa tática. *Ubi sunt qui ante nos fuerunt?*[3] são narrativas que iniciam com perguntas. Trata-se de perguntas que evocam sentimentos nostálgicos, que se referem ao passado. Quem pode respondê-las? Os arqueólogos são, sem sombra de dúvida, especialistas nas questões do passado humano e das suas memórias. Por esse motivo, deveria sentir-me capaz de responder também perguntas que Jens Soentgen me fez. Mas fiquei desorientado com tantas perguntas, e entendi que o projeto original, mais uma vez, deveria ser modificado. Permaneci, inicialmente, sem respostas, pois quando formulei o projeto deste trabalho de elaborar um manual de Arqueologia, parti da ideia de que este manual pudesse servir para todos os arqueólogos e, consequentemente, o arqueólogo generalista precisava ser definido.

Assim, iniciei, como é de praxe, montando uma lista das características, atribuições, habilidades, conhecimentos, responsabilidades, privilégios e tarefas do arqueólogo. Coloquei esses dados numa planilha e tentei, com a ajuda da estatística, criar esse personagem. Logo me dei conta de que não ia chegar a lugar nenhum e que esse Ser arqueólogo é tão indefinido e variável e tão diversificado quanto as Arqueologias que existem no mundo.

Com isso, não quero dizer que não possamos congregar arqueólogos e formar categorias conforme suas ideias e práticas, mas esses agrupamentos, organizados pelos próprios arqueólogos e orientados por conceitos

---

[3] Onde estão aqueles que foram antes de nós?

teóricos, servem exclusivamente para criar espaços em nossas memórias que, no fundo, são apenas exercícios mentais que ajudam a memorizar os nomes desses arqueólogos e daquilo que eles fizeram. Teorias são exercícios mnemônicos. Trata-se, também, de uma espécie de teste de conhecimento para ver quem acerta corretamente os nomes dos arqueólogos, com a correspondente classificação teórica – tarefa fundamental nos concursos públicos para professores adjuntos de Arqueologia.

"Fulano de tal é evolucionista, uuuuh!; este é processualista, iiiiihh!; aquele é pós-processualista, aahh!; o Pronapa é Histórico-culturalista", eeeehhee?"

Há muitas outras tentativas de formar categorias de arqueólogos, algumas feitas em tom de seriedade, outras com conotações mais lúdicas, irônicas e até engraçadas. Todas elas apenas ajudam a exercitar as nossas memórias e as nossas capacidades de lembrar as coisas, e certamente apenas os arqueólogos entendem essas categorias e as piadas sobre elas.

Na percepção popular, fazer Arqueologia está relacionado com algo misterioso, completamente inseguro, tem algo de previsão do tempo, de comentarista de futebol, de avaliador da economia, de psicologia, pedagogia, tem algo de ser cozinheiro, ou no sentido de que todos opinam e acham-se no direito de dar palpite.

"Acho que vai chover, porque meu joelho está doendo!"

"Se o treinador tivesse colocado mais um atacante, nosso time não teria perdido aquele jogo!"

"Faltou uma pitadinha de noz-moscada na sopa de abóbora!"

"Certamente, trata-se de um achado arqueológico muito importante, valioso e bastante antigo!"

Muitos entendem o fazer Arqueologia de forma mais restrita e pragmática, como prestação de serviço, como meio de expressão política, como instrumento para enriquecer vendendo relíquias arqueológicas roubadas,[4] como realização de um sonho de infância, como meio de conservar ou restaurar o passado ou os passados. Reduzir isso a um único atributo é impossível. Acredito que seja mais uma combinação de privilégios, habilidades, conhecimentos, finalidades, e talvez seja isso que torna a Arqueologia tão popular, fascinante, respeitada, desconhecida, alienígena e misteriosa (HOLTORF, 2005).

---

[4] Quem faz isso é um criminoso, e não posso, de jeito nenhum, considerá-lo arqueólogo. Essa pessoa merece cadeia!

Depois de algumas tentativas frustradas, abandonei o plano de achar o arqueólogo generalista que pudesse ser o leitor do meu futuro manual. Não consegui satisfazer a todos e a todas as exigências, mas, como resultado dessa tentativa, meio frustrada, aprendi que a Arqueologia é mais do que um exercício de uma metodologia científica de colecionar e interpretar cultura material em forma de dados. A lida com as coisas do arqueólogo está relacionada com a história, com as pessoas, com suas próprias memórias e com as memórias dos outros. No contexto de sua responsabilidade social, a Arqueologia é uma maneira de tornar a história relevante para grupos excluídos da história oficial (HILBERT, 2007b).

Os arqueólogos fazem muito mais que apenas estudar artefatos. Também lidam com substâncias, separam coisas das substâncias, selecionam cultura material, transformam cultura material em palavras, em linguagem, emendam palavras, criam textos e transformam textos em narrativas. Eles são versáteis e, para falar melhor sobre algo tão difícil quanto os objetos e as substâncias, os arqueólogos, bem como todos nós, inventam linguagens, criam metáforas, renomeiam coisas, contam histórias, cultivam lembranças, apagam memórias, além de escrever sobre outros arqueólogos.

Como nenhuma das definições que anotei no meu caderno serve para todas as pessoas que se entendem como praticantes de Arqueologia, tentei uma estratégia diferente. Já que me considero arqueólogo, identifico-me, em público, como arqueólogo, e em outros momentos, identificam-me e chamam-me de arqueólogo, decidi partir das minhas experiências profissionais, e, evidentemente, pessoais. Assim, esse projeto ambicioso de elaborar um manual de práticas arqueológicas ganhou o formato de um conto popular, e de caráter eminentemente autobiográfico.

"Está na cara" que não escrevi este manual de Arqueologia numa única noite de inspiração, ou depois de um encontro com o "misterioso", na encruzilhada entre a Avenida Ipiranga e a Rua Érico Veríssimo. Aproveitei alguns dos meus textos escritos anteriormente, a ponto de que o leitor atento não encontrará dificuldade em identificar as fontes originais, também aqui citadas. Esses textos, surpreendentemente, encaixaram-se perfeitamente neste conto fantástico, como se eu tivesse planejado tudo isso, e de longa data.

Essa é a história de como eu reorientei-me e de como surgiu este texto, que chamei, provisoriamente, de *"Ossos do ofício"* e em que revelo minhas maneiras de fazer Arqueologia.

Pratico Arqueologia como uma arte antiga e como artesanato. Aprendi a fazer Arqueologia dessa maneira com meus mestres e pratico esse ofício dessa forma, até hoje. A metodologia artesanal da Arqueologia inclui o uso de ferramentas, como trolhas, pás, picaretas, enxadas, máquinas pequenas e de médio porte, como carrinho de mão, escavadeira e equipamentos eletrônicos, como computadores, GPS e teodolitos. Com a sabedoria de um artesão, procuro, acho, descubro, manipulo objetos arqueológicos.

O exercício desse ofício exige disciplina e regras, como em todas as artes. E como em todos os outros ofícios, a Arqueologia também criou um conjunto de regras específicas de como manipular objetos corretamente, explicar fenômenos, projetar acontecimentos futuros, identificar e nomear coisas e substâncias. O conjunto inclui crenças, superstições, conceitos, preconceitos, conhecimentos, atitudes, não saberes, habilidades, bem como, evidentemente, palavras que o arqueólogo compartilha com um grupo de pessoas que praticam esse ofício. A arte de fazer Arqueologia e dos seus produtos é tão diversificada quanto as pessoas que praticam esse ofício, essa arte, e, ao mesmo tempo, é tão característica que todos reconhecem um arqueólogo de longe.

Mais um esclarecimento: quando me refiro aos "arqueólogos", não quero dizer que todos os arqueólogos tenham tais e tais características ou atuem de tal e tal maneira. Como não poderia ser diferente, o arqueólogo que descrevo e faço atuar tem fortes traços autobiográficos.

A linguagem que escolhi é a de um diário. Alguns leitores se sentirão incomodados, certamente, em especial pela falta de uma abordagem mais científica na maneira com que tratei o assunto da Arqueologia. Desculpem, e confesso que também não me esforcei muito em criar um texto na língua portuguesa num tom mais literário ou científico. Não sei escrever assim, pois apenas frequentei um colégio brasileiro até o segundo ano do primeiro grau.

Por outro lado, e para meu conforto, tenho certeza de que essa é a linguagem usada pelas pessoas simples. Trata-se, portanto, de uma construção textual acessível a todos. Nessa casa vernácula, cabem todas as pessoas que querem morar comigo. Ela é confortável, entulhada de coisas estranhas e inexplicáveis, com defeitos e com soluções práticas e artesanais.

Esclarecimento sobre as intermitências

Com a intenção de criar um espaço de transição e de relaxamento entre cada etapa deste manual, entre um quadro e outro, coloco uma citação poética que acompanha o leitor, como aquela melodia criada por Modest Mussorgsky em *Tableaux d'une exposition* [Quadros de uma exposição] (1874) conhecida como *Promenade I* [Passeio].

Intermitência: meu espelho visto por Filipi Pompeu

Reflexo

Emanado da íris
Num átimo melindroso
Rouba a minha alma
Sem sequer me tocar

Disfarçado em mimese
Parece até duvidoso
Que olha de volta
Sem querer me olhar

Senhor do ângulo
Apêndice de luz
Finalmente atesto

Num espelho imundo
Fulgura, reluz
O meu próprio reflexo.

(Filipi Pompeu, 2015, inédito)

2

O ROTEIRO

O começo

Primeiro, aparecem os dragões com asas de morcego, cuspindo fogo. Em todos os contos, sempre aparecem primeiro os dragões. Depois dos dragões, entram em cena os reis orgulhosos e poderosos, com suas coroas de ouro, as rainhas dóceis e sábias, com seus colares de pedras preciosas, os príncipes valentes e ingênuos, com suas espadas, e as princesas lindas e rebeldes, com seus véus de noiva. Com elas, surgem os heróis que salvam as princesas das garras dos dragões. Os dragões são extintos. Não pelos heróis. No final, nem tenho certeza se o herói fica com a princesa. Também não importa, pois por último aparecem os arqueólogos, que encontram a coroa, o colar, a espada, o véu, escavam os ossos e os dentes do rei, da rainha, do príncipe, da princesa e, no final, também dos dragões. É a partir dessas coisas que os arqueólogos criam suas histórias. São histórias da vida e da morte. São histórias que tratam das pessoas, das coisas, do fazer, do sofrer, dos lugares e dos tempos (TERRELL, 1990).

De modo semelhante ao roteiro das fábulas populares, inicio meu conto com a contextualização da situação, delineio o cenário, o lugar, apresento os personagens e o herói, o arqueólogo (PROPP, 1983; FRESE, 1985).

Descrevo, de acordo com a minha imaginação e baseado nas minhas experiências como arqueólogo, as reações e os acontecimentos que ocorreram em um determinado cenário, em um lugar que, inicialmente, é denominado de lugar dos achados arqueológicos, mas que, logo depois de ter sido achado e manuseado pelo arqueólogo e ter recebido uma identificação oficial, transforma-se em um sítio arqueológico.

O lugar

Trata-se de um lugar em que pessoas, elementos, minerais, animais, organismos, plantas, substâncias e coisas encontram-se, onde elas acumulam-se e onde são amontoadas, misturam-se, são misturadas, interagem, reagem e transformam-se. Depois das primeiras efervescências, do empilhamento das coisas, do acúmulo das substâncias e das coisas feitas e desfeitas nesse lugar, tudo entra em colapso. Tudo que aconteceu agora está reunido em um único lugar, o dos achados arqueológicos, que, na minha imaginação, mais parece um caldo primordial. Os fluidos concretizam-se, incrustam-se, para, novamente, serem absorvidos e aproveitados em forma de um concentrado, compactado, reduzido em sua forma e seu volume, mas com uma energia em potencial, pronta para ser liberada. Essa energia pode ser liberada por pessoas com habilidade e conhecimento para transformar coisas aparentemente sem valor em palavras e imagens, em histórias e memórias.

Esse conhecimento está preso entre as camadas estratigráficas da sedimentação do solo de terra preta, nas coisas feitas, no espaço entre o tique-taque do marcador da máquina do tempo, entre as linhas de crescimento das árvores.

As árvores que crescem nesse lugar são os seres vivos mais antigos. Elas são os verdadeiros guardiões do lugar dos achados arqueológicos. De geração em geração, de flor em flor, de semente a broto, de galho em galho, de folha seca a tronco derrubado, as árvores alimentam-se das terras pretas e férteis produzidas pelas pessoas que frequentaram, por um determinado tempo, esse lugar. São testemunhas, monumentos vivos, pois carregam em suas células, estruturas moleculares, fibras, substâncias, os restos que formaram e faziam parte desse lugar. Elas vivem dessas substâncias lembradas. Também indicam, apontam para o alto e mostram aos arqueólogos o lugar dos achados, lá embaixo. "Aqui está!" Elas marcam como um "X", desenhado com caneta preta sobre a superfície branca, o lugar dos achados arqueológicos. É o mapa da jazida, o lugar do baú marcado no mapa, dos piratas, dos caçadores de tesouros e dos arqueólogos.

A perda

Assim formatado, esse lugar entrou aos poucos em esquecimento, saiu da lembrança das pessoas que o frequentaram, saiu do roteiro de suas andanças. Esse lugar pertencia a todos, era um lugar das memórias, mas a vida que estava no passado, nesse lugar, nem página de história virou. Tudo foi apagado da memória das pessoas.

O envelhecimento e a perda da memória são inevitáveis. São como uma pátina[5] que reveste as coisas do passado e, por isso, as transforma em algo realmente memorável. O esquecimento que envolve as coisas e as transforma em algo usado é como a memória que foi manipulada e desgastada.

Preocupante não é a perda da memória ou o envelhecimento das coisas; trágico é quando as coisas do passado desaparecem, quando são roubadas dos lugares dos achados arqueológicos. Isso acontece todos os dias, na calada da noite e à luz do dia. As coisas do passado estão sendo roubadas, destruídas, eliminadas por pessoas que não querem que histórias sejam contadas. Elas preferem o silêncio e a amnésia. Sem história e as coisas do passado, as pessoas ficam vulneráveis e à mercê das vontades dos outros, principalmente daqueles que guardam em suas casas as coisas roubadas.

A ameaça

Sensibilizado pela perda das memórias e das coisas do passado, o grande e poderoso presidente daquela Nação decidiu proteger, pelo menos, os lugares onde estão enterradas as coisas e criou, por decreto, uma guardiã de nove cabeças, uma criatura gigante chamada de "Protetora das Coisas do Patrimônio",[6] por ter certeza de que essas coisas pertenciam aos mais antigos habitantes do país, os verdadeiros fundadores da Nação. "Estes lugares pertencem a todos", proclamou a "Protetora das Coisas do Patrimônio", e "somente com minha autorização estes lugares podem ser investigados", mas ela não levou em conta que sem a sabedoria dos arqueólogos esses lugares eram apenas lugares, e nada mais. São os arqueólogos que dominam a arte de memorizar, e eles acreditam que somente eles são capazes de evocar a memória que está nas coisas do passado enterradas nos lugares dos achados arqueológicos.

Aos poucos e alimentada pelas memórias recuperadas, a "Protetora" armou-se com as forças superpoderosas das palavras escritas. Estas são tão fortes que raras vezes são pronunciadas em sua íntegra, tamanha é a

---

[5] Uma camada fina e superficial que se desenvolve nos objetos por causa do uso, idade ou reação química. A pátina é um forte indicador de autenticidade de um objeto arqueológico.

[6] Não posso negar que existem semelhanças inspiradoras entre a guardiã chamada aqui de "Protetora das Coisas do Patrimônio" (PCP) e o "Instituto do Patrimônio Histórico e Artístico Nacional" (Iphan).

força que possuem. As palavras são reveladas aos poucos e em pequenas doses. Basta citar abreviadamente alguns números, algumas letras avulsas referentes a parágrafos de regras, leis, adendos e datas do calendário para reforçar ainda mais sua legitimidade. Mas a "Protetora das Coisas do Patrimônio" não consegue tomar conta dessa monumental tarefa de preservar toda a memória, todas as coisas e todos os lugares. Como está incapacitada de salvaguardar sozinha aquilo que pertence ao Patrimônio e de proteger a memória dos pais fundadores contra o esquecimento completo, ela reúne-se com outros guardiões para elaborar planos de como proteger as coisas do passado contra os ladrões da memória, dos ladrões das coisas e do tempo, e para evitar seu esquecimento, seu desaparecimento e sua morte.

Os arqueólogos, aproveitando a ausência e a indecisão das "Protetoras das Coisas do Patrimônio" e acreditando que somente eles são capazes de ressuscitar a vida desses lugares, promovem grandes eventos e encontros, para elaborar, por sua vez, planos e para trocar ideias de como melhorar, desenterrar, restaurar os pedaços das coisas quebradas do passado, convencidos de que elas são as chaves para liberar as memórias. Esses encontros são, geralmente, acompanhados por grandes bebedeiras e comilanças. Os planos elaborados nessas ocasiões são chamados de "programas ou projetos" e são frutos desses encontros.

Esses projetos lembram os sonhos que temos, nos quais os super-heróis invencíveis conseguem resolver todos os problemas, e também o de como salvar toda a humanidade do esquecimento e da morte. Mas depois de acordar, entram numa nuvem difusa, num esquecimento envergonhado e constrangedor, já que a solução estava tão próxima, ao alcance das suas mãos. Que pena que no momento de acordar se tenha esquecido como colocá-las em prática! Seria fácil salvar a memória. Era só lembrar!

Enquanto todos estão ocupados com as tarefas de elaborar planos de como proteger os lugares dos achados arqueológicos e de como evocar a memória, a partir dos objetos achados, as coisas são destruídas, eliminadas, roubadas e levadas para outros lugares, muitas vezes desconhecidos e inacessíveis. Dessa maneira, as memórias das pessoas são roubadas e não pertencem mais a todos, mas apenas a poucos, que se estatuem como donos do passado e da memória. As relíquias do passado foram roubadas e escondidas, e com elas foram roubadas também as histórias das pessoas e suas memórias. Isso é realmente grave, pois, sem esses objetos, as pessoas não podem mais fazer História, uma vez que o passado passou. A História é um conto sobre o passado, narrado no presente, para ser útil na construção do futuro. Mas nem tudo está perdido!

O herói

Agora, entra em cena o herói do conto: o arqueólogo. Ele está convencido de que só ele conhece os segredos de como acordar o passado, como salvar a bela história adormecida do seu esquecimento e, consequentemente, de sua morte. O nosso herói conhece os vestígios e sabe ler os sinais: as árvores, a terra preta, os fragmentos de objetos feitos. Muita coisa está quebrada, é verdade, mas são testemunhos que guardam em si o conhecimento que precisa ser liberado por alguém que tenha habilidade, coragem e, talvez, um pouco de sorte. É emocionante perceber como o arqueólogo tenta extrair desses vestígios a memória das pessoas do passado. É comovente observar como essa tralha esquecida e pobre, os estilhaços, os cacos, os muros, os cravos enferrujados, os brinquedos quebrados e a louça lascada agarram-se na memória das pessoas.

A proibição

Enquanto as guardiãs, as "Protetoras das Coisas do Patrimônio", estão elaborando novas palavras, acomodando as leis, numerando as punições e dando peso aos castigos, proíbem aos arqueólogos procurar, sem autorização das guardiãs, as relíquias das memórias e os lugares de achados arqueológicos.

O arqueólogo herói não pede, nunca pediu e também não recebeu autorização das guardiãs para ressuscitar as memórias e achar as coisas dos antigos e esquecidos por conta própria. Os historiadores, aliados dos arqueólogos e também salvadores da memória, e que conseguem essa façanha por meio da leitura e da elaboração de textos, ao observar as imagens e ao ouvir as histórias dos outros, não precisam dessa autorização das guardiãs do Patrimônio. A razão para essa restrição das ações dos arqueólogos está num passado muito distante, anterior à criação das leis, pelo Presidente da Nação. A culpa é só dos arqueólogos, pois, em algum momento do passado, alguns deles foram acusados, injustamente, de terem sido os maiores destruidores das coisas do passado e dos sítios arqueológicos.

Ignorando e desobedecendo a proibição das "Protetoras das Coisas do Patrimônio", o arqueólogo, então, parte sozinho, em busca das coisas do passado roubadas e da memória. Ele ignora a ameaça do castigo anunciado pelas guardiãs. Tem uma meta e um trabalho heroico: procurar, encontrar, descobrir as coisas do passado, contar as histórias das coisas e devolver a memória às pessoas. Para isso, acredita, não precisa de autorização de ninguém!

Começa a busca. Ele sai do seu laboratório confortável para salvar as coisas do passado que encontra nos lugares de achados arqueológicos, distantes e de difícil acesso. Vale destacar que nosso herói não tem grandes habilidades. Ele sabe de tudo um pouco, mas nada de modo muito aprofundado. É bem-intencionado, apenas. Mas ele é um sujeito esperto, um sujeito cheio de alegria, talvez um pouco preguiçoso e com tendência para a procrastinação. Esse herói gosta das festas, das comilanças, de estar junto a outros, de falar, de cantar e de contar histórias. A força que possui, ainda que somente em potencial e, por enquanto, não completamente revelada, é a de ser dotado de autoconfiança e de inocência quase infantil, que lhe permite descobrir os tesouros enterrados, despertar as memórias esquecidas e ressuscitar as lembranças dos mortos.

A partida

Os passos da procura estão marcados, a sequência dos passos e das operações está mais ou menos definida, e o formulário mítico está formatado, impresso e pronto para ser preenchido. Conforme os escritos, os trâmites que devem ser cumpridos e as palavras que devem ser pronunciadas nos momentos oportunos e nas localidades corretas, o roteiro do meu conto é traçado da seguinte maneira.

Ele inicia com a procura, seguida pelo achar, projetar, antecipar os resultados esperados, preparar, compor os elementos necessários e, depois, escavar, descobrir e descrever as relíquias. Uma vez "salvas" as coisas do passado, inicia um diálogo com esses objetos –– que, às vezes, e nos momentos misteriosos, chama de *"Dasding"*. Ele define as palavras, elabora desenhos, cria imagens para contar histórias verdadeiras e passageiras e revelar mistérios que deixam todas as pessoas mais felizes e realizadas, por terem uma memória e uma história do seu passado.

A coisa[7]

Dasding[8] acompanha o arqueólogo ou a arqueóloga. *Dasding* não tem gênero e, portanto, carrega em si todos os gêneros possíveis e imagináveis. *Dasding* pode, dependendo do seu relacionamento com outros, assumir coisas, pessoas, identidades, formas, vidas diversas e, alterá-las, num piscar de olhos, num instante ou, quando for conveniente, devagar. *Dasding* pode ser perdido, esquecido, roubado, encoberto, pode desaparecer, pode até fugir. *Dasding* pode ser achado, doado, capturado, descoberto. A sua perda ou sua recuperação provocam emoções que revelam os laços entre *Dasding* e seu parceiro. Mas afinal, que é *Dasding*?

Dasding é difícil de ser explicado, e quando explicado tem a tendência de simplesmente desaparecer, depois de ser definido, para aparecer, novamente, em outro lugar, nas mãos de outra pessoa, de outro arqueólogo. O nosso herói carrega *Dasding* consigo, está dentro dele ou está nele. Muitos, se não todos, têm algo parecido como *Dasding* do arqueólogo.

Dasding pode ser algo comparável ao "laialaaa laiaaa" do sambista, ao *Yeahhh* do roqueiro, ao *La Cucaracha* dos mariachis, ao *swing* do *jazzman*, é como o *mojo* do bonitão. *Dasding* também pode ser um ser vivo como o *donkey*, amigo do Shrek, como o papagaio do pirata, como o louro José da Ana Maria Braga, como a mosca na sopa, uma pessoa como a Xantipa de Sócrates, o Sancho Pança de Dom Quixote, como o Paris de Helena ou o Smirgal de Frodo. *Dasding* pode ser também uma substância como aquela gotinha de Chanel nº 5 da Marylin, ou como a chuva na minha cabeça. *Dasding* poder ser um sentimento, uma emoção, como o medo do goleiro na cobrança do pênalti, ou como a tristeza do Barbosa, goleiro da seleção da copa de 1950. Pode ser uma coisa personificada como o *Wilson* de Tom Hanks em *O Náufrago*, como a humildade da sandália, a autoridade da bota. *Dasding* pode ser como a lanterna para os afogados, como um amuleto que protege e motiva o arqueólogo a seguir adiante, para poder continuar a olhar para trás e para frente, construir suas memórias e as memórias dos outros. *Dasding* também pode ser um lugar, por exemplo, um sítio arqueológico, ou uma encruzilhada da qual o músico medíocre retorna sabendo tocar *The blues* como ninguém.

---

[7] A coisa. Não só no sentido de: *res* (lat.), cultura material, material, materialidade, objeto, artefato, peça, pedaço, troço, etc, mas também pensada como: daquilo que existe ou pode existir; realidade, fato; negócio, interesse; acontecimento, ocorrência, caso; assunto, matéria; causa, motivo; mistério, enigma; indisposição, ou não dizer coisa com coisa.

[8] *Das Ding*. Em alemão: a coisa.

Dasding pode ser também uma ideia que alguém teve, que o persegue e da qual não consegue se livrar, ou uma ideia brilhante que foi roubada por alguém.

A tentação

Durante a procura das coisas e dos lugares relacionados a elas, o arqueólogo passa por selvas, atravessa desertos, sente calor e frio, passa fome e morre de sede, ilumina a escuridão e apaga a luz incandescente, desce aos subterrâneos e sobe às alturas. Ele aguenta tudo isso sem reclamar, pois, tem certeza daquilo que está fazendo, sabe como encontrar os lugares, reconhece as coisas e sabe o que fazer com esses achados.

Mas a tentação também ameaça sua condição de herói, quando ele não sabe o que fazer, quando perde esse conhecimento ou quando alguém rouba seu *Dasding*. A tentação cresce ainda mais depois de passar por selvas, atravessar desertos, sentir calor e frio, passar fome e morrer de sede, superar a escuridão e ofuscar a luz, descer aos subterrâneos e subir às montanhas, quando o arqueólogo encontra apenas lugares vazios de coisas arqueológicas e quando tem de encarar a solidão abandonada nos achados.

Nessa condição, a tentação toma conta do nosso herói, e ele é seduzido a abandonar sua ingenuidade e inocência do saber e declarar, num ato de desespero, um lugar qualquer como sendo um sítio arqueológico. Nessa situação, qualquer coisa serve como argumento: uma pedra quebrada pelo movimento do rio, uma rocha triturada por uma máquina, um floco de carvão, um sentimento de poder. Ele tenta de se convencer, argumentando contra a voz da sua consciência:

"Procurei tanto, investi tanto, andei tanto. Agora não posso mais voltar sem um achado importante".

Às vezes, o arqueólogo é derrotado. Na maioria das vezes, ele sai vitorioso dessa tentação. Curioso é que os "não sítios arqueológicos" que surgiram dessas tentações são os mais famosos, e esses arqueólogos são os mais poderosos, os que mais evocam as memórias mais antigas das pessoas.

O salvamento

Como previsto e anteriormente descrito, nosso herói passa por situações difíceis e perigosas. Enfrenta tentações e as afasta. Até a morte está presente no seu dia a dia. Cada coisa que ele encontra tem uma relação íntima com a morte, que se encontra no lado escuro, escondido das coisas. Um objeto é um mediador entre aquilo que aparece e aquilo que está no fundo sem fim, entre a presença e o inacessível. A morte aponta para o perigo que está na arte da recuperação da memória e na sua liberação.

O arqueólogo encontra, pessoalmente, os mortos, nas catacumbas, ele deita-se junto aos mortos, toca, mede, pesa e avalia os ossos dos mortos. Esse é seu ofício (QUIGLEY, 2008; FRANZ, 2010). Mas, com a ajuda de amigos, com o auxílio de plantas, de criaturas insignificantes, como minhocas, insetos e roedores, e equipado com suas ferramentas mágicas e sagradas, com trolha, pá, picareta, um caderno de anotações e, principalmente, com o auxílio do *Dasding*, ele supera todos os desafios, encontra as coisas arqueológicas do passado, desperta a memória, vence o esquecimento e supera a amnésia. Devolve às coisas seus barulhos, determina suas idades, define novamente suas funções, nomeia as coisas e batiza as pessoas que fizeram as coisas.

O retorno

Mesmo sabendo do não cumprimento e da desobediência às leis, acreditando, ingenuamente, num perdão e esperando por um retorno coberto de glória, com festas e honrarias, nosso herói aproxima-se das "Protetoras das Coisas do Patrimônio" para pedir sua anistia. Inicialmente, ninguém o reconhece, pois, o mundo do seu retorno mudou. Tudo envelheceu, enquanto ele ficou jovem. O arqueólogo que lida com as coisas do passado também controla o tempo (BLUMENBERG, 2001). Nas histórias que ele conta, as unidades de tempo, como os anos, milhares e milhões de anos, não fazem a mínima diferença para ele. O arqueólogo não se submete a seus parâmetros lineares de tempo. Ele viaja no tempo e no espaço e retorna, como um cosmonauta que se deslocou na velocidade da luz pelo universo, ao seu ponto de partida sem ter sofrido os danos do tempo cronológico.

Quem ficou tomando conta dos lugares da memória na sua ausência foram as "Guardiãs das Coisas do Patrimônio", e elas são vistas como as verdadeiras heroínas. Elas protegeram os lugares e as coisas. Conservaram e restauraram as relíquias, salvando-as da decomposição, do envelhecimento, e assim preservaram a memória. Elas são donas do passado (MURRAY, 1997)!

O nosso herói, o arqueólogo, é acusado não só de trabalhar sem autorização, mas também de destruir, quando na verdade estava salvando e recuperando a memória, resgatando os vestígios, as coisas do passado, que pertenciam ao Patrimônio. Nosso herói perdeu sua credibilidade. O arqueólogo realmente ficou com a fama de destruidor das memórias e das coisas do passado, passado este que é único e nunca mais poderá ser recuperado. Ele não entende mais nada! Tentou de tudo para mostrar o contrário, mas a fama – que vem de longa data – de ser caçador de tesouros e destruidor das evidências permaneceu. Essa imagem é difícil de ser apagada.

O castigo

Visto por todos como falso herói, ele acabou sendo condenado, por todas as instâncias legais, a se submeter às ambiguidades dos burocratas. Só vencendo esses apáticos burocratas o arqueólogo poderia obter autorização para achar lugares de coisas arqueológicas, para liberar suas memórias e para contar histórias que possam deixar as pessoas mais felizes.

Foi uma pena dura e um castigo vagaroso, como um processo de lenta decadência. Foi como preencher um formulário mítico, mas ele sabia que as coisas da burocracia fazem-se somente quando tudo estiver pronto. As "Protetoras das Coisas do Patrimônio" também seguem um roteiro mitológico, como ele. As coisas e os documentos escritos precisam ser submetidos às autoridades, via correio ou por meio das mãos de um porteiro ou estagiário. O contato pessoal com a guardiã-chefe das "Protetoras das Coisas do Patrimônio" é raro, indesejado e nem um pouco bem-visto por quem controla os processos burocráticos de autorização. Tudo se faz na calada, na dosagem correta, no tempo necessário e com os ingredientes prescritos e elencados nas páginas que tratam das leis de proteção. É necessário dar nomes corretos aos encaminhamentos. Segue-se uma fase de repouso e de aguardo, e uma expectativa de ser bem-sucedido. A burocracia não está feita, pronta; ela é um processo que se faz e pelo qual se espera. É como esperar para a massa do bolo crescer, a bebida fermentar, o leite coalhar. Quando as condições são propícias e os ingredientes necessários estão completos e reunidos, organizados na sequência correta e dentro do prazo de validade – e quando menos se espera – a autorização está concluída e pode ser dada. A autorização é anunciada em praça pública por um arauto, para todos saberem. A espera é um processo de repouso e imprescindível para que o sonho do projeto concretize-se. Não adianta pular as etapas, apressar o processo, lutar contra os processos burocráticos. Quem não tem autorização para escavar fracassará! Esse é o castigo ao qual o nosso herói, o arqueólogo foi condenado.

A nova partida

O herói parte novamente, dessa vez, com a autorização das "Protetoras das Coisas do Patrimônio", para procurar, achar e escavar as coisas do passado. Sua tarefa é de fazer lembrar a memória esquecida, de ressuscitar os mortos e de contar histórias que possam deixar as pessoas mais felizes.

Depois de atravessar, por vários dias, mares repletos de peixes e monstros, terras abundantes em animais perigosos e plantas venenosas, no décimo dia da viagem, ele chega acompanhado por seus companheiros e bem equipado com os objetos mágicos que ajudam a achar, escavar e resgatar os objetos do passado, à ilha dos "Matefagos".[9] Nosso herói parte, imediatamente, acompanhado por mais dois arqueólogos e um jornalista, para prospectar a ilha. Eles são bem recebidos pelos "Matefagos", habitantes da ilha, que lhes oferecem erva-mate para tomar em cuias. Depois do consumo do encantador mate amargo, os arqueólogos amigos e o jornalista esquecem tudo e não querem mais saber da sua missão de prospectar, de resgatar as coisas do passado, de recuperar e de colecionar a memória dos outros. Eles só queriam ficar com os "Matefagos", participar da roda de chimarrão, tomar o mate amargo, apagar o passado e inventar trovas tristes e milongas sem fim.

O nosso herói não desiste. Ele tem absoluta certeza de que sua missão é a de minimizar os efeitos negativos das derrotas para alguns e, ao mesmo tempo, minimizar os efeitos positivos das vitórias para outros, contando histórias por meio das coisas que desenterra e descobre em escavações e de que ninguém tinha ouvido falar antes.

Mas o arqueólogo não se deu conta de que estava num lugar onde as pessoas preferem a amnésia. É o esquecimento que torna essas pessoas mais felizes. Elas não querem ser lembradas do seu passado. O passado é um compromisso, uma herança pesada. Quem quer ser lembrado das derrotas, dos fracassos, das humilhações, das incompetências? Todos preferem ser

---

[9] Inspirado nos "Lotófagos" mencionados por Homero na Odisseia, **Canto** IX.

lembrados das vitórias, das coisas que dão segurança ou felicidade, que estimulam a continuar vivendo. A maioria das pessoas não gosta de colecionar memórias, mas gosta, simplesmente, de viver, agora, no presente.

O novo roteiro

Todo o esforço bem-intencionado do arqueólogo para salvar a memória foi desperdiçado. Mas os contos populares permitem ao herói procurar sua sorte por outros caminhos, seguir outros percursos, preencher formulários alternativos com palavras novas, sem sair da categoria do roteiro mitológico.

O roteiro deste manual de Arqueologia que apresento a seguir é diferente daquele aqui indicado como proposta inicial. Sabemos que os contos sobre o passado sempre variam. Nesse novo roteiro, o trovador pede a ajuda dos santos, a proteção dos deuses e a inspiração das musas, e, movido pelo mate amargo e pela *caña*, ele improvisa seu conto, enquanto é seduzido e consolado por seu próprio canto. Assim, parte em direção ao pôr do sol, seguindo seu novo roteiro, e sua silhueta aparece enorme contra o céu e desaparece minúscula entre as estrelas.

Intermitência: o caminho do meu conto apontado por José Hernández

El guacho Martín Fierro

Aquí me pongo a cantar
al compás de la vigüela,
que el hombre que lo desvela
una pena extrordinaria
como la ave solitaria
con el cantar se consuela.
Pido a los santos del cielo
que ayuden mi pensamiento:
les pido en este momento
que voy a cantar mi historia
me refresquen la memoria
y aclaren mi entendimiento. [...]

(José Hernández, *El gaucho Martín Fierro*, 1872).

3

O PERSONAGEM

Está na hora de apresentar mais detalhadamente nosso herói, o arqueólogo, e as outras pessoas que procuram achados arqueológicos e outras coisas, denominados aqui de colecionadores. Tratei desses dois heróis em categorias diferentes, pelos seguintes motivos: arqueólogo é considerado aquele profissional que obteve um título acadêmico ou recebeu este título da comunidade arqueológica, por seus méritos (MONTICELLI, 2010). Apesar de sua profissão ainda não ter reconhecimento, o arqueólogo no Brasil é pessoa jurídica que pode receber autorização do Instituto do Patrimônio Histórico e Artístico Nacional (Iphan) para escavar em sítios arqueológicos. E é isso que diferencia o colecionador do arqueólogo. O colecionador jamais receberia essa autorização! Ele é *persona non grata*, que vive na marginalidade, entre sua vontade de achar e colecionar lugares e coisas e a lei, que o proíbe de satisfazer essa vontade.

Colecionadores

Colecionadores e arqueólogos são pessoas que montam coleções. Num contexto sedimentar arqueológico, embora o abandono das coisas possa ser registrado criteriosamente, isso não assegura que elas estejam posicionadas segundo os valores e sentidos de que são portadoras socialmente. No entanto, num contexto de exposição montado pelo sujeito pertencente à própria sociedade resgatada, os objetos são apresentados de tal maneira que explicitam sentidos e valores. Numa perspectiva mais abrangente desses contextos de exposição, considero que os objetos, na visão do colecionador, estão impregnados de sentidos subjetivos, enquanto para o arqueólogo os sentidos são conceituais (HILBERT; MARQUES, 2008).

João da Silveira

João da Silveira é um personagem inventado. Em meu relato, ele ajuda os arqueólogos a percorrer seu caminho em busca de coisas do passado e representa todos os colecionadores que têm paixão pela Arqueologia, mas são colocados à margem da sociedade pelos órgãos públicos e pelas pessoas com as quais João convive. Enquanto outros meninos na sua idade queriam um dia ser caminhoneiros, bombeiros, policiais, médicos ou soldados, quando adultos, o pequeno João queria ser arqueólogo. Desde o dia em que uma professora vinda da cidade como suplente contou no colégio a história de um homem que descobriu sozinho a cidade de Troia, João tinha esse sonho.

Hoje, João da Silveira, aposentado pela Caixa Econômica Federal, vive em Machadinho, norte do estado do Rio Grande do Sul. O Sr. Silveira é colecionador de lugares de achados. Ele costumava aproveitar suas horas de lazer para passear, junto a "Mingau", seu cão vira-lata, pelos campos arados, nas redondezas do município de Machadinho. Antes do plantio direto da soja, João da Silveira fazia todas as semanas algum achado arqueológico.

"Agora", lamenta, "a coisa é mais complicada. Os campos não são mais arados como antigamente até uma profundidade de 35 cm. A palha da soja fica nos campos, o que dificulta ver o que está sobre a terra, e os achados dos antigos índios desaparecem".

O colecionador João da Silveira guarda um pequeno conjunto de cacos de cerâmica Guarani, lâminas de machado de pedra polida, lascas de calcedônia e alguns talhadores bifaciais, guardados numa estante, na sala da sua casa. Mas o seu grande tesouro é o conhecimento que adquiriu sobre os lugares de achados, que mantém em segredo, somente na sua memória. Ele não mantém nenhum registro escrito, nem marca os lugares num mapa, "por precaução", como afirma. João da Silveira é um homem solitário, excluído da comunidade em que vive. Para as mulheres fofoqueiras do povoado, é um sujeito muito suspeito. Para os homens, amigos de infância ou ex-colegas, com quem costumava tomar algumas cervejinhas no boteco do Zé ou um chimarrão na varanda no fim da tarde, João sempre foi um cara meio esquisito. Ninguém entendeu Silvana, sua mulher, que aguentou todos esses anos com ele. Ninguém entende sua paixão por procurar coisas do passado.

"Essas coisas não têm valor", dizem, "para que investir tempo e dinheiro em coisas velhas?"

Quando visitamos João da Silveira, em Machadinho, para ver sua coleção e para saber mais sobre os lugares de achados no vale do alto Rio Uruguai, ele ficou desconfiado, com medo de perder seus achados, e ciumento em revelar seus locais de achados a um grupo de arqueólogos vindo da capital. Visitas consecutivas, muita paciência, conversas e trocas de presentes fizeram com que, aos poucos, ele nos revelasse alguns dos seus segredos. João de Silveira tinha motivos para estar desconfiado. Chegamos a sua casa com a autoridade costumeira de arqueólogos profissionais, para arrancar informações e confiscar seus achados. Aos poucos, João da Silveira, o melhor procurador de lugares de achados da região, mudou sua atitude em relação aos arqueólogos profissionais, quando nós mudamos completamente a nossa postura, atitude e forma de falar. As conversas subsequentes com ele foram muito estimulantes. Porém, sua situação social no povoado não melhorou com nossa chegada. Foi nossa situação que piorou. Fomos recebidos pelos moradores e pelas autoridades da comunidade como pessoas importantes da capital, da universidade, gente estudada, e depois, ao nos aproximarmos de João da Silveira, fomos rebaixados a um nível de reconhecimento social igual ao dele ou até pior. Isso significou que fomos isolados e tachados de gente esquisita e suspeita, que fazia coisas sem valor e utilidade.

Arseno Ewerling

No inverno de 2004, acompanhei Paulo nas escavações em Ivoti, no Rio Grande do Sul. Naquela época, Paulo estava tentando encontrar achados arqueológicos para sua tese de doutorado sobre a antiga colonização alemã.

A colonização alemã de Ivoti iniciou-se por volta de 1828. O primeiro núcleo ocupacional estabeleceu-se na Feitoria Nova ou "Buraco do Diabo" (*Teufelsloch*), a 1,5 km do atual centro de Ivoti. Quando os técnicos do Pró-Memória (atual Instituto do Patrimônio Histórico e Artístico Nacional-Iphan), em 1983, desenvolveram um projeto chamado "Preservação da Paisagem Urbana em Núcleos da Imigração Alemã e Italiana no Rio Grande do Sul", depararam-se com um desenho urbano caracterizado por um alinhamento de pequenas casas, num dos lados da estrada, a Picada 48, e no Arroio Veado. Naquela época, as casas, oito residências e sete edificações, estavam em processo de deterioração, algumas abandonadas. Segundo os técnicos do Pró-memória, esse patrimônio edificado era um dos mais representativos complexos arquitetônicos de casas em enxaimel da região. No projeto do

Pró-Memória, esboçado em 1983, a busca da germanidade tinha como foco o conjunto arquitetônico do "Buraco do Diabo". As políticas públicas desenvolvidas voltaram-se, inicialmente, para a conservação e preservação do patrimônio edificado. Com a revitalização do espaço, buscava-se atrair o visitante para um museu a céu aberto, onde algumas instalações poderiam remeter ao modo de ser dos imigrantes alemães. Assim, os antigos moradores foram desalojados, e algumas das casas reformadas. Existe no "Buraco do Diabo" um museu, mantido pela Prefeitura de Ivoti, uma loja com produtos artesanais e salas de convivência (HILBERT; MARQUES, 2008).

O "Buraco do Diabo" é hoje um desses tantos lugares em que coexistem coisas e pessoas. Mas quem se aproxima logo percebe que as coisas dominam as pessoas. Casas, botecos e armazéns, alguns ainda abandonados, estruturas compostas por coisas. As pessoas que mais se veem no local são visitantes e, no período da minha permanência, arqueólogos à procura de mais coisas e de lugares de achados. Alguns poucos descendentes das famílias que deram continuidade ao processo da colonização alemã, eventualmente, permanecem morando ali, como, por exemplo, o Sr. Ewerling.

Desse cenário parcialmente preservado e revitalizado com o incentivo de políticas públicas, destaca-se a coleção particular de objetos e de imagens do Sr. Ewerling, exposta em sua casa, que também faz parte do complexo arquitetônico mencionado. Embora a casa tenha passado por reformas e assemelhe-se, externamente, às demais edificações da vizinhança, ao se entrar na sua casa-museu, nota-se que se trata de um espaço privado. O visitante-convidado é surpreendido pela densidade dos objetos e das imagens, que formam um ambiente caleidoscópico de diferentes formas, texturas, naturezas materiais, figuras e, acima de tudo, de sentidos atribuídos à dimensão da relação entre coisas e pessoas.

Todos os objetos da coleção estão associados a algum membro da família do colecionador, especialmente à mãe, ao pai e aos irmãos. Desse modo, os objetos reafirmam a relação de memória com sua família. A motivação para colecionar reside, em parte, no impulso de explorar e buscar contatos, e ainda em desenvolver antigas necessidades de interação e relacionamentos íntimos com outros (FORMANEK, 1994, p. 329). Nessa coleção, os contatos com um tempo passado são revividos, agora nos objetos do tempo presente. Num primeiro momento, as coisas eram percebidas em si mesmas, mediante um processo denominativo-funcional: "tigelas, lampiões, cama, berço, plaina" e outros, correspondendo às respectivas funcionalidades.

Num segundo momento, quando esses objetos foram integrados à coleção, o sentido que receberiam está diretamente vinculado ao pertencimento aos membros da família: "a tigela da minha mãe", "a cama que pertencia também ao meu irmão", "as plainas que eram do meu pai". Desse modo, há uma personificação nos objetos nesse mundo do Sr. Ewerling.

Essa personificação não se limitou à coleção do Sr. Ewerling. Quando escavamos nos fundos de sua casa, fragmentos de louça, de ferro e cacos de vidro foram ressuscitados pelos arqueólogos. Alguns objetos encontrados eram redimensionados social e culturalmente no tempo passado pela lembrança do uso e dos contextos reavivados pelo Sr. Ewerling.

Constrangido, dizia:

"Ah, fui eu que quebrei esse prato azul-pombinho, quando tinha 8 anos", ou então:

"A gente costumava queimar o lixo da casa nos fundos, para depois adubar as plantas da horta da minha mãe".

Algumas dessas peças escavadas tinham correspondência na coleção de objetos antigos montada por ele, numa postura que insiste em evocar o tempo e as pessoas por meio de objetos. O objeto antigo, ao figurar no contexto de uma coleção, é liberado de sua função prática, alcançando outra condição, que é a de significar o tempo (BAUDRILLARD, 2004, p. 82).

As particularidades explicativas do objeto situam-se além dos constituintes materiais denominativos, adquirindo uma força maior de significação no teor pragmático do seu uso e pertencimento aos sujeitos vinculados por relações de parentesco. A importância funcional das coisas não é aquilo que atribui valor ao objeto, e sim os vínculos estabelecidos entre o uso e o pertencimento a alguns membros da família. A coleção, na medida em que guarda a memória do modo de vida familiar em um tempo passado, em que os objetos eram manuseados nas atividades dos membros do grupo doméstico, especialmente dos pais, irmãos e do Sr. Ewerling, atualmente assegura o reavivamento dessa instituição, mesmo que os objetos estejam em desuso e expostos ao público. A partir das coisas, dos gestos, das técnicas e das sabedorias, são evocadas atividades, afetos, desejos e uma infinidade de relações entre sujeitos que retornam à vida na cultura material. Christopher Tilley (2000, p. 421-422) enfatiza que a cultura material, na dimensão de seu uso, pode ser instrumentada para transformar, guardar ou preservar informação social. A memória, enquanto evocação na coleção, está relacionada diretamente à reconstituição das ações dos membros da família do Sr. Ewerling.

Alguns objetos foram doados à mãe dele por sua avó alemã. O colecionador, ao se referir a essas doações, ressalta que elas vieram "lá de fora" (*von Drüben*), em alusão à Alemanha, uma metáfora que se materializa nas coisas colecionadas (TILLEY, 1999). Desse modo, essa coleção diferencia-se por possuir coisas que particularizam sua própria família e ainda contribui para reafirmar sua origem germânica. No caso específico da coleção do Sr. Ewerling, ela ativa o parentesco, o gênero, o uso e o pertencimento dos objetos, em última instância. As lembranças do colecionador são evocadas pelos testemunhos do uso, na medida em que a ação cometida configurou o sentido e o pertencimento entre ele, as pessoas e as coisas. Na constelação do grupo doméstico do Sr. Ewerling, os indivíduos tinham suas práticas sociais demarcadas pelo uso que faziam dos objetos que agora, no presente, foram destacados por ele e exibidos em sua coleção. As marcas do uso das coisas remetem aos sentidos construídos no passado vivido pelo colecionador e evocados em objetos, num contexto de exposição no presente. E nós arqueólogos que escavamos o lixo no fundo do quintal da casa adicionamos mais uma dimensão a essa Torre de Babel, ao ressuscitar coisas que foram descartadas por membros da família Ewerling, coisas quebradas e consideradas sem valor. Agora, essas coisas, em troca, também evocam memórias e alcançam o mesmo valor emocional das coisas inteiras no museu do Sr. Ewerling (BOURDIEU, 1977; APPADURAI, 1986).

No espaço habitacional, onde também foi montado o contexto de exposição, é possível diferenciar espaços públicos e privados. A sala de estar, enquanto ambiente ativo de uma casa, é o único lugar a que o visitante tem acesso sem restrições. Ambientes como o quarto e a cozinha são lugares em que apenas a família ou algumas pessoas mais íntimas convivem. O colecionador parece respeitar esses limites sociais, na sua casa-museu, na medida em que os visitantes não têm acesso direto aos ambientes do quarto e da cozinha. Esses podem ser apenas contemplados. Na sala, entretanto, os objetos de diferentes contextos sociais e ambientais são apresentados ao visitante de maneira interativa, podendo ser tocados e percebidos de forma direta. Nesses dois contextos, percebe-se uma diferenciação nas maneiras de exposição das coisas. Na sala, a diversidade de objetos e a correspondência funcional ao espaço não são observadas, enquanto no quarto e na cozinha, predomina a correspondência entre os objetos e a funcionalidade ambiental. A cozinha é o espaço reservado à privacidade do Sr. Ewerling, onde ele executa, diariamente, pequenas tarefas, tais como esquentar água para o chimarrão, preparar o café, lavar louça, alimentar a cadela "Pretinha" e outras atividades do cotidiano. O visitante não tem acesso a esse ambiente cotidianamente vivenciado pelo colecionador. Esse espaço é privado, íntimo, intocável. A cozinha, entre os ambientes mencionados, é o lugar que está investido de maior reserva em relação ao visitante. É esse ambiente que, atualmente, é mais utilizado pelo colecionador. O espaço público permite a interatividade. Ambos são acessíveis ao público, desde que respeitados os limites anteriormente referidos.

No universo da cultura material exposta na sala, há uma tigela que pertencia à mãe do colecionador, a qual, ainda hoje, em ocasiões especiais, como o almoço de domingo, é utilizada pela atual família do Sr. Ewerling. Embora seja destituído de sua função prática e do seu espaço de uso, o objeto antigo, por estar relacionado a um indivíduo familiar, retorna, ocasionalmente, ao seu contexto de origem, sem perder sua função de também significar o tempo. Nesse sentido, mantém-se um elo com o passado e com as pessoas.

Na sala, estão exibidos os principais objetos da coleção, aqueles de cujo uso e pertencimento o Sr. Ewerling lembra-se com mais detalhes. Há uma dinâmica de comunicação entre o colecionador e os visitantes, que se constrói nas percepções dos objetos, a partir do contato direto com eles.

Os objetos estão apresentados em três mesas na sala. Duas mesas e uma máquina de costura estão recostadas à parede, e outra mesa arredondada está posicionada no centro da sala. Nessa disposição, o lugar central e que concentra a maior visibilidade está reservado a um objeto que pertence à mãe, outra máquina de costura da marca Singer. Nessa instalação, diferencia-se dos demais, por estar coberto por uma toalha bordada branca, simbolizando, certamente, a mãe do expositor.

O modo de organizar essa coleção parece ser uma particularidade do Sr. Ewerling. Nas duas outras mesas retangulares, estão expostos objetos de diferentes matérias-primas, formas e funções. Aqui, todos os membros da família estão representados (pai, mãe e filhos). À primeira vista, as coisas parecem não obedecer a um princípio de ordenação expositivo. Não há legendas, e tampouco individualização de objetos. À medida que me aproximo, orientado pelas explicações do colecionador, identifico nichos de objetos organizados conforme sua matéria-prima, o pertencimento às pessoas, e que têm formas e superfícies semelhantes. Embora os objetos da mãe possam estar associados aos do pai, eles mantêm certas zonas de ordenação interna e limítrofe frente aos demais objetos. Por exemplo, os ferros de passar roupa e o moedor de café utilizados pela mãe estão juntos à tesoura de tosa, aos machados de metal e à broca pertencente ao pai. Com tudo, fronteiras discretas anunciam os limites de pertencimento dos objetos relacionados ao gênero.

Outro princípio de ordenação do contexto de exposição relativo ao mundo do colecionador orienta-se pelas atividades desempenhadas pelos membros de sua família. A cultura material relativa ao pai e à mãe corresponde aos trabalhos por eles feitos, as atividades domésticas da mãe e o ofício de carpinteiro e pequeno agricultor desempenhado pelo pai.

As matérias-primas, as formas, bem como as superfícies e as texturas são expressões que orientam a distribuição das coisas expostas. Conjuntos de objetos não correspondem apenas à matéria-prima e ao gênero, como já foi referido anteriormente. As formas e superfícies proporcionam outros rearranjos expositivos, e, desse modo, os limites relativos ao gênero são diluídos. Tanto os utensílios do pai quanto os da mãe não estão dissociados, e sim relacionados diretamente, sob uma nova ordenação, que obedece às formas das coisas. Num mesmo contexto ou nicho particular, encontramos potes de cerâmica, um vaso de cristal para flores e um lampião de querosene. No entanto, não há uma segregação exclusiva desses princípios organizadores do contexto de exposição, pois sobressaem num mesmo espaço de objetos a forma, a matéria-prima e a superfície dos utensílios.

Apesar de constituírem ambientes que congregam objetos diversificados, como a sala e os objetos específicos do ambiente da cozinha, ambos estão diretamente vinculados às atividades de trabalho. O mesmo não acontece com os móveis expostos no quarto, pois estão destituídos de qualquer referência ao trabalho. O que se observa são referências à reprodução do grupo doméstico, ao próprio nascimento do colecionador e do irmão, que, no passado, ocuparam o berço e, posteriormente, dividiram uma cama maior junto à dos pais. No passado, a presença e a disposição das camas não se apresentavam desse modo. Atualmente, esse ambiente foi recriado, tornando-se uma instalação idealizada e resumindo esteticamente as várias etapas de vida dos familiares. Embora no tempo pretérito o berço, a cama dos filhos e a dos pais não tenham coexistido dessa forma, esses móveis testemunham o percurso da vida até a morte. Diferentemente da sala, os objetos do quarto não são tocados, não há um convite para a interação. O visitante apenas contempla a instalação, respeitando os limites impostos pela mais expressiva intimidade. Um tecido bordado, com uma cena bíblica, paira, recostado à parede, conferindo um ar de sacralidade ao ambiente.

O olhar de quem entra na casa-museu do Sr. Ewerling é atraído pelas coisas dispostas nas mesas e por fotografias posicionadas na parede frontal da sala. Como no caso dos objetos, inicialmente, não se percebe um princípio de ordenação na exposição de imagens. Aos olhos do visitante, rostos e corpos em diferentes poses sobressaem no preto e branco do papel, compondo um grande painel, a partir de pequenos mosaicos fotográficos. À medida que a gente aproxima-se, percebe um quadro oval que se destaca dos demais retangulares, no centro do painel. Percebe-se, imediatamente, uma correspondência entre esse quadro oval e a mesa arredondada, no centro da sala, coberta com uma toalha rendada. Essa disposição de imagens e coisas parece privilegiar um lugar de destaque, diferenciando entre a área central e a periférica, entre aqueles que o Sr. Ewerling considera mais e menos importantes.

A imagem central mostra toda a família do colecionador, com os pais sentados, os três filhos de pé e a irmã no centro. A foto foi feita no início da década de 70. Todas as pessoas exibem um semblante de seriedade. Ao lado direito dessa fotografia, há uma série de pequenos retratos de familiares mais antigos do Sr. Ewerling. Imediatamente à esquerda da imagem central, estão dispostas fotografias do próprio colecionador e dos seus filhos. Nesse espaço fotográfico, ele insere-se como pai acompanhado dos filhos (gremistas) e homem vitorioso, devido a conquistas em campeonatos esportivos. Vale ressaltar que o colecionador organizou as imagens respeitando, predominantemente, a disposição de fotografias antigas (preto x branco) do lado direito e das mais recentes (coloridas) do lado esquerdo do quadro central. As coisas e imagens mostram correspondência não apenas na distribuição espacial, mas também na afirmação da alteridade. O Sr. Ewerling já havia se referido a objetos doados pela avó alemã e que compõem a coleção de objetos antigos. Do mesmo modo, junto às fotografias, dois quadros com frases em alemão estão colocados na parte superior do painel de imagens e, portanto, acima do quadro oval: *Der Herr segne unser Haus. Glück zieh ein, nie hinaus.*[10] No painel, composto por um mosaico de retratos na sala, as imagens alcançam o sentido fixado na língua alemã expressa no texto. Essa casa e essa família representam, socialmente, a germanidade na sala, no

---

[10] Deus abençoe nossa casa. Que a felicidade entre, nunca saia. (Tradução minha).

espaço público. A sacralidade do ambiente está reforçada pelas fotografias do Papa João Paulo II e de Jesus Cristo, que também estão posicionadas numa área superior do painel, e pelos pedidos de proteção manifestados no texto.

A disposição das imagens, embora seja configurada pelo espaço retangular da parede, parece obedecer a um movimento que emerge do centro, a partir do quadro oval. Como já foi dito, do lado esquerdo estão as fotografias mais recentes e coloridas, e do lado direito as mais antigas em preto e branco. À medida que novas fotografias foram sendo agregadas, e a periferia dessa constelação foi preenchida, independentemente da disposição central de imagens antigas e recentes.

O Sr. Ewerling deixa clara a relevância do uso dos objetos, registrando, desse modo, a partir deles, os parentes que configuravam a rede de relações familiares. Nesse sentido, o objeto foi "avivado" e valorizado pelo uso, e não apenas pelas expressões de autenticidade e antiguidade que se apresentam em outras coleções. Para o próprio Sr. Ewerling, a memória é reavivada pelas histórias que ele conta. Sua identidade é permanentemente redimensionada nos objetos "personificados" pelo uso – não há ruptura entre o tempo passado e o presente. Nessa coleção particular, predomina a sobreposição das experiências biográficas, das histórias de vida, frente ao socialmente anônimo. Desse modo, o ambiente da casa é como um corpo que abriga a mente e o coração dos indivíduos. É um patrimônio vivo de episódios biográficos trazidos pela permanência dos objetos.

A casa-museu do Sr. Arseno Ewerling ocupa um espaço de vizinhança com o museu da prefeitura de Ivoti. Apesar de terem em comum a exposição de objetos, há diferenças nitidamente marcadas na disposição das peças e na criação de ambientes de exposição. A dimensão da expressividade biográfica na coleção particular do Sr. Ewerling contrasta com a anonimidade nos objetos do Museu Municipal. No Museu Municipal, as peças fazem referência a um tempo e um espaço que se apresentam nas "coisas usadas por qualquer imigrante alemão", e, na coleção do Sr. Ewerling, os objetos são "coisas que têm significado devido ao uso dos parentes". Aqui os artefatos são expressões de uma sociedade e de uma cultura (LEONE; LITTLE, 1993). O Museu Municipal retém biografias na visitação dos próprios visitantes, que, ao saírem, deixam espaços vazios, preenchidos apenas pelos objetos. Já na casa-museu do Sr. Ewerling, há um encontro entre pessoas (visitantes) e as biografias dos imigrantes, materializadas em seus objetos. Nesse espaço, o colecionador aproxima o passado e o presente.

Coloquei-me em cena como arqueólogo, numa escavação coordenada pelo Paulo, à procura de coisas e de pessoas desaparecidas. Inicialmente, encontrava antes as coisas que as pessoas, quando estava procurando encontrar o mundo do imigrante alemão. No final, saí de cena com o roteiro alterado, quando percebi que o sujeito do conhecimento pode ampliar o entendimento da cultura material, das coisas, dos objetos e das pessoas do passado a partir de sujeitos que testemunharam, ativamente ou pela memória, o uso e o pertencimento das coisas. No "Buraco do Diabo", as famílias que ali se estabeleceram em meados do século XIX foram percebidas em sua germanidade, pelos arquitetos do programa Pró-Memória, a partir das edificações em enxaimel. O Museu Municipal, de algum modo, tentou preencher de humanidade o espaço edificado com objetos de uso cotidiano, em sua maioria. No entanto, a coleção particular do Sr. Ewerling, embora não seja beneficiária de qualquer iniciativa do poder público, reanima a casa com objetos, imagens, memória, e, finalmente, desse modo, as pessoas que ali viveram retornam à cena, nas imagens e nos objetos que animavam suas vidas cotidianas de antigamente.

Jorge Simão

O colecionador Jorge Simão tem ascendência sírio-libanesa. Quando jovem, costumava viajar com o seu pai pelo Sertão Central do Ceará (HILBERT; MARQUES, 2009). O pai praticava comércio ambulante, sendo denominado popularmente de "mascate". Certa vez, o Sr. Simão contou que, ao chegarem a determinado povoado, os moradores perguntavam pelos significados dos "letreiros".[11] A condição de estrangeiro do pai, de alguém que detinha outros saberes, diferentes dos partilhados na cultura brasileira, era associada às gravuras rupestres, também desconhecidas, estranhas e exóticas. Portanto, potencialmente o Sr. Simão e o pai eram as pessoas mais bem capacitadas para desvendar o mundo desconhecido dos "letreiros" e dos machados ou "pedras corisco"[12], que as pessoas dessas localidades pensavam ser resultado dos raios que caíam sobre a terra. Assim, a história de vida do colecionador Jorge Simão revela aspectos singulares, que configuram o lugar dos objetos no processo de significação de sua coleção, da sua relação com o mundo e da sua posição de autoridade em explicar à população sertaneja as proveniências e os modos de conceber objetos pré-históricos. De modo bem diferente da situação do Sr. João da Silveira, de Machadinho, no Rio Grande do Sul, o Sr. Simão constrói

---

[11] Denominação popular para os painéis de arte rupestre.
[12] Denominação popular para o material lítico polido.

o passado e o inscreve na cultura sertaneja na medida em que se comunica com os habitantes locais. O Sr. Simão é a ponte na construção do mundo que envolve o passado e o presente. As coleções são elementos significativos na intenção de construir o mundo, e, assim, o esforço de entendê-lo representa um caminho para explorar nosso relacionamento com ele (PEARCE, 1992, p. 37; MUENSTERBERGER, 1999; SCHLOZ, 2000; SOMMER, 2002).

Quando perguntado sobre a procedência das peças, o Sr. Simão indicava alguns lugares com localização precisa e outras nem tanto, na extensão do Sertão Central do Ceará. Com o bom humor que lhe é peculiar, ele ia construindo em seu discurso explicações muito próprias, especialmente diante da coleção de peças pré-históricas. Por exemplo, sua explicação para a criação e elaboração da arte rupestre e dos objetos líticos e cerâmicos consistia em considerá-los obras de fenícios, de extraterrestres e, eventualmente, dos "nossos índios". Com essa expressão, reforça a condição de brasilidade dos indígenas e, ao mesmo tempo, seu próprio pertencimento, além da ascendência estrangeira, sírio-libanesa, à cultura brasileira.

Na tecnologia de fabricação ficcional, o Sr. Simão afirmava que eles utilizavam raios *laser* para elaborar as peças líticas polidas. Ele considerava os Fenícios um povo bastante desenvolvido nas técnicas de construção de embarcações e no tocante às conquistas territoriais. Enquanto ele abordava esse tema, fazia alusões à vinda de sua família para o Brasil. Portanto, havia, em alguma medida, uma identificação da "saga" familiar dele com os fenícios. E, na última escala de ordenação de significação, ele situava os "nossos índios", fazendo a ressalva de que eles não eram muito esmerados na confecção de instrumentos, mas conseguiam reproduzir as peças menos elaboradas devido ao que aprenderam com os alienígenas e fenícios.

É interessante considerar que as populações indígenas figuravam na construção de mundo do Sr. Jorge Simão, mesmo que no plano mais baixo da ordenação de significação. Na escala de posicionamento no plano imaginário, os seres alienígenas eram superiores aos terráqueos (fenícios e indígenas). Nessa via de percepção, os objetos de sua coleção constituíam-se em testemunhas na escala tecnológica de objetos exóticos pertencentes a um passado pré-histórico idealizado, e, ao mesmo tempo em que buscava entendê-los, sua voz visava a explicar a constituição daquela sociedade sertaneja nos Sertões de Quixeramobim, o mundo em que vivia.

Arqueólogos

Paul Bahn (1989) criou duas categorias de arqueólogos: arqueólogos de campo, os que buscam "lá fora" a solução para seus problemas, e os arqueólogos de gabinete, aqueles que encontram a solução de seus problemas sentados na poltrona. Ambas as figuras têm seu lugar no imaginário popular.

Arqueólogos de campo

Os arqueólogos de campo compartilham um raro privilégio com as ciências que encontram respostas para suas perguntas não nos gabinetes, laboratórios e livros, mas fora, em algum lugar que ainda precisa ser encontrado. Nele, o arqueólogo acha a esperança, a expectativa de encontrar a solução dos seus problemas científicos, profissionais e, por que não, pessoais. Em geral, esse é o lugar dos achados arqueológicos, que é, via de regra, de difícil ou intangível acesso, que se encontra sempre muito longe, é de acesso proibido, escondido e, principalmente, ainda nem foi descoberto. O arqueólogo de campo sempre tem a possibilidade de remeter a essa possibilidade, não apenas longe ou difícil, mas também de localizar no futuro esse lugar dos achados. Seu público, seus financiadores, seus credores, colegas e estudantes são consolados com um futuro glorioso: algum dia encontrará "lá fora", em campo, a resposta, a prova, a solução para essa dúvida, para essa questão, para resolver parte desse problema, que comprove sua teoria. Aquela sensação mágica do encontro com um pedacinho daquela totalidade que foi quebrada do que esteve vivo e agora está morto é, para o arqueólogo de campo, incentivo suficiente para continuar procurando, mesmo que precise procurar cada vez mais longe, mais fundo e com tecnologias complexas, com máquinas mais sofisticadas (KAPP, 1978). A Arqueologia de campo estimula as fantasias, dá muito mais material para montar uma excelente e lucrativa história de aventura. Seu símbolo é a trolha e não a poltrona.

Não é só depois da figura dos arqueólogos cinematográficos do tipo "Indiana Jones"[13], "Ben Gates"[14], "Lara Croft"[15], "Melina Havelock"[16], "Daniel

---

[13] Herói-arqueólogo, representado por Herrison Ford, atuando em três filmes dirigidos por George Lucas e Steven Spielberg.

[14] Caçador de tesouros (Nicolas Cage) no filme de aventura: *A lenda do tesouro perdido* (2004).

[15] Heroína-arqueóloga (Angelina Jolie) na série de filmes: *Tomb Raider* e em videogames.

[16] Arqueóloga (*Bond girl*) representada por Carole Bouquet no filme *"007 – For Your Eyes Only"* (1981).

Jackson[17], "Hercules Tarragon[18], ou "Dr. Cornelius[19] que a Arqueologia é relacionada, popularmente, com a aventura, com descobertas espetaculares, com a caça de tesouros (RUSSELL, 2002; HOLTORF, 2005, p. 43). Essa figura do descobridor está colada no álbum de figurinhas junto a nomes como John Lloyd Stevens[20], Heinrich Schliemann[21], Austen Henry Layard[22], Giovanni Battista Belzoni[23], estes, e muitos outros, que fazem parte dessas histórias populares e de aventuras.

Arqueólogos de gabinete

O arqueólogo de gabinete completa a imagem do arqueólogo de campo. É uma imagem de face dupla, que olha em direções opostas, como Jano, o deus romano das portas e do início e do fim dos tempos. Ambas as faces olham, simultaneamente, para o futuro e para o passado.

Pode haver arqueólogos que hoje atuem somente em campo ou exclusivamente em gabinete. Mas, em algum momento de sua vida, esses profissionais unifaciais já atuaram em ambas as áreas, em campo e em gabinete, já usaram as duas vestimentas características, assumiram ambas as identidades. Esse parece ser um processo de amadurecimento: o arqueólogo mais envelhecido prefere o conforto da poltrona no gabinete. Os motivos para nunca fazer Arqueologia de campo ou não a fazer mais podem estar simplesmente na sua incompetência na lida do campo. Pode ser também que ele não esteja mais estar disposto a sujar suas mãos, tenha medo de insolação, tenha dor nas costas, odeie a comida, o desconforto, ficar longe da família (BAHN, 1989).

Diferentemente do arqueólogo de campo, com sua roupa de escavador, de desbravador da selvageria, com suas botas pesadas, calça rasgada e sebosa, camisa de cor cáqui ou camiseta estampada, chapéu de abas largas e barba por fazer, homem da prática externa, o arqueólogo de gabinete exibe uma imagem caricata de cientista distraído, de professor descuidado, concentrado em sua ciência e desligado do mundo "lá fora", como o professor Henry Jones, com um terno fora da moda atual, mas correspondente à sua

---

[17] Egiptólogo (James Spader) e herói no filme: *Stargate* (1994) e nas séries de TV subsequentes.
[18] Arqueólogo em duas aventuras de *Tintin* (Criado por Hergé).
[19] Chimpanzé-arqueólogo no filme: *"Planeta dos Macacos"* (1968).
[20] Diplomata e explorador americano, descobridor das ruinas Maia na península de Yucatán (1805-1852).
[21] Comerciante alemão, descobridor das ruinas de Troia e Micenas (1822-1890).
[22] Lorde e arqueólogo inglês, descobridor das antigas cidades Nimrud e Nínive na Mesopotâmia (1817-1894).
[23] Explorador italiano que atuou na descoberta e no deslocamento de antigos monumentos egípcios (1778-1823).

época, com os fundos da calça brilhantes de tão desgastados, com remendos de couro nos cotovelos da sua jaqueta.

Esse arqueólogo pratica uma Arqueologia teórica, que é feita da seguinte maneira: levar em consideração a falta de dados, questionar a validade de todos os dados, a maneira como o sítio arqueológico foi escavado e duvidar da representatividade da amostra. A estratégia mais bem-sucedida para despistar sua própria falta de ideias e de soluções é atacar aqueles que estão fazendo algum trabalho e tentar destruir a abordagem principal de sua pesquisa. Os arqueólogos teóricos – os mortos-vivos, como também são chamados – fazem isso publicando uma grande quantidade de artigos e livros recheados com uma linguagem impressionante, palavras extensas, equações matemáticas e diagramas complicados com linhas, flechas e caixas. Poucas pessoas realmente leem essas coisas, com exceção daquelas que também teorizam para manter sua linguagem atualizada, para, eventualmente, encontrar algum ponto que possa ser criticado, e dos estudantes que têm a desgraça de ter algum dos autores como seu professor. Resumindo, então, de forma simples, a diferença entre os dois grupos classificados por Paul Bahn (1989, p. 11). Os arqueólogos de campo escavam lixo, enquanto os arqueólogos teóricos escrevem seu próprio lixo.

Para Lewis Binford (1989), existem os Yippies, os Yuppies, os Guppies, os Puppies e os Lollies (HILBERT, 2007a).

Yippies

Os Yippies partem do pressuposto de que o progresso da disciplina depende de uma postura conscienciosa, do autoexame e de uma abordagem humanística, carregada de juízos de valor. Surpreendentemente, conforme Lewis Binford, são justamente os arqueólogos que categorizam os colegas não Yippies como imperialistas intelectuais, colonialistas do conhecimento e chauvinistas desumanizadores da humanidade. Os Yippies rejeitam a ciência como uma abordagem absolutista e imperialista, que é imposta a outras nações, pessoas e regiões (BINFORD, 1989, p. 6).

Yuppies

Os Yuppies dependem de engenhocas e de tecnologias. Acreditam que por intermédio desses recursos o conhecimento e a compreensão arqueológica avançarão. Como muitos arqueólogos tradicionais, os Yuppies são verdadeiros empiristas, que acreditam na verdade evidente. O Yippie olha para dentro de si, enquanto o Yuppie olha através de um microscópio. Seus trabalhos carregam no título aspectos zooarqueológicos, análises de marcas de uso, sequências de reduções líticas, tecnologia de cerâmica, palinologia, fitólitos, etc. O mundo dos Yuppies é simples: é só olhar com esforço para a maior quantidade possível de evidências diferentes, e o que se verá é a verdade. Quanto maior a variedade e sofisticação dos equipamentos, tanto maior a verdade que se percebe (BINFORD, 1989, p. 7).

Guppies

Os Guppies têm uma idade acima da média dos demais profissionais que contribuem para a literatura arqueológica. São empiristas, como os Yuppies, mas sem o enfoque tecnológico. Eles conhecem e escavaram o material, sabem a verdade, pois estiveram mais tempo em contato com os objetos que os demais arqueólogos e, principalmente, passaram mais tempo em campo. São consumidores vorazes de dados. Os Guppies ganharam o monopólio sobre a verdade empiricamente justificada por terem acumulado maior quantidade de observações, em geral a olho nu. Esse monopólio permanece incontestado durante os anos de sua carreira profissional. Suas credenciais são passaportes repletos de carimbos e anos de pesquisa de campo, particularmente dedicados a uma área específica (BINFORD, 1989, p. 8).

Puppies

Os Puppies são aspirantes a Guppies. Devem ser levados a sério, pois são protegidos pelos Guppies, que, por sua vez, usam seus Puppies como escudos em debates com colegas. Como recompensa, os Puppies assumem os cargos dos Guppies depois de esses se aposentarem.

Lollies

Os Lollies são parentes dos Yuppies e dos Puppies. O Lollie é capaz de inventar palavras novas e criar modelos novos. Arqueologicamente, trabalha com propostas amplas, que envolvem questões como "a origem do Estado", "os primeiros agricultores", "o começo do comércio", "sedentarismo", "o povoamento da América"" etc. (BINFORD, 1989, p. 9).

Kent Flannery (1982) escreveu uma parábola, muito citada, sobre os objetivos da Arqueologia. Flannery idealizou um encontro entre arqueólogos no bar de um Boeing 747 e criou personagens e diálogos para ilustrar diferentes atitudes, práticas e teorias arqueológicas. Não são indivíduos reais, ressalva ele, mas cada personagem representa um grande grupo de arqueólogos.

Filósofo Renascido

O "Filósofo Renascido", especialista em métodos e teorias, sem área de pesquisa delimitada e sem período definido, para poder trabalhar em patamares mais elevados de abstração, era professor em uma Universidade no oeste dos Estados Unidos. Graduou-se no final da década de 1960, sofreu muito nas pesquisas de campo, pois nunca sabia o que estava realmente fazendo. Outros fizeram comentários sobre suas habilidades limitadas como arqueólogo de campo: "That poor wimp couldn't dig his way out of a kitty litter box"[24] (FLANNERY, 1982, p. 266). Seu destino era a mediocridade, até que um dia descobriu a Filosofia, e renasceu na Arqueologia. Percebeu que bastava um projeto bem estruturado e articulado para nunca mais precisar fazer pesquisa de campo, que, no fundo, detestava. Ele apenas publicava os conceitos teóricos e criticava os trabalhos dos outros, ficava no ar-condicionado, reproduzia hipóteses, leis e modelos. Era um *law producer*, e não um *law consumer*.[25]

Filho dos Anos Setenta

O "Filho dos Anos Setenta"[26] tinha uma característica destacada: ambição sem limites. Sem ter o compromisso com a história cultural nem com a devoção às teorias, como tinha a geração da década de 1960, seus objetivos eram simples: ficar famoso, ser bem pago, receber elogios e gratificações. Não lhe importava como chegar a essas metas. Para ele, a Arqueologia era apenas um veículo cuidadosamente selecionado, pois logo descobriu que as pessoas dariam quase tudo em prol da Arqueologia.

---

[24] Aquele pobre fracote não conseguiria cavar o suficiente para sair de uma caixa de areia para gatos. (Tradução minha).
[25] Um produtor de leis e não um consumidor de leis. (Tradução minha).
[26] The Child from the Seventies.

Old-Timer

O *Old-Timer* é o personagem principal na parábola de Flannery, uma espécie de "alter ego" do autor. Aposentado antes do tempo, por ainda acreditar em cultura como paradigma central da Arqueologia, o *Old-Timer* era homem da pesquisa de campo, queimado pelo sol, que usava calças jeans rasgadas, botas e chapéu, chamava os outros de "meu filho" e concluía seus depoimentos sempre com: "and that's the God's truth". Seus colegas de universidade tinham mandado folhear a ouro sua velha colher de pedreiro da marca Marshalltown, como gesto de reconhecimento e de premiação pelos serviços prestados no campo da Arqueologia. O *Old-Timer*, dirigindo-se aos outros colegas no bar, perguntou:

> You know what an archaeologist's first Marshalltown is like? Like a major leaguer's first Wilson glove. I dug at Pecos with this trowel, under A. V. Kidder. And at Aztec Ruins with Earl Morris. And at Kincaid with Fay-Cooper Cole. And at Lindenmeier with Frank Roberts. Son, this trowel's been at Snaketown, and Angel Mound, and at the Dallas of the Columbia with Luther Cressman.[27] (FLANNERY, 1982, p. 268).

Então, desenvolveu-se um diálogo entre o *Old-Timer* e o "Filósofo Renascido". O "Filho dos Anos Setenta" somente ficava atento à conversa entre os dois, anotando tudo, na esperança de poder aproveitar alguns argumentos e ideias para seu novo livro. O filósofo enfatizava a importância das teorias e assegurava que o maior legado que ele e seus colegas filósofos puderam deixar para a próxima geração de arqueólogos era um corpo sólido de teorias arqueológicas. Para o *Old-Timer*, ao contrário, não existiam essas tais teorias arqueológicas, mas somente teorias antropológicas.

"Os arqueólogos têm sua metodologia própria, e os etnólogos a sua metodologia, mas, no campo das teorias, todos falam como antropólogos".

"Meu Deus! Você está completamente por fora!", reclamou o filósofo.

"Há 10 anos estamos construindo um conjunto de leis puramente arqueológicas".

"Quais?", perguntou o *Old-Timer*. O filósofo respondeu:

---

[27] Você sabe o que significa para um arqueólogo sua primeira 'Marshalltown'? É como a primeira luva 'Wilson' para um jogador de beisebol. Eu escavei com essa trolha em Pecos, sob a coordenação de A. V. Kidder. E nas ruínas astecas, com Earl Morris; e em Kincaid, com Fay-Cooper Cole; e em Lindenmeier, com Frank Roberts. Filho, essa trolha esteve em Snaketown e em Angel Mound, e no Dallas da Colombia, com Luther Cressman. (Tradução minha).

"Primeiro: as pessoas, na pré-história, não deixaram no sítio tudo aquilo que faziam. Segundo: algumas coisas que elas deixaram no local se desintegraram e não podem ser mais encontradas pelos arqueólogos".

"Heinrich Schliemann já sabia disso, quando escavou Troia", ironizou o *Old-Timer*.

No decorrer da conversa, o velho comparou a Arqueologia com um jogo de futebol americano, que tem 22 jogadores no campo, dois treinadores nas laterais e três pessoas transmitindo e comentando o jogo das cabines, no alto, sobre o campo. Um deles nunca jogou bola na sua vida, mas era justamente esse comentarista que falava mais alto e mais criticava os jogadores e treinadores no campo. Os jogadores estão lá embaixo no campo, enquanto os comentaristas estão no alto, no olimpo das ideias.

"Nenhuma renovação de estratégia que surgiu nos últimos anos no futebol partiu da cabine; todas foram criadas pelos jogadores e treinadores", disse o *Old-Timer*, reafirmando sua posição.

"Você nega a importância das teorias?", perguntou o "Filho dos Anos Setenta".

"Teorias são importantes para organizar e entender os dados", respondeu o velho, que, em seguida, criticou aqueles que percebem as "Teorias Arqueológicas" como uma disciplina à parte.

"E, como se isso não fosse suficiente, alguns até começam a pensar que são filósofos!"

"Acho isso fascinante", comentou o "Filho dos anos Setenta".

"Filho", interveio o velho, "isso seria fascinante se eles fossem bons nisso. Infelizmente agora temos filósofos que nada sabem de Arqueologia instruindo arqueólogos que nada sabem de Filosofia?"

"O diálogo com a Filosofia é muito importante", reclamou o "Filho dos Anos Setenta".

"Prefiro ser um arqueólogo de segunda a ser um filósofo de terceira", respondeu o *Old-Timer*.

"Precisamos saber o que o mundo realmente espera de um arqueólogo" continuou argumentando o velho.

"Se ligo a televisão ou entro numa livraria, vejo que o mundo quer que os arqueólogos contem algo sobre o passado da humanidade. As pessoas não querem saber de Epistemologia. Querem ouvir falar sobre a Garganta de

Olduvai, Stonehenge, Macchu Picchu. As pessoas estão percebendo que os primeiros 3 milhões de anos do seu passado aconteceram antes da história escrita e veem a Arqueologia como a única ciência com poder suficiente para descobrir o passado. Filho, se o mundo quiser Filosofia, consultará um filósofo, e não um arqueólogo. Estamos ficando confusos e virando as costas para aquilo que sabemos fazer melhor. Nossa maior responsabilidade para com o resto do mundo é fazer uma boa e básica pesquisa arqueológica".

A conversa continuou, mas Kent Flannery, cansado depois de vários dias de congresso e depois das diversas cervejas consumidas durante a viagem, pegou no sono, e, ao acordar, percebeu que tudo era apenas um sonho. Mas quando abriu sua pasta, descobriu nela uma "Marshalltown" dourada e uma carta.

Os "Pronapianos"

O Programa Nacional de Pesquisas Arqueológicas (Pronapa – 1965-1970) marca uma linha divisória importante na Arqueologia brasileira. Para algumas pessoas, principalmente para as que participaram direta ou indiretamente desse programa de pesquisa, o PRONAPA marca a linha divisória entre a ciência e o amadorismo na Arqueologia brasileira. Para aquelas que iniciaram suas carreiras depois da década de 1970, o Pronapa é sinônimo de uma forma tradicional e velha de fazer Arqueologia (DIAS, 1995).

Mesmo assim, é interessante notar como nos últimos anos a memória desse programa de pesquisas arqueológicas ganhou o privilégio de uma manutenção permanente. Em artigos, livros, dissertações, teses, relatórios ou projetos acadêmicos, popularizou-se a lembrança constante do Pronapa. Mesmo depois de mais de 40 anos, esse Programa continua sendo um signo poderoso e polissêmico. Fica evidente também que esse passado teórico e metodológico da Arqueologia brasileira continua preocupando os arqueólogos brasileiros.

A frequente associação do Pronapa ao Histórico-Culturalismo me incentivou a refletir sobre os motivos dessa afirmação. Quero entender de que forma os arqueólogos brasileiros usaram as abordagens tradicionais da Arqueologia para delimitar as fronteiras entre ideias e ocupar diferentes espaços de atuação para definir novas identidades e preocupações arqueológicas.

A pergunta estava lançada, a curiosidade acesa, mas os caminhos praticamente desconhecidos. Só havia uma certeza: preciso de um debate prolongado para perceber melhor o passado das nossas ideias arqueológicas. Perguntei então pelo caminho que iniciava bem à frente da minha porta, procurei apoio nos trabalhos de alguns colegas que, muito tempo antes, já andaram por essas trilhas e elaboraram revisões brilhantes sobre os marcos teóricos da Arqueologia brasileira, como Adriana Dias (1995), Arno Kern (1996), Cristiana Barreto (1998), Tania Andrade Lima (2002), José Alberione Reis (2005) e mais alguns. Depois, consultei autores como Bruce Trigger (1995), Lee Lyman; Michael O'Brien; Robert Dunnell (1997), Alan Barnard (2000), Walter Taylor (1983), Julian Steward (1973) e Leslie White (1987), entre outros, para obter esclarecimentos específicos, sobretudo referentes ao pensamento histórico-cultural e ao evolucionismo cultural, conceitos básicos, que me interessam nesse contexto relacionado ao Pronapa e aos "Pronapianos".

Minha primeira opção foi procurar respostas no plano do irracional. Formulei, como passo provisório de minhas reflexões, a hipótese da vingança. Que motivo forte!

Minha segunda opção em busca dos motivos que levaram profissionais brasileiros a relacionar o Pronapa ao pensamento histórico-cultural, como se isso fosse um pecado imperdoável, foi de cunho muito pessoal. Essa foi uma reação pessoal, pois os arqueólogos brasileiros chamados por outros arqueólogos brasileiros de "Pronapianos" são meus colegas, e alguns são meus amigos. Sem saber o que exatamente significava ser histórico-culturalista, evolucionista, difusionista, processualista ou pós-processualista, corria o risco de fazer parte de um ou de outro grupo, de uma irmandade, de uma tribo arqueológica, sem saber. E ainda continuo sem saber. Sei que esses rótulos servem apenas como suportes mnemônicos que ajudam no exercício da *ars memorativa*[28].

Então qual foi o erro, o pecado cometido por eles? Alguns arqueólogos os acusam de terem sido colaboradores do Regime Militar no Brasil, entre 1964 e 1988, de terem sido espiões da CIA, de terem desviado material arqueológico para os Estados Unidos, de serem destruidores do patrimônio arqueológico e de escavar sítios arqueológicos sem autorização (FUNARI, 2002; DELLE, 2003).

Em todo caso, estou convencido de que os arqueólogos "Pronapianos" não praticaram esses crimes dificilmente cometeram todos esses pecados arqueológicos de que são acusados e, com certeza, nem todos eram esses

---

[28] Arte da memória.

tradicionalistas recalcados. Ao contrário! Acho, sem poder comprovar minha afirmação, nesse momento, que os "Pronapianos" eram jovens arqueólogos brasileiros que representavam, na década de 1960, a "jovem guarda" (MEGGERS, 1985).

Percebo agora que os "Pronapianos" têm semelhanças com o "herói" do meu conto. Isso não foi planejado, mas talvez faça parte do "ser arqueólogo". Como o herói do meu conto, eles foram um pouco ingênuos, certamente, quem sabe um pouco simplórios na sua maneira de achar e de avaliar as coisas do passado. Suas histórias eram simples, e eles estavam demasiadamente preocupados em responder questões sobre as datas do calendário, obstinados com as cronologias baseadas em métodos estatísticos – seriações, em datações por Carbono-14 –, queriam colocar as pessoas do passado no seu devido ambiente natural e preocupavam-se com a classificação tipológica correta dos objetos encontrados.

Eles foram seduzidos pela facilidade com que imaginavam que preocupações difíceis e complexas poderiam ser resolvidas num toque de mágica, e ainda com um rótulo de cientificidade. Os "Pronapianos" talvez possam ser comparados àquele jovem que pela primeira vez experimentou o poder de dar nomes às pequenas coisas esquecidas e totalmente ignoradas pelos outros arqueólogos da época, o poder de explicar e controlar o tempo e os espaços arqueológicos. "Quantos anos têm essas pedras, de onde vêm, como funcionam as coisas?" É como viajar no tempo. É magia pura! É muito poder nas mãos de um simples arqueólogo.

Intermitência: disputa entre os heróis narrada por Lewis Carroll

Tweedledum and Tweedledee
Tweedledum and Tweedledee
Agreed to have a battle;
For Tweedledum said Tweedledee
Had spoiled his nice new rattle.

Just then flew down a monstrous crow,
As black as a tar barrel;
Which frightened both the heroes so,
They quite forgot their battle

(Lewis Carroll, *Through the Looking-Glass*, 1871).

4

A SEDUÇÃO

Antes da ação de procurar propriamente dita, o arqueólogo cria e submete-se a estímulos, para se sentir seduzido. Isso é fácil, pois a maioria dos arqueólogos deixa-se seduzir por pequenas coisas e estímulos efêmeros. A procura está relacionada a um estímulo, a uma vontade de fazer algo. Essa inquietação, quando relacionada a uma emoção, muitas vezes indefinida, antecede a procura propriamente dita. Essa indefinição, que no início é apenas uma excitação difusa, rapidamente confere certeza, quando se transforma no anseio de procurar, para satisfazer a inquietação, para acalmar a emoção ainda difusa. Um resto de emoção imprecisa continua acompanhando a procura, pois os resultados da busca podem ser indefinidos e incertos, por natureza. Essa inquietação é silenciosa, introvertida e solitária, alimentando-se da emoção passada, passageira. A memória que surge simultaneamente com a felicidade do achar procura reviver essa emoção e estimula novamente a partida.

Estímulos

Os estímulos são uma espécie de ritual de iniciação, no decorrer do qual o arqueólogo toma a decisão de procurar. Esse ritual pode demorar anos, gerar muitos custos e trabalhos, assim como pode demorar apenas alguns instantes. Uma vez decidida a ação da procura para resgatar as coisas do passado e restabelecer a memória do lugar e das pessoas, por algum tempo, o arqueólogo precisa primeiro controlar sua ansiedade e os estímulos, depois necessita determinar o tipo de sua procura e, finalmente, definir onde procurar.

A primeira frase

A primeira frase pode ser algo estimulante e, muitas vezes, é a mais importante de uma história. Um bom início de uma história conecta o ouvinte ao contador de histórias e conecta o autor ao leitor. A primeira frase é como uma isca que desperta a curiosidade, mas, sobretudo, esconde o anzol que prende o consumidor, definitivamente, a seu objeto de desejo. A primeira frase leva o leitor, ou ouvinte, ao início do percurso, a partir do qual ele é carregado por suas expectativas e por suas próprias fantasias.

"No princípio criou Deus os céus e a terra...", assim inicia o primeiro livro da Bíblia, o Gênesis.

"Era uma vez...", contam os irmãos Grimm.

"Canta-me a cólera – ó deusa – funesta de Aquiles Pelida...", exclama em voz velada Homero, no primeiro verso da *Ilíada*.

"Aquí me pongo a cantar al compás de la vigüela...", recita José Hernández, em Martín Fierro.

"I have a dream...", anuncia Martin Luther King.

Imediatamente, o leitor fica em silêncio, atento, cheio de fantasias e expectativas. Esse é o cenário que um contador de histórias deseja e, naturalmente, merece. A primeira frase pode provocar uma inquietação, uma emoção, que, por sua vez, estimula a partida, uma ação qualquer.

"Vamos escavar?" Esta primeira frase provoca inquietação, ansiedade e emoções entre os meus estudantes de Arqueologia.

"Vamos procurar coisas arqueológicas!" Poucos resistem a essa tentação, e nem perguntam onde, quando e o que será escavado. Muito tempo depois, e em meio aos incômodos e às confusões, quando estão com os pés molhados, com fome, sem bebida, sem cigarro e longe de casa, percebem que foram se meter numa encrenca.

A pergunta

Igualmente vago e difuso pode ser o estímulo de procurar, quando relacionado a uma pergunta inquietante que se formula a partir de um questionamento, de uma dúvida interna e como fruto de reflexões. O procurador sai estimulado pela primeira frase de uma história, com vontade de encontrar respostas para sua pergunta, mesmo sabendo que não encontrará respostas definitivas. Essa forma de estímulo é característica de quem sabe que sua procura não resolverá, de uma única vez, a partir de um único achado, suas investigações reflexivas, suas dúvidas.

A procura arqueológica tem essa característica. A resposta para sua pergunta investigativa necessita de um conjunto de coisas que formam um contexto e a partir das quais o arqueólogo pode formar outros contextos. Encontrar uma coisa específica não está nos planos de quem procura, pois não corresponde à sua pergunta e não a responde. Uma pergunta formulada na primeira frase de um texto estimula a procura, mas não para por aí. Ela leva à procura de mais coisas, que, por sua vez, estimulam novas procuras, novas perguntas e novas primeiras frases de um texto.

A natureza romântica

A procura por situações estimulantes com a intenção de procurar revela o sentimento romântico da Arqueologia. Estar junto à natureza é estimulante. É bom estar lá fora. Um dia de sol ou até de chuva pode ser estimulante para vaguear e para procurar lugares de achados arqueológicos. Para o procurador de coisas da Arqueologia, um campo arado, descansado depois de uma boa temporada de chuvas, é como um presente de natal, um bilhete de entrada para uma sessão de cinema num domingo à tarde, é como andar sem coleira para um cão de caça. O arqueólogo procurador de lugares de achados, todo faceiro, aceita e agradece pelo convite que a natureza lhe oferece. O arqueólogo também é romântico e gosta das coisas da natureza.

Mesmo nesse ponto, Brochado era diferente da maioria dos arqueólogos que conheço. As coisas da natureza, o ambiente de uma escavação arqueológica não era muito do seu agrado. Estimulante para Brochado era, sem dúvida, uma boa conversa durante o almoço nas cantinas e nos bares do campus da Universidade.

A Arqueologia é um fazer em campo, uma atividade em *plain air*, não só em gabinete. Fazer coisas a céu aberto tem uma longa história e está relacionado, acho, com esse movimento romântico. Esse romantismo está no imaginário dos alunos do primeiro semestre e é nutrido pela literatura e pelos filmes de aventura nos cinemas.

Era para ser um "sítio-escola". Uma grande oportunidade para os estudantes de Arqueologia aprenderem a escavar com os professores da faculdade. Brochado e eu éramos os responsáveis. Estávamos escavando, há duas semanas, uma extensa área de um sítio habitacional pré-colonial na Fazenda Soares, perto de Rio Grande, que apresentava uma grande quantidade de achados de fragmentos cerâmicos na superfície, atribuídos à tradição arqueológica Tupi-Guarani. A situação era precária. Estávamos longe de qualquer comércio, só havia um chuveiro para 25 estudantes. Este era um cano d'água que saía diretamente da parede de um galpão, nos fundos da sede da fazenda, que estava praticamente abandonada. O dono da fazenda vivia na cidade e amava gatos. Ele recolhia os animais desamparados que encontrava na cidade e nas redondezas, os vacinava, castrava e depois largava na sua fazenda. A cada três dias, o Sr. Soares trazia ração para os bichos. Nunca descobrimos quantos eram, e nem ele sabia, mas certamente eram mais de 150! O lugar estava contaminado com pulgas. Era verão, fazia um calor insuportável, e imensas nuvens de mosquitos nos atacavam durante a noite. Todos dormiam em barracas, a comida era escassa e de qualidade suspeita, pois nós mesmos éramos os cozinheiros. Não havia nada de romantismo nessa situação. Mesmo assim, a escavação foi um sucesso. Eu fazia a documentação dos vestígios arqueológicos, desenhos, fotos, topografia, enquanto Brochado escavava em uma mancha de terra preta, na periferia da escavação, que, infelizmente, mostrava-se pouco atraente para um dos maiores especialistas da cultura Guarani. Na verdade, ele não estava escavando. Ninguém estava escavando, pois todos em sua volta estavam ouvindo atentamente suas histórias – aquela sobre sua participação em uma escavação no Mississippi.

"Lá no Mississippi...", costumava ele dizer ao iniciar seu relato.

Certa vez, Brochado foi chamado pelos estudantes Artur e Cláudio para dar seu parecer a respeito de um conjunto muito interessante de achados arqueológicos recentemente descobertos por eles. Era uma fogueira com muitos pedaços de carvão e dois potes, fragmentados na sua posição original, ou *in situ* como os arqueólogos costumam afirmar. Era, sem dúvida, um achado arqueológico muito significativo comparado com as coisas que, normalmente, acham-se nessas circunstâncias. Na verdade, os dois espertinhos queriam agradar ao velho professor, que estava meio sem ânimo e entediado, raspando com sua trolha de arqueólogo na areia fofa e sem achados. Brochado, vestido de camiseta do tipo regata, bermudas velhas e chinelo de dedo, levantou-se, desajeitado, e, acompanhado por seus fiéis seguidores, atravessou a escavação para inspecionar a situação da fogueira. Chegando perto, agachou-se, arrumou seus óculos pesados e, quando todos esperavam um depoimento importante do especialista em cultura Guarani, ou pelo menos um elogio aos estudantes, reclamou:

"Foi por isso que vocês me chamaram"...?"

"Sim, professor, é para o senhor retirar a cerâmica!", explicou Artur, empolgado. Respondeu Brochado:

"Na verdade, eu não gosto da cerâmica assim, suja e coberta de terra. Não dá para ver quase nada, e só de um lado. Eu gosto mais quando estão no laboratório, limpinhas, onde eu posso vê-las de todos os lados".

E não é que Brochado tinha razão? No laboratório, quando limpamos os dois pequenos recipientes cerâmicos decorados com uma bonita pintura de linhas vermelhas sobre fundo branco, achamos dois dentes de leite, pré-molares, e a falange da mão de uma criança.

Definitivamente, Brochado não era arqueólogo de campo, apesar de ter passado alguns anos da sua vida procurando e escavando lugares de achados arqueológicos, quando participou do Pronapa (Programa Nacional de Pesquisas Arqueológicas), na década de 1960.

O encontro

Diferentemente da situação inspiradora que encontra estímulo de partir para achar, o compartilhar as experiências que envolvem mais pessoas, palavras, a troca de objetos, de textos e de gestos, também é estimulante. Durante os congressos de Arqueologia, estes encontros estimulantes, para muitos, acontecem longe das apresentações, das conferências e das mesas redondas. O saguão, os corredores, os restaurantes e os bares são locais onde arqueólogos compartilham seus achados e suas emoções, grudados às coisas achadas. Nessas ocasiões, formam-se pequenos grupos de dois ou três para trocar informações, figurinhas, textos, coisas, lugares de achados e histórias que acompanham os achados.

De maior valor entre os mais jovens procuradores são achados encontrados em buscas sistemáticas e com a ajuda de equipamentos sofisticados e, consequentemente, caros. Essas divulgações são expostas abertamente, em voz alta e frente a um grande público. Os espectadores sentem-se estimulados a, quem sabe um dia, utilizar essa tecnologia que, automaticamente, indica os sítios arqueológicos. Os veteranos, sentados num canto do saguão do hotel, até trazem os achados, cuidadosamente embrulhados em sacos plásticos, devidamente etiquetados, e intercambiam cópias de relatórios preliminares. Outros abrem seus *notebooks* para mostrar imagens, mapas, relatórios. Poucas palavras são trocadas; apenas o necessário é enunciado: onde, idade, material encontrado. Objetos são passados de mão em mão, com todo o respeito que merecem, visitas recíprocas de lugares de achados são combinadas, planos para futuras procuras coletivas são marcados, e segredos são revelados, sob sigilo absoluto, só para amigos e por medo do ganancioso arqueólogo René Emile Belloq.[29]

A forma como determinados lugares foram encontrados, por exemplo, entra nessa categoria de segredos sigilosos. Revelar que foi intuição ou sorte não traz prestígio.

"Achei este sítio completamente por acaso", confessa um colega em voz baixa.

"Foi realmente pura sorte. Passei no local quando a máquina estava retirando a camada superior do aterro, se não a grande urna marajoara teria se quebrado em mil pedaços na caçamba do caminhão", revela outro.

"Não sei por que continuei escavando. Tinha uma intuição de que debaixo daqueles grandes blocos de arenito, que caíram do teto do abrigo, poderia estar oculta mais uma camada arqueológica com uma datação possivelmente antiga".

O projeto

Os arqueólogos gostam de compartilhar suas ideias, de projetar suas ações e de trabalhar juntos. A palavra da moda, a "interdisciplinaridade", faz parte do seu dia a dia, desde os tempos antigos da Arqueologia. Um bom exemplo de interdisciplinaridade moderna é a pesquisa em sambaquis[30] (WAGNER et al., 2011).

"Então! Vamos para a praia e escavar sambaqui?", sugere Gustavo. Seus pais têm uma casa em um dos balneários do litoral norte gaúcho

"O clima no verão é ótimo, o trabalho é leve, e sempre há alguma coisa nova para ser desenterrada nestas montanhas de conchas e areia. Quem sabe, até podemos achar um zoólito[31]!"

---

[29] Arqueólogo francês, caçador de tesouros e inimigo eterno de Indiana Jones.

[30] Palavra originada da língua tupi, *tamba'ki* que significa "amontoado de conchas". Sítios arqueológicos costeiros que contém conjuntos específicos de artefatos líticos, ósseos ou conchíferos associados a uma matriz composta basicamente por carapaças de moluscos e ossos de peixes onde, por vezes, ocorrem sepultamentos são conhecidos como "Sambaquis". Sendo essa medida apenas uma forma geral de definir ocupações que ocorrem ao longo de toda a costa sul-atlântica brasileira, nas quais especificidades regionais são comuns, tanto na cultura material quanto na estrutura interna dos sítios.

[31] Uma escultura de pedra polida, muitas vezes em forma de aves ou peixes, feita pelos antigos habitantes do nosso litoral (Cultura Sambaquiana datada entre 6.000 e 3.000 anos atrás). Trata-se de um objeto de grande valor artístico.

Nada disso é verdade! Quem me contou essa história foi o Zé, um dos poucos sobreviventes de uma tragédia arqueológica sem precedentes.

Certa vez, no início do ano, nas férias de verão, alguns arqueólogos projetaram e organizaram uma escavação em um dos mais famosos sambaquis do Rio Grande do Sul: o Morro da Itapeva. Este sítio é uma verdadeira lenda! Muitos outros profissionais renomados já tentaram sua sorte nesse sambaqui, mas ele não deu o braço a torcer. Localizado numa imensa rocha proeminente à beira mar, trata-se da única rocha ao longo de todo o litoral gaúcho, entre Torres e Chuí. É um verdadeiro bastião, que domina o "mosaico" (KERN, 1995) da paisagem entre a faixa litorânea, os campos alagadiços às margens das lagoas e dos mangues e o paredão verde da encosta da Serra do Mar. Mais de 30 alunos de Arqueologia vieram, alguns até do Mato Grosso e de Santa Catarina, para participar de mais um sítio-escola e, evidentemente, para curtir uma praia. Era verão, a previsão do tempo para as próximas semanas do meteorologista Cléo Kuhn era de sol, céu de brigadeiro e vento suave.

Todos ficaram acampados no camping da Itapeva e trouxeram, além das coisas para veranear e dos equipamentos para escavar, também uma geladeira, um fogão, panelas e pratos para tornar as condições no acampamento tão confortáveis quanto possível. O bar localizado dentro do camping e administrado pelo dono estava, aparentemente, bem abastecido com todos os tipos de bebidas, carne para churrasco e guloseimas. Logo no primeiro dia, os coordenadores do "Sítio-escola Arqueológico" delimitaram, empolgados e cheios de esperança, uma grande área, bem no topo da montanha, como alvo da investigação. Era para ser uma escavação-modelo. Tudo estava pronto para começar no dia seguinte. Ali estavam trinta arqueólogos ansiosos, estimulados para escavar.

De madrugada veio a chuva, do nada e sem aviso prévio, com vento forte, com raios e trovões. Mesmo assim, ninguém ficou desanimado. Embaixo de chuva, todos estavam prontos para escavar. Sem condições, sem proteção contra a chuva é impossível escavar um sambaqui, pois tudo vai por água abaixo. Suspenderam as atividades por esse dia, na certeza de iniciar no dia seguinte. A chuva forte continuou, não parou no dia seguinte, e nem no outro. No terceiro dia, finalmente, a chuva diminuiu um pouco, sem parar completamente. Para não deixar 30 arqueólogos sem trabalho, o coordenador decidiu iniciar um programa de prospecção para encontrar e registrar novos sítios arqueológicos. A chuva forte retornou no outro dia, e o programa de prospecção também foi suspenso. O clima no acampamento começou a ficar pesado. Trinta arqueólogos juntos e sem trabalho é como sentar num barril de pólvora. Depois de alguns desentendimentos, os estudantes do Mato Grosso decidiram abandonar a escavação e retornar para casa. Os outros ficaram, por enquanto. A chuva continuou caindo, e nunca os abandonou. A desordem e a indisciplina tomaram conta do grupo. Levantava-se em torno do meio-dia, só para ter certeza da condição desesperadora em que se estava. As barracas estavam inundadas, e os sacos de dormir, encharcados. Tudo estava molhado. Ninguém tinha mais roupa seca e limpa. Para piorar a situação, começou uma bebedeira generalizada entre os que ficaram.

Soubemos depois que o dono do bar do camping reformara sua casa humilde de dois quartos e construíra um palacete espaçoso e confortável. Depois de 15 dias abaixo de chuva, na lama, sem uma única peça de roupa seca, a maioria dos participantes desse "Sítio-escola de Arqueologia", que começara com tanta expectativa, retornou para casa, resgatados pelos pais, pelos maridos ou pelas esposas. O Zé e mais dois que se perderam no esquecimento ficaram. Sorte deles, pois já no dia seguinte o céu abriu, e até o carnaval não caiu mais uma única gota de chuva.

"Não! Definitivamente não recomendo uma escavação em um sambaqui no verão", concluiu o Zé em seu relato. No final, até Gustavo concordou.

"Então, que tal uma escavação em janeiro nas Missões, em São Miguel ou São Lourenço? Com um pouco de sorte, podemos até achar o tesouro dos jesuítas", tentou Cláudia estimular nosso grupo...

"Não, melhor escavar uma casa subterrânea em Pinhal da Serra, em julho. É a época do pinhão!"

A ansiedade

A exemplo de Mané Garrincha, que chamava todos os zagueiros do time adversário de "João", este também é o apelido que os novatos recebem dos veteranos quando ingressam pela primeira vez no Laboratório de Arqueologia para candidatar-se a um estágio de pesquisa. A maioria desses "Joãos" simplesmente desaparece depois das primeiras duas semanas de estágio, e nunca mais volta. Aqueles que ficam, por motivos diversos, que não pretendo detalhar aqui, não são, necessariamente, lembrados por seus nomes próprios, mas pelos apelidos que recebem. Mário é chamado de

"Roberto", Carolina é a "Mosca", a "Pará" é Renata, e só João é conhecido, simplesmente, pelo apelido de "João".

Esse João, que começou como estagiário no Laboratório de Arqueologia e que, depois de muitas dificuldades, defendeu seu mestrado em Arqueologia na Universidade Católica, sempre foi um aluno empolgado e ansioso por aprender coisas novas. Porém, João tinha grandes dificuldades para compreender as relações entre os objetos arqueológicos, o tempo cronológico e as pessoas. Para dizê-lo de outra maneira: ele nunca conseguiu achar um objeto arqueológico por conta própria. Não tinha a sensibilidade para perceber a diferença entre um objeto antigo e um objeto novo. Para ele, tudo era arqueológico, não importando a idade dos objetos, quem os produziu, usou e descartou, e onde foram encontrados.

Naquela época, Brochado ainda lecionava na Universidade Católica. Iniciamos um projeto que tinha como objetivo localizar os sítios arqueológicos no litoral norte do Rio Grande do Sul. Essa faixa litorânea começava a ser aberta, com muita intensidade, para o turismo. A indústria do veraneio investiu pesado na construção de casas de veraneio, e os loteamentos para condomínios fechados ameaçavam a preservação de uma grande quantidade de sítios arqueológicos. Além da questão da preservação do Patrimônio Arqueológico e Histórico, nós nos interessávamos pela relação entre os habitantes pré-históricos da praia, das lagoas e da serra, na região de Torres.

Para familiarizar os estagiários e os mestrandos que participaram diretamente desse projeto com as propriedades da cultura material da região, Brochado passou horas e dias explicando, com toda a sua paciência, as características da cerâmica da Tradição Tupi-Guarani e da Tradição Taquara. Enquanto Brochado preparava os alunos em relação ao reconhecimento da cultura material cerâmica, minha tarefa foi de habilitá-los para a identificação do material lítico. As pedras que os alunos deveriam encontrar, no decorrer da prospecção no litoral, eram de basalto, de arenito ou de ágata. Predominam, nessa região, as lascas de ágata, com modificações laterais, raspadores, as lâminas de machados em basalto e os polidores de arenito, que alguém, um dia, apelidou de "Toblerone" – ninguém usa mais o nome científico de "polidor" para designá-los.

No decorrer de vários meses de prospecção – as saídas de campo eram sempre no fim de semana –, localizamos vários novos sítios e revisitamos alguns locais de achados arqueológicos já conhecidos e registrados por profissionais mais antigos, como Eurico Miller, Antonio Serrano e Ruy Ruschel.

Os resultados iniciais das nossas prospecções eram animadores, e a empolgação entre os estudantes era grande. O mais ansioso, entretanto, era João, que, apesar de não ter encontrado ainda nenhum novo sítio arqueológico, não desistia de procurar. Insistente, inclusive nos seus dias de folga, partia de ônibus para o litoral, a aproximadamente 150 quilômetros de distância de Porto Alegre, para, finalmente, retornar ao Laboratório de Arqueologia com uma prova material do seu sucesso.

Foi numa segunda-feira, depois de um fim de semana prolongado, que João apareceu no Laboratório de Arqueologia com três caixas enormes contendo sacolas de supermercado repletas com material arqueológico que ele tinha recolhido, segundo suas informações ligeiras, em um sítio totalmente novo, que achou na periferia da cidade de Xangri-Lá. Na minha cabeça soaram, imediatamente, todas as buzinas de alarme! Será que João recolheu material arqueológico do famoso sambaqui localizado nesse balneário sem autorização nossa e do Instituto do Patrimônio Histórico e Artístico Nacional (Iphan)?

Os estagiários que estavam no laboratório, inclusive alguns "Joãos", aproximaram-se da mesa em que estavam as caixas com o material recolhido em Xangri-Lá. Brochado saiu do seu gabinete e juntou-se ao grupo. João, todo orgulhoso e ansioso como uma criança no seu aniversário, começou a desempacotar seus achados e a espalhá-los, cuidadosamente, sobre a mesa. Brochado passou a mão na barba, o que costumava fazer enquanto pensava, e, quando estava procurando palavras adequadas, levantou um dos fragmentos, girando-o nas mãos e estudando-o de todos os lados. Depois, levantou a cabeça e perguntou aos estudantes que estavam em sua volta:

"Qual a sua opinião? A qual cultura arqueológica pertence este material?"

Os "Joãos", intimidados pela presença do grande mestre, ficaram calados. Moby e Guga, os bolsistas de iniciação científica, abriram um sorriso de quem sabia a resposta. Somente Gisele e Bia, as duas mestrandas que se mantinham discretamente no fundo do laboratório, começaram a rir, uma olhou para a outra, e logo as duas explodiram em gargalhadas impiedosas.

"Senhoras! Mais respeito e seriedade!", advertiu Brochado, e continuou falando:

"Vamos estudar e descrever este material em todos os seus detalhes. Vamos levar em conta critérios como manufatura, forma, decoração, função, tipologia. Por favor, Moby, comece com a análise!"

O bolsista, que imediatamente compreendeu o espírito da coisa, deu início à análise do material explicando:

"Trata-se de um material de origem mineral, queima indefinida, com antiplástico desconhecido, provavelmente também de origem mineral, função indefinida e cultura arqueológica a ser definida", respondeu o bolsista, com um ar de seriedade.

"E o material lítico?", perguntei.

"Sem dúvida, é material de pedra quebrada, mecanicamente, e de origem basáltica", respondeu Guga.

"Muito bem! Isso é suficiente!", rebateu Brochado. "A qual cultura arqueológica pertence este conjunto de material?"

Agora as mestrandas Gisele e Bia aproximaram-se, novamente, do grupo.

"Professor", retomou Gisele a conversa, com um sorriso largo, "certamente, teremos a monumental tarefa de definir uma nova cultura arqueológica para o litoral norte do Rio Grande do Sul. Uma tarefa para um especialista!"

"Qual a sua sugestão?", perguntei, dirigindo-me ao grupo e olhando para Brochado.

Ele, de imediato, assumiu novamente a postura de professor e respondeu:

"Isso tem de ser muito bem estudado e avaliado, naturalmente. Temos de aplicar metodologias científicas e deveremos ser muito criteriosos".

"Mas qual seria sua primeira intuição?", perguntei, tentando conter um sorriso, "qual seria um nome apropriado para esta nova cultura arqueológica do litoral gaúcho?"

"Tradição BRASILIT!", respondeu Brochado, com um sorriso generoso entre sua barba longa, "sem dúvida, Tradição BRASILIT!"

Ninguém conseguiu mais conter suas emoções. Todos, menos João, é claro, caíram na gargalhada e na folia. Outros pesquisadores dos laboratórios vizinhos, da Ictiologia e da Aracnologia, entraram no nosso laboratório para participar da festa.

A "Tradição BRASILIT" do litoral norte gaúcho ficou marcada por um conjunto de sítios arqueológicos que têm como principal característica material a telha BRASILIT, feita de cimento e de amianto – altamente prejudicial para a saúde e tratada como veneno na Europa –, usada como cobertura das casas dos moradores. O restante do conjunto material dessa tradição arqueológica era composto por brita de basalto, blocos de cimento, estilhaços de azulejos e lajotas e por cacos de tijolos. A "Tradição BRASILIT" também tem um padrão comportamental característico: o descarte de material de construção na natureza, tratado como entulho. A "Tradição BRASILIT" iniciou na década de 1930 – datada pela origem da telha da marca BRASILIT no Brasil – e perdura até hoje. O famoso sítio que João descobrira e que ganhou o nome de "Tradição BRASILIT" não recebeu, injustamente, um cadastro oficial no Iphan nem foi tombado como "Patrimônio Cultural Brasileiro". Muitos outros objetos também, por enquanto, ainda não receberam esse título (NAPP; TELES; SILVA, 2008).

Essa história nos faz lembrar que a descoberta de coisas arqueológicas é construído por meio das ações e das ideias de pessoas. É uma construção bem particular e individual, e sempre relacionada com o conhecimento, por exemplo, e com as características de cada pessoa (YARROW, 2003).

O mistério

O mistério, o extraordinário e o fora do mundo arqueológico também podem ser estimulantes e incentivar a procura. Um dia apareceu no laboratório de Arqueologia da Universidade o Sr. Romy Oliveira com algumas fotografias de uma enorme pedra com gravuras contendo uma figura humana. Essa pedra foi encontrada em Fontoura Xavier, a 100 quilômetros de Porto Alegre, em direção a Serra Gaúcha, e seria, conforme o Sr. Romy, de origem incaica, representando o último Inca Tupac Amaru. Estimulado pelo mistério desse achado e da interpretação duvidosa, concordei em visitar essa pedra e o local onde ela foi encontrada.

Partimos às 7 h 30 min, com tempo nublado, mas sem ameaça de chuva. Durante a viagem, o Sr. Romy falou o tempo todo sobre suas interpretações a respeito da pedra do Inca. O que chamava atenção é que ele usava sempre as mesmas palavras, as mesmas expressões, desde quando me contou sua história pela primeira vez, lá no Laboratório de Arqueologia. Ele concordava com meus comentários críticos, sem realmente entendê-los. Não se incomodou com as críticas, nem com meus comentários sarcásticos, e continuava ignorando completamente minhas intervenções, como se estivesse reproduzindo uma fita gravada, repetindo sua história sempre nas mesmas palavras, de tão convencido de sua história que estava: a pedra era do último rei Inca, Tupac Amaru!

O Sr. Romy me contou que estava pesquisando os Incas e a pedra desde 1995, que já viajara para o Peru, visitara vários museus e sítios incaicos. Sobre a história de como a pedra foi encontrada ele citou, pela primeira vez, "Neca" (Sra. Catarina Dasch). De acordo com o Sr. Romy, Neca tinha uns 7 ou 8 anos – ela morreu dois anos atrás com mais de 80 anos – quando o pai dela, que estava na roça, a mandou buscar uma lata de água no pequeno riacho. Entrando no mato, ela deparou-se com a pedra e levou um grande susto quando viu o rosto desenhado na face lisa da rocha em forma de "L". De acordo com os cálculos do Sr. Romy, a pedra foi encontrada na segunda metade da década de 1920. Ela entrara em esquecimento, e só foi redescoberta em 1992 – até ganhou destaque em jornais locais e da capital. Logo depois, ela foi quebrada em quatro fragmentos por caçadores de tesouro, que também escavaram no local um buraco de 2 m de profundidade, até o afloramento rochoso. Finalmente, chegamos a Fontoura Xavier. É uma pequena cidade que se municipalizou em 1965, sendo antes chamada de Guamirim, nome de uma arvore frutífera. Fomos diretamente à prefeitura para nos apresentar ao prefeito, o Sr. Il.º Finatto. Homem de aproximadamente 65 anos, da minha altura, com cabelo grisalho, bigode, elegante, recebeu-nos com muita atenção. O Senhor Prefeito nos contou que foi na administração dele, no fim do seu mandato, que foi encontrada a pedra. Ele não sabia nada da história da Neca, que, de acordo com o Sr. Romy, tinha encontrado a peça já na década de 1920. O proprietário da terra, em 1992, era o Sr. Jair Rampanelli, vice-prefeito, que provavelmente comprara as terras do Sr. Dasch. O secretário nos levou à garagem onde estava guardada a peça. Fizeram um pedestal novo de cimento, cobriram-na com uma lona de plástico e a colocaram num canto da garagem.

A primeira impressão é que ela não era autêntica da cultura incaica. Nunca tinha visto antes algo semelhante. Era coisa muito estranha, e parecia ser produto da cabeça de alguma pessoa com muita fantasia. O estilo do desenho não se encaixava nos moldes culturais missioneiros, muito menos dos Incas. O objeto é de basalto, cinzento devido à decomposição. A profundidade da pátina era de menos de 1 centímetro. A parte central fora danificada por golpes das marretas. A peça tem a forma de um "L". A face em que foi gravada a imagem fora, antes, bem alisada, e as linhas do contorno do rosto são bem definidas, sem desprendimentos laterais. No interior do sulco percebi uma série de pequenas depressões em linha, marcas de um talhador denticulado. A profundidade das linhas varia entre 1-1,5 mm. Além do rosto da imagem com seu "turbante" ou coroa – por isso as pessoas a chamam de "Pedra do Rei" –, notei na lateral direita uma escrita, bem rasa, em alemão, em letra do estilo "Süterling", de sulco contínuo, sem as marcas do talhador dentado, em uma linha gravada, não talhada, mas raspada: *"Gott beschütze mich..."*[32]. No fragmento debaixo da base, notei uma moldura com símbolos estranhos, apagados e não muito fundos. Com alguma fantasia, visualizei uma data: 1889 (?). Mas essa parte sofreu alguns golpes, que danificaram a superfície. Embaixo da moldura, percebe-se um martelo. A outra face da rocha sofreu outro tipo de tratamento. A superfície foi profundamente picotada com um talhador pontudo, e percebem-se profundas linhas de 3-5 mm, alguns riscos retos e cortados, com menos de 1 mm. Trata-se de representações geométricas, como curvas, figuras semilunares, rombos, linhas cruzadas e em ziguezague. A lateral direita recebeu alguns desenhos bastante apagados, fragmentados pelos martelos dos caçadores de tesouros.

A parte lisa com o rosto da imagem do "rei" eu copiei com papel manteiga e papel carbono. A outra face tentei copiar com papel carbono, mas os picoteamentos eram muito fundos e não permitiram uma cópia boa e clara. Tentei fazer a cópia com papel vegetal e uma caneta piloto, acompanhando os sulcos profundos, com algum sucesso, e, quando em dúvida, levantava a folha para verificar a direção correta da gravura.

Na prefeitura, solicitamos uma Kombi para levar-nos ao local do achado da pedra. Encontrei-me, por acaso, com o jornalista Paulo Borges, da *Folha de Soledade*, que fez a reportagem para a *Folha* e para *Zero Hora*. Durante nossa conversa, o Sr. Romy ficou de lado. O jornalista tinha feito uma pesquisa, entrevistado a Sra. Neca, tirado fotos durante a escavação da pedra, etc. Na ocasião, ele contou que a pedra fora encontrada durante a abertura de uma estrada para retirar madeira de araucária da terra do vice-prefeito Rampanelli, e que a pedra estava deitada.

O Instituto do Patrimônio Histórico e Artístico Nacional (Iphan) fora notificado, mas não houve resposta. Alguns dias depois, a pedra fora quebrada. Paulo disse que, durante a conversa com a Sra. Neca, ela mostrara-se bastante incomodada, não querendo falar muito, afirmando que "essas são coisas do meu pai". O Sr. Borges me disse que o velho Sr. Dasch mexia com pedras, era pedreiro ou *Steinmetz*, como se dizia na Alemanha.

---

[32] Deus me proteja... (Tradução minha).

Isso pode explicar os desenhos na pedra, ou talvez somente a escrita em alemão no estilo "Süterling". Ou foi ele o escultor da peça?

Com a Kombi da prefeitura, chegamos até o local onde a pedra foi encontrada. Tratava-se dum vale com encostas íngremes, muitas pedras soltas e araucárias. A 150 m da desembocadura de um pequeno riacho, localizado no primeiro terraço, ainda estava o buraco de 2 m de profundidade que os caçadores abriram. As 17 h voltamos para a prefeitura. No final do expediente, tomamos café com biscoitos, conversamos, trocamos e-mails, e falei com Senhor Prefeito sobre as possibilidades de fazer uma exposição com a pedra do rei. O Sr. Romy quis voltar para mostrar outras pedras que tinha achado debaixo de um galpão, pedras que mostravam com mais clareza a presença dos Incas na região. Eu senti que ele estava percebendo que sua pedra incaica ia perdendo força e estava prestes a transformar-se em fraude de um "alemão doido". Às 18 h 20 min, partimos de Fontoura Xavier. Novamente, houve duas horas e meia de monólogo sobre os Incas e a pedra, como os últimos Incas fugiram, e novamente as mesmas palavras. Cheguei a casa cansado, às 20 h 30 min. Que aventura! E ainda não sei o que tudo isso representa. Fui seduzido por um mistério.

Intermitência: certezas e enganos de Lewis Carroll

The Mad Gardener's Song

He thought he saw an Elephant,
That practiced on a fife:
He looked again, and found it was
A letter from his wife.
'At length I realize,' he said,
The bitterness of Life!'

He thought he saw a Buffalo
Upon the chimney-piece:
He looked again, and found it was
His Sister's Husband's Niece.
'Unless you leave this house,' he said,
'I'll send for the Police!'

He thought he saw a Rattlesnake
That questioned him in Greek:
He looked again, and found it was
The Middle of Next Week.
'The one thing I regret,' he said,
'Is that it cannot speak!'

He thought he saw a Banker's Clerk
Descending from the bus:
He looked again, and found it was
A Hippopotamus.
'If this should stay to dine,' he said,
'There won't be much for us!'

He thought he saw a Kangaroo
That worked a coffee-mill:
He looked again, and found it was
A Vegetable-Pill.
'Were I to swallow this,' he said,
'I should be very ill!' [...]

He thought he saw a Garden-Door
That opened with a key:
He looked again, and found it was
A Double Rule of Three:
'And all its mystery,' he said,
'Is clear as day to me!'

He thought he saw an Argument
That proved he was the Pope:
He looked again, and found it was
A Bar of Mottled Soap.
'A fact so dread,' he faintly said,
'Extinguishes all hope!'

(Lewis Carroll, *Sylvie and Bruno Concluded*, 1893).

5

A PROCURA

Não há caminhos que levem diretamente a lugares de achados arqueológicos. Há coincidências. Caminhos que levam ao topo de uma montanha onde está uma ruína de um castelo medieval, caminhos que levam a uma ruína de uma igreja, uma picada que termina na abertura de um abrigo. Há várias maneiras de se deslocar em um espaço com a intenção de achar coisas da Arqueologia, e elas devem ser contempladas em um bom projeto de pesquisa. Uma dessas maneiras é o vaguear.

Vaguear

Essa metodologia manifesta-se por intermédio de determinado "jeito de ser", que se manifesta nas figuras desenhadas na paisagem pelas pessoas vagantes. Confesso que não sou muito bom nisso. Pelo menos em campo, quando procuro achados arqueológicos, tenho mais sucesso com outras formas de me deslocar na paisagem. Em todo caso, percebi que o vagueador desenha figuras incisivas na paisagem. Predominam desenhos florais, arredondados, ondas e espirais que se sobrepõem aos padrões lineares, rítmicos e geométricos do marchador e do prospector.

Para vaguear, não se necessita de nenhuma especialização. Todos nós somos capazes de vaguear. Todos praticam, com maior ou menor intensidade e frequência, esse procedimento situacional (DEBORD, 2006). Vaguear requer apenas um ambiente diversificado, um andar firme, solto, algo apressado, mas, ao mesmo tempo, relaxado, leve, cuidadoso, e sem hesitação. O vagueador não pode usar o passo de marcha, rítmico, direcionado, e tampouco um passo cambaleante, tonto, sem rumo. Vaguear é um meio-termo entre estar completamente solto e amarrado, rígido, entre o contemplativo e o racional investigativo.

Desenhos vagantes

Outro dia, sem querer, deixei alguns lápis de cor fora do estojo, soltos, dentro de minha mochila. Andei de bicicleta, de trem, fui vaguear pela cidade e, quando retornei, os lápis tinham produzido, aparentemente sozinhos, desenhos vagantes sobre uma folha de papel do meu caderno de anotações. Não foi a primeira vez que isso aconteceu comigo. Na escola, estraguei um livro emprestado da biblioteca com esses desenhos errantes e, para meu desespero de criança, não consegui convencer a professora de que os rabiscos apareceram sozinhos no livro, dentro da minha mochila. Existe uma regularidade no desenho de uma pessoa vagante, ou de um lápis de cor na mochila, não obstante tratar-se de uma confusão, um emaranhado. Tive de pagar caro pelos danos causados pelos lápis vagantes na minha mochila.

Vaguear arqueológico

O arqueólogo vagante coleciona impressões durante o andar, avalia, descarta, diminui, adiciona indícios. O vaguear caracteriza-se pelo percorrer aparentemente errante do espaço. Nele, tudo interage. O olhar avaliador joga um jogo harmônico e fluente entre a proximidade e a distância. O andar percebe as subidas e descidas do terreno, os amontoamentos e as depressões. As mãos e os pés entram em contato com a estrutura, a consistência do solo, detectam irregularidades e continuidades. De um começo inquieto, sem saber bem que fazer, depois de ter recebido estímulos, o arqueólogo parte em busca dos lugares de achados arqueológicos, por intermédio de uma maneira que identifiquei como "vaguear".

Vaguear é uma das diversas maneiras de procurar. É uma procura, não por um determinado objeto perdido, uma moeda, uma chave, uma agulha num palheiro. Esse último tipo de procurador sabe exatamente o que quer achar; não sabe exatamente onde o objeto desejado encontra-se, mas tem uma noção aproximada. Esse não é o caso de um vagueador. Ele vagueia por não saber exatamente o que está procurando. Quem anda vagueando não necessariamente procura um objeto específico. Não está focado em uma única categoria de coisa. Ele percebe muito mais coisas, coleta muitas outras impressões, substâncias e sentimentos, emoções. Está aberto para encontrar e levar consigo certas coisas, impressões, certos sentimentos, muitas vezes voláteis e passageiros (BRADLEY, 2000).

O vagueador coleciona diversos tipos de impressões, de coisas, e todas obedecem ao mesmo critério de simplesmente ter chamado sua atenção de maneira vaga. O momento de surpresa, a sensação de inesperadamente achar algo, perceber algo, é um sentimento que acompanha o vaguear e o impulsiona, o estimula. O arqueólogo vagueador brinca constantemente com essas sensações, esses sentimentos que encontra em si, que recebe do seu ambiente e que resultam do fascínio do achar.

Passear

Passear vem de "passo" e de "passar". Então, o destino de quem passeia é passar por e passear em algum lugar. Importante é compartilhar com outros as impressões e sensações percebidas num lugar. Quem passeia assume uma posição aberta, extrovertida. Passeia para se expor. Quer ser visto por outras pessoas que passeiam com essa mesma intenção. Não importa a movimentação dos seus passos; nesse sentido, o passear assemelha-se ao vaguear. O passo de quem passeia é lento, carregado, demonstrativo. Passear desenha figuras parecidas às do vaguear. Mas a pessoa que vagueia move-se atraída por alguma intuição, tanto interna quanto externa, ela simplesmente percorre um trajeto em algum lugar. O passeador não é necessariamente um procurador de coisas ou de impressões; pode, num instante, assumir o papel de vagueador na procura, porém, não sabe exatamente o que procurar. Por esse motivo, um arqueólogo não pode admitir que esteja passeando enquanto está procurando por lugares de achados arqueológicos.

Passeio

Já dissemos que quem passeia busca o contato, e não necessariamente coisas. Quer ser visto e quer ver, principalmente outros passeadores. Sua intenção está na troca. O impulso de passear, muitas vezes, vem de outra pessoa: "Vamos passear?" Aceitando o convite, logo entramos em uma condição passageira. Juntos, passeamos em algum lugar, no *shopping center*, no parque, no bosque, na praia. Trata-se de algum lugar seletivo e relacionado ao lazer. Muitas vezes, passear exige um deslocamento inicial para chegar ao lugar do passeio. O acesso e o retorno não contam como passeio. Mas o passeio também pode iniciar e terminar na porta de casa. Essa categoria de passeio serve para sair de uma situação, a de estar em casa, e para entrar em outra situação, a de estar na rua em área pública. Mesmo sozinho, o passeio é sinônimo de "dar uma volta"; tem início, meio e fim. O passeio solitário tem algo de melancólico. Já o passeio compartilhado com outras pessoas tem algo de evento festivo. O passeio a dois pode ser algo romântico, e, em regra, o é. Pode ser contemplativo, relacionado a uma conversa de tom sério e em voz baixa. Muitas decisões pessoais e de alcance político são tomadas durante um passeio a dois.

Além do mais, o passear gera renda, é bem-visto pelos comerciantes da comunidade, faz parte do comportamento em família. Passear é direito do trabalhador, que o conquistou dos burgueses e dos nobres. O passeio é uma ação em que a pessoa expõe-se em algum lugar público, normalmente, mas não necessariamente, a céu aberto. É curioso que um museu não seja considerado lugar de passear. É um lugar que se visita. O mesmo vale, por exemplo, para uma igreja, um teatro, uma biblioteca. Passeia-se a pé, de bicicleta, de moto, de carro, de trem, de barco a vela, de balão. Cada uma dessas formas de passear tem seus adeptos.

Passeia-se para fazer uma melhor digestão. Passeia-se nos parques – é um passear prazeroso da aristocracia, inventado no Barroco, junto aos próprios parques. A burguesia, que se apropriou desse direito de passear em parques, hoje passeia nos *shopping centers*. Johann Wolfgang von Goethe e Friedrich Schiller eram passeadores famosos, que escreveram poesias sobre essa maneira de ser e de perceber seu entorno. O passear romântico, com bengala, foi representado nos quadros de Caspar David Friedrich, e o passear burguês foi retratado por Carl Spitzweg ou por Pierre-Auguste Renoir (KÖNIG, 1996). A promenadologia (*strollology*), a ciência do passear, estuda as condições da percepção consciente do ambiente de quem passeia (BURCKHARDT, 2006).

Passeio arqueológico

Nos manuais de Arqueologia tradicionais, o passear não é uma metodologia prevista como um procedimento correto. Deveria, pois já achei muitas coisas interessantes enquanto estava passeando. Acho – não, tenho certeza – que a mente fica mais aberta e receptiva para achar coisas, de forma súbita, enquanto o corpo passeia. Pode ser também que um arqueólogo nunca deixe de ser arqueólogo, mesmo quando está passeando num *shopping center* ou no calçadão.

A seguinte história inusitada ocorreu com Laura, anos atrás. Ela me contou que, quando tinha uns 13 ou 14 anos, estava de férias passeando na Europa com a família. A última estação era a Alemanha, a cidade de Frankfurt, de onde partiria, no dia seguinte, rumo ao Brasil. Durante as curtas férias do tipo "pacote turístico", a família tinha percorrido cinco capitais europeias: Madri, Paris, Londres, Roma e Atenas. Foi uma verdadeira corrida contra o tempo, e com muitos obstáculos. Laura estava cansada de visitar museus, de posar na frente de ruínas, tirar fotos de paisagens e de comer batatas fritas, bife, salada, pizza e salsichas. Ela viu muitos lugares diferentes, mas a única coisa que aprendeu durante essa viagem foi, resumidamente, que "toda a Europa um dia foi dominada pelos romanos. Eles estavam simplesmente em todos os lugares". Assim, quando saíram da estação central de trem de Frankfurt pelo acesso principal, seguindo a Kaiserstrasse, passeando em direção ao centro, onde estavam todas as famosas lojas e casas de comércio, Laura perguntou aos pais:

"Os romanos estiveram aqui também?"

"Sim", responderam, "mas das casas, das ruas, dos teatros e dos templos não sobrou nada, ou quase nada. O que restou está no museu da cidade".

Enfim, pensou Laura, dessa vez não haveria visitas de ruínas e de pedras entulhadas. Quando entraram no passeio público bonito, bem cuidado, com canteiros de flores arborizados, começaram a passear e a curtir o momento de lazer olhando as vitrines das lojas de departamentos. Laura pediu um picolé e quando, distraída e seguindo o costume, jogou o invólucro de papel em um dos canteiros de flores, uma velha veio correndo do outro lado do calçadão, gesticulando e falando alguns palavrões em alemão, que Laura não entendeu. Mas captou a mensagem. Envergonhada, ela retornou, recolheu o papel, desculpando-se em português com a senhora. Foi aí que percebeu, no canteiro de flores, um pequeno objeto redondo e verde. Levantou-o, esfregou-o entre os dedos e viu que era uma moeda... uma moeda romana, num canteiro de flores, no calçadão, em meio à cidade! Ela me mostrou a moedinha de cobre, bastante corroída, mas, sem dúvida, tratava-se de um *follis* do século 3 depois de Cristo.

Marchar

A marcha é marcada por passos firmes, rítmicos, determinados e direcionados para um fim. Muitas vezes, ela está relacionada com um deslocamento militar. A marcha também está associada com o protesto e com rituais fúnebres. Uma marcha sincronizada rápida tem uma frequência de 100 a 120 passos por minuto, com uma passada de 70 a 100 cm, equivalente a uma velocidade entre 4,5 e 8,4 km/h. Uma marcha de 140 passos por minuto é uma marcha muito rápida e requer treinamento. Uma marcha lenta tem 60 passos por minuto e é usada somente em ocasiões festivas, como a troca da guarda frente ao Palácio de Buckingham.

A marcha marcada

Em relação alguém que passeia ou vagueia, a marcha tem diferenças e semelhanças, principalmente no tocante ao procurar. Quem marcha tem um ponto de partida e um ponto de chegada. Quem marcha deixa marcas não só no chão, mas também na História, como a "Longa Marcha" de Mao Tsé-Tung (1934-35) ou a "Marcha sobre Washington por Trabalho e Liberdade", em 28 de agosto de 1963, organizada por Dr. Martin Luther King. Essas marchas reuniram milhares de pessoas, 200 mil em Washington e 90 mil na China, com a intenção de buscar e de exigir, juntos, uma vida melhor.

A marcha reta

A busca acontece antes da partida, e não durante a marcha. Antes de marchar, a pessoa estabelece e determina o lugar, o objeto de desejo, uma meta, o horário de chegada. Quando chega a seu fim, ela já sabe o que encontrar, o que veio buscar.

A previsão é um fator importante da marcha. Uma mudança na meta previamente estabelecida significa desistência, representa o fracasso, o não cumprimento da meta. Durante a marcha, por causa da monotonia da passada e da focalização num único alvo, quem marcha pode vaguear mentalmente. É aí que reside o perigo. O vaguear mental pode tomar conta da pessoa que marcha e desviá-la de sua meta previamente definida e conhecida.

A procura desenha linhas retas na paisagem e passa a sensação de que a pessoa está segura do que quer achar e do que espera encontrar no fim das retas. Quem não sabe o que vai encontrar, nem onde e nem em qual circunstância, precisa tomar decisões. Para quem não sabe para onde ir, é melhor andar em linha reta. Então, para não cometer nenhum deslize e para não andar por aí à toa, é melhor e psicologicamente mais saudável andar sempre em linha reta, e para frente, como os soldados. Assim, essa pessoa pelo menos mostra determinação. Hesitação e incerteza estão relacionadas com quem anda passeando ou vagueando por aí, em linhas sinuosas. Quem procede assim passa a impressão, para observadores distanciados, de estar perdido ou, pior, parece alguém que não entende nada de sua profissão de procurador de sítios arqueológico.

Essa estratégia me lembra da metodologia de como sair de um labirinto: sempre dobrar, na primeira possibilidade, para a direita, ou sempre para a esquerda, para sair do enrosco. Outra metodologia para encontrar algo escondido em um labirinto e de encontrar, sem grandes obstáculos, seu caminho de volta para casa, onde a amada está à espera, foi praticada pelo herói ateniense Teseu. Com a ajuda de um fio de linha, que lhe foi dado por Ariadne, filha do rei Minos, Teseu matou o Minotauro e conseguiu sair do enrosco.

A marcha arqueológica

A ignorância é superada pela ação de andar de modo direcionado e determinado. Se a linha que atravessa segmentos da paisagem, chamada de *transect* nos manuais de Arqueologia, corta um sítio, essa persistência é premiada pelo achar. Essa tática é sempre coroada de sucesso! Só se precisa andar longe o suficiente para cruzar, algum dia, por um lugar de achados arqueológicos e transformá-lo num sítio arqueológico.

Isso aconteceu conosco durante uma pesquisa arqueológica nas Missões. Eu era responsável pelo projeto de encontrar sítios arqueológicos no entorno da Missão Jesuítica de São Miguel, enquanto Arno escavava nas ruínas. Essa foi minha primeira pesquisa nas Missões, e eu não tinha a mínima ideia do que me esperava. Como suposto especialista em prospecções arqueológicas, eu tinha de mostrar aos alunos desse evento, o "1º Sítio-escola Internacional de Arqueologia das Missões – 1991", como se encontra um sítio arqueológico. Assim, decidi mandar os estudantes marcharem. Com uma bússola da marca "Brunton", adquirida com verba do CNPq, marcamos um ponto distante no horizonte e marchamos. Sempre em linha reta. Eram 22 alunos. Entre um aluno e outro, deixei um espaçamento de 10 m, e assim "penteamos" a paisagem missioneira. Chegando ao ponto anteriormente fixado, reuni o grupo, marcamos outro ponto no horizonte e, de novo, marchamos. Dessa maneira, encontramos oito sítios arqueológicos em uma única semana de marcha arqueológica, sempre seguindo a linha imaginária e determinada pela bússola, nosso fio de Ariadne, até que chegamos à linha do horizonte como limite. É verdade, dois sítios arqueológicos localizados dessa maneira ficavam tão longe da Missão de São Miguel, onde estávamos hospedados no Hotel Barrichello, que precisávamos ligar para o coordenador do projeto, o professor Arno, para que mandasse o ônibus escolar da comunidade para nos recolher, de tão cansados de marchar e de tão longe do nosso ponto de partida que estávamos.

A ideia da linha e da marcha arqueológica como metodologia de amostragem em terreno desconhecido deu tão certo que decidi praticá-la também no sítio arqueológico depois de ele ser localizado. No limite do sítio, lá onde terminam os achados arqueológicos, enterrei, a cada 2 cm de distância, piquetes, pintados de vermelho e branco, formando raias, como se fosse uma pista de corrida. Fiz o mesmo no lado extremo do sítio, em posição oposta à primeira fileira de piquetes. Em cada piquete, em cada lado do sítio, amarrei uma corda de algodão, interligando, desse modo, os dois extremos do sítio com uma linha que servia como orientação aos alunos. Assim, eles percorriam o local e recolheriam os achados de forma ordenada, sem se perder no campo. Os alunos movimentaram-se ao longo das linhas em um vaivém constante, criando assim um denso tecido, uma malha que encobria todo o lugar com um desenho geométrico.

Rastrear

O arqueólogo não está procurando alguma coisa que esteja em movimento, como uma pessoa ou um animal que esteja perseguindo. O que ele está procurando até pode ter características de algo vivo, mas não está movimentando-se. Está, geralmente, parado há muito tempo, anos, centenas, milhares ou até, quem sabe, milhões de anos, mais ou menos no mesmo lugar. Mesmo assim, a procura arqueológica é semelhante à caça. O arqueólogo rastreador precisa saber ler os rastros, as marcas deixadas, para saber contar a história daquilo que aconteceu num determinado local.

Um hominídeo, há milhares de anos, fez e usou um machado de mão para cortar a pele de um animal, para quebrar um osso e retirar o tutano, e depois o deixou. É verdade que, mesmo deslocada pelas chuvas, pelos riachos e rios, essa pedra modificada permanece relativamente presa ao seu entorno. A pedra, o machado de mão que foi usado pelo hominídeo e depois deixado num local, faz parte de um agrupamento de pegadas do ou dos hominídeos, do animal abatido, de suas pegadas na poeira da savana, das marcas da luta, de muita perturbação no entorno do animal. As pegadas desaparecem logo, e, depois de uma boa sequência de chuvas, o mesmo acontece com todas essas marcas, inclusive aquela deixada pelo machado de mão quando caiu no chão abandonado pela mão do seu criador. O que resta? As marcas da erosão, a pátina do envelhecimento sobre a pedra. São as marcas sofridas, e não mais as marcas produzidas.

A presença humana manifesta-se mediante os sinais, como as pegadas, os rastros deixados no chão. A marca de um pé ou a marca de uma mão pintada sobre a superfície de uma parede ou sobre a pele de uma pessoa não deixam dúvidas: por aqui passaram pessoas, seres humanos iguais a mim (DIAZ, 2005).

O susto foi grande quando Robinson Crusoé viu as pegadas de gente na praia da sua ilha, supostamente desabitada. Depois dessa descoberta aterrorizante, o náufrago nunca mais se sentiu seguro na sua paradisíaca ilha de papagaios.

Ler o rastro

O especialista em leitura e interpretação de rastros de animais e de pegadas de pessoas Tom Brown Jr. cita seu avô, que lhe ensinou a arte de achar: "O problema não é que vocês estejam olhando o terreno da maneira errada, mas que vocês não sabem o que olhar. Vocês não sabem onde olhar. E quando olham, vocês olham no lugar errado" (BROWN JUNIOR, 1999, p. 9).

As pisadas registram aquilo que acontece com o corpo. Os pés são como pedestais sobre os quais o corpo tenta manter equilíbrio, pois andar sobre as duas pernas não é fácil, como experimentamos todos os dias. É uma questão de ação e reação. O andar precisa ser compensado pelo corpo, e as ações são similares para os pés. Qualquer movimento, mesmo quase imperceptível, de tensão e de relaxamento, qualquer correção na postura do corpo, um ajuste do centro de gravidade, projeta-se, de uma maneira ou outra, sobre as pegadas em forma de interação entre compactação, pressão, alívio ou enfraquecimento.

Um animal ou uma pessoa que simplesmente fica parada em algum lugar deixa uma marca, como se fosse um carimbo sobre o chão. Uma pessoa ou um animal em movimento ou em deslocamento deixa marcas diferentes de uma impressão carimbada.

Pegada arqueológica

Vamos observar algumas pegadas na área de escavação. Primeiro, deveremos levar em consideração que toda a sabedoria, as informações importantes estão na última pegada. A primeira pegada é o final da sequência. Perdendo a última pegada, perdem-se a trilha e o caminho.

"Veja aqui. Esta é a pisada de alguém que usava um tênis. Pelo tamanho e pela profundidade da impressão, deve ser de um homem ou de uma mulher grande. Já que as mulheres na escavação são todas de baixa estatura, a pegada deve ser de um homem. A placa que se forma na parte frontal e externa da borda da pegada, a crista alta que se formou no lugar do calcanhar e a onda bem formada com maior profundidade no dedão levam a crer que ele torce os pés para dentro quando anda, igual a um pinguim".

"Esta pisada foi produzida por um coturno, pois veem-se o calcanhar afundado e a plataforma levemente fissurada. O disco inclinado e a direção invertida e espalhada mostram que alguém passou por aqui marchando".

"Essa impressão de chinelo é de uma mulher".

Tenho certeza, pois a Bruna é a única, em toda a escavação, que anda de chinelo de dedo.

Neil Armstrong foi o primeiro a deixar pegadas humanas na superfície da lua. Em julho de 1969, ele saltou do módulo lunar e deu alguns passos sobre a superfície empoeirada no "Mar da Tranquilidade". As pegadas tinham uma forma esquisita e nem pareciam humanas; eram ovais, com alguns sulcos transversais, e lembravam as impressões de uma máquina. Mais famosas do que as pegadas sobre a poeira da lua – foi o pé esquerdo que tocou pela primeira vez no chão – forma as palavras que acompanharam essa ação. Às 2 h 56 min UTC, no 21 de julho de 1969, Armstrong falou pelo rádio: *"That's one small step for [a] man, one giant leap for mankind"*.

Diferentemente das "carimbadas" no chão da lua feitas pelos astronautas da Missão Apollo 11, as pegadas de Laetoli são identificáveis como sendo de um hominídeo, habitante do planeta Terra. Há 3,6 milhões de anos, alguns, provavelmente três, indivíduos da espécie *Australopithecus afarensis* atravessaram a planície de Ngorongoro, na Tanzânia, e deixaram as marcas do seu andar bípede na cinza vulcânica. Duas trilhas paralelas de dois hominídeos adultos, possivelmente de um macho e de uma fêmea, e a terceira de uma criança revelam, numa extensão de aproximadamente 20 m, o padrão comportamental característico de uma pequena família de humanos. As impressões indicam que o casal andou lado a lado, e a criança, inicialmente, colocou seus pés na pegada da mãe e correu atrás dela, até que, de repente, suas pisadas desaparecem. A mãe deve ter levantado a criança para carregá-la no colo.

A região de Laetoli foi pesquisada desde a década de 1930 e era conhecida como uma jazida com abundância de fósseis, inclusive de fósseis de hominídeos. A camada de cinza vulcânica, porém, foi descoberta na década de 1970, por acaso, pelo paleontólogo inglês Andrew Hill. Desviando-se de um pedaço de bosta de elefante atirado por um colega, ele abaixou-se e percebeu, na camada superficial de cinza vulcânica, algumas depressões e impressões de pegadas de animais. As impressões dos hominídeos, entretanto, foram encontradas pelo químico da equipe de Mary Leakey, Paul Irving Abell, em julho de 1978. Pesquisas posteriores revelaram uma grande quantidade de outras marcas e impressões de animais, como pequenos macacos, antílopes, elefantes, rinocerontes, gatos, aves e até de besouros. Essas marcas preservaram-se porque, logo depois da erupção do vulcão Sadiman, começou a chover, e a cinza adquiriu a consistência úmida de areia de praia. Sucessivas erupções encobriram essas impressões debaixo de muitas outras camadas de cinzas (LEAKEY, 1987).

As mais antigas pegadas humanas (*Homo sapiens*) foram descobertas por Jean-Marie Chauvet e seus colegas Eliette Brunel Deschamps e Christian Hillaire em 1994. A Gruta de Chauvet, localizada no sul da França, no vale do rio Ardèche, ficou famosa pela grande quantidade de pinturas rupestres e pela qualidade de sua preservação. Essa gruta, datada entre 35 e 32 mil anos, não foi aberta ao público em geral, como muitas outras, para evitar sua depredação e a corrosão das pinturas por micro-organismos e por fungos, a exemplo do que aconteceu nas grutas descobertas no início do século 20, como as famosas grutas de Altamira e de Lascaux. As pegadas foram feitas por um adolescente que entrou, há 26 mil anos, por 70 metros na gruta. Marcas de carvão indicam que ele batia, periodicamente, sua tocha nas paredes para aumentar a luminosidade. Essa gruta não era habitada pelas pessoas, mas frequentemente visitada para finalidades cerimoniais (CHAUVET; DESCHAMPS; HILLAIRE 1996).

No contexto arqueológico, marcas de pegadas humanas e de animais aparecem no universo interpretativo dos grafismos rupestres. Poucos anos depois dos primeiros contatos das populações indígenas americanas com as europeias, surgiram relatos que se referem a essas marcas pintadas ou gravadas em rochas. As leituras dessas marcas revelam um conteúdo predominantemente religioso cristão (CAVALCANTE, 2008).

No Abrigo do Barreiro, no município de Ivorá, Rio Grande do Sul, onde escavamos em 1993, encontramos inúmeras gravuras sobre a rocha de arenito. Tratava-se de riscos, alguns bastante incisivos e fundos, organizados em linhas paralelas, em linhas convergentes e em linhas cruzadas. Observamos também cavidades arredondadas e ovais, algumas pequenas e rasas, outras grandes e profundas. Algumas dessas cavidades estavam isoladas, e outras formavam grupos de quatro ou cinco. Como se dizia que se tratava de marcas que imitavam pegadas de animais – Brochado estava presente nessa escavação e confirmou essa hipótese –, começamos a enxergar, também, pegadas e rastros de animais. Vimos rastros de onça, de ema e de lagarto. As incisões poderiam representar armadilhas, cercas, redes ou, simplesmente, um sistema de contabilidade (BROCHADO; SCHMITZ , 1976).

Santos, apóstolos, profetas, deuses, Jesus, Maomé, Buda e Tupã deixaram impressões dos seus pés marcadas nas rochas quando passearam pelo mundo, em busca de seguidores para suas religiões. Esses sinais comprovariam, conforme a crença religiosa e popular, as existências físicas desses personagens sagrados e que eles realmente andaram, como nós, sobre a superfície da nossa terra. Suas últimas pegadas são, sem dúvida, as mais importantes, as mais marcantes, as das suas ascendências. Sobre a última marca do pé esquerdo do Profeta Maomé foi construído o Domo da Rocha (*Qubbat As-Sakhrah*), no Monte do Templo, na cidade de Jerusalém.

Prospectar

A palavra mais usada e, portanto, mais aceita na comunidade arqueológica em relação a um procedimento metodologicamente correto para uma ação que envolva a procura de coisas arqueológicas é "prospectar". Não é o vaguear, nem passear, nem o marchar, muito menos o rastrear.

Prospectar leva-nos aos primórdios da Arqueologia, quando ela era considerada pertencente, parcialmente, às ciências da terra. Prospectavam-se jazidas arqueológicas, como se fossem afloramentos de rochas, filões minerais. Um prospector tem algo de minerador em busca de metais preciosos, como ouro e prata ou diamantes. O prospector domina a leitura dos indícios que levam ao sucesso. A cor da terra é um rastro para encontrar um lugar de achados. De forma constante, o arqueólogo, o procurador de achados, busca pequenas manchas descobertas de vegetação, aberturas na cobertura vegetal. Pequenos amontoamentos de terra, resultado da movimentação subterrânea, causados por animais que constroem tocas e túneis, são pontos de referência no caminho de sua busca. Nesses montículos, ele espera encontrar vestígios arqueológicos, flocos de carvão, cacos de vidro, louça, terra preta, fragmentos de cerâmica, estilhaços de pedras. Lá onde, durante a construção de alguma estrada ou caminho, as máquinas romperam uma parte da superfície da terra o arqueólogo prospector permanece por um bom tempo. Ele varre cuidadosamente a superfície exposta para, eventualmente, fazer achados.

Pontos que permitem uma visão panorâmica da paisagem merecem outro momento de repouso. Ao passante desavisado, o cenário de um arqueólogo olhando e varrendo a distância lembra mais uma contemplação romântica. Diferentemente de uma micro varredura do lugar, no caso de um barranco na beira da estrada, os olhos prospectivos que buscam a distância tecem redes e linhas, horizontais, diagonais e verticais. As linhas são amarradas e fixadas sobre seus cruzamentos, sobre lugares com potencial de conter possíveis achados. É um prospectar com os olhos focados na distância que soma indícios, categorias que são tiradas da memória e da experiência do prospector arqueológico.

Mais distante e afastada do contexto territorial é a prospecção via satélite. Antigamente, fazia-se isso por intermédio de mapas e fotografias aéreas; hoje, usamos a magia do olhar na perspectiva do Google.

Prospecção arqueológica

O prospectar arqueológico reúne os diversos movimentos no espaço, o passear, o vaguear e a marcha em combinação com a busca específica. À primeira vista, uma das mais importantes tarefas arqueológicas – encontrar um lugar de achados – tem para alguns a aparência de diletantismo; para outros, entretanto, é de magia pura, sorte, instinto, incompreensão ou ciência aplicada.

Os manuais de autoajuda e de "como fazer Arqueologia" sugerem uma ordem sequencial dos trabalhos arqueológicos. São três passos que devem ser dados, num longo caminho: prospecção, sondagem e escavação (REDMAN, 1973). Cumpre-se esse primeiro passo com a "prospecção", que é o termo usado para definir o andar pelos campos.

A prospecção arqueológica tem uma conotação de pioneirismo. O prospector é um desbravador e, portanto, necessariamente relacionado ao sucesso: ele foi o primeiro no lugar. O vaguear arqueológico é despretensioso e não precisa do achar. Isso se aplica também a quem passeia. Nessa metodologia, o achar está acoplado à surpresa fortuita. A marcha arqueológica sempre encontrará algo. É só ter pernas e paciência suficiente, e, algum dia, a certa distância do seu ponto de partida, o arqueólogo marchador encontrará algo. O prospector arqueológico tem a obrigação de achar, mesmo que seja qualquer coisa. O não achar deve ser muito bem justificado, metodologicamente comprovado e detalhadamente descrito (CABRAL, 2005).

Uma metodologia quase infalível de não achar consiste em ignorar o bom senso e não desconfiar dos seus próprios olhos, quando se prospecta. Essa é a história de João, que nunca achou um sítio arqueológico.

Certa vez, João leu em um artigo em uma revista americana renomada e especializada em metodologias de pesquisas arqueológicas que a melhor maneira de encontrar um local de achados arqueológico, sem correr o perigo de ser enganado por seus próprios olhos e pelo bom senso, era fazer tradagens, ou seja, pequenos buracos de 20 cm de diâmetros, que devem ser escavados, como recomendam os autores do artigo, num espaçamento de 10 em 10 m, sobre a superfície a ser prospectada, por exemplo, em uma área de, digamos, 20, 30 hectares, ou em uma extensão de 250 ou 450 quilômetros.

"Isso não faz sentido!", contestou um dos novos estagiários do laboratório de Arqueologia, Alberto, que era bom em matemática.

"Em apenas 1 hectare tu tens que fazer 100 buracos, para cada buraco, leva-se, em média, 10 minutos para escavar, e, dependendo da profundidade e do tipo de solo, até muito mais. Para prospectar 1 hectare através de tradagens tu levarias, escavando cinco buracos por 1 hora, trabalhando 8 horas por dia, seriam 40 buracos realizados por dia, ou quase três dias, trabalhando praticamente sem parar".

"Isso é coisa de geólogo ou de engenheiro", complementou Gustavo. "Arqueólogos não fazem isso! Eles confiam em suas próprias metodologias, bem mais rápidas e sensíveis".

"Essa metodologia é científica!", insistiu João, fazendo cara de professor.

"Prospecção, localização, tradagem e escavação fazem parte de processos metodológicos diferentes e, evidentemente, pertencem a escalas e níveis de estudos diferentes", complementou Brochado.

Meses depois, todos os estagiários, mestrandos e doutorandos estavam envolvidos num projeto de prospecção e de salvamento arqueológico no Rio Pelotas, coordenado pelos professores da universidade. Em três meses de atividades de prospecções intensivas, foram localizados 138 sítios arqueológicos. Na maioria deles, depois de sua localização e seu registro, foram feitos tradagens e posteriormente escavações. João, que participou das atividades de campo, foi desafiado por Alberto, o estagiário bom de matemática, a aplicar sua metodologia científica de prospectar locais de achados arqueológicos na área já investigada.

O resultado foi doloroso para as mãos castigadas de João e decepcionante para a metodologia de prospecção por tradagens: ao longo de uma extensão de 5 quilômetros, onde localizamos oito sítios arqueológicos, classificados como locais de habitação de população Guarani, pré-colonial, o trado revelou, depois de furar inúmeros buraquinhos, apenas dois fragmentos de cacos cerâmicos corrugados.

Intermitência: procurando novos caminhos com Bob Dylan

Mr. Tambourine Man

[...] Take me on a trip upon your magic swirlin' ship
My senses have been stripped, my hands can't feel to grip
My toes too numb to step, wait only for my boot heels
To be wanderin'
I'm ready to go anywhere, I'm ready for to fade
Into my own parade, cast your dancing spell my way
I promise to go under it...

Then take me disappearin' through the smoke rings of my mind
Down the foggy ruins of time, far past the frozen leaves
The haunted, frightened trees, out to the windy beach
Far from the twisted reach of crazy sorrow
Yes, to dance beneath the diamond sky with one hand waving free
Silhouetted by the sea, circled by the circus sands
With all memory and fate driven deep beneath the waves
Let me forget about today until tomorrow [...]

(Bob Dylan, *Bringing it all back home*, 1965).

6

O ACHAR

"Aí está!", bem à sua frente, tudo que o arqueólogo desejava ter: um lugar de achados! Com esse lugar ele poderia fazer uma série de coisas. Poderia abrir buracos e retirar as coisas do passado por intermédio deles. Muitas coisas! Para alguns, essas coisas têm valor mercantil, para outros têm valor emocional, para terceiros, para a grande maioria das pessoas, elas não têm valor nenhum. Mas para ele, o arqueólogo, esse lugar era tudo que desejava. E agora o achou.

Com o achar termina a procura e inicia a desconstrução do lugar, para, depois, construir-se algo novo constituído por imagens, por desenhos, textos e novos amontoamentos de coisas em outros lugares. Um lugar de achados arqueológicos é transformado em um lugar sem achados. Os achados arqueológicos são recompostos, novamente, em coleções. Aquilo que sobrou do lugar deles transforma-se, pela ação dos arqueólogos e de outras pessoas, em sítio arqueológico. Esses lugares têm prazos de validade: alguns são perecíveis como uma folha de alface, outros são resistentes e duradouros como rochas. O aproveitamento e a transformação desses lugares de achados pelo arqueólogo dependem da sensibilidade ou da robustez do sítio. Como prova do seu achar, o arqueólogo deixa suas pegadas no lugar, como uma assinatura, como um carimbo que representa a posse.

Regras do achar

Uma estratégia comum entre os arqueólogos é procurar em um pedaço de chão de tamanho variado pedacinhos de pedras e fragmentos de cerâmica espalhados pela superfície. Esse lixo, essa sujeira científica, como afirmam alguns, aponta para o local de antigas civilizações (LOTHROP, 1948; ROBINSON; ASTON, 2003). Uma vez achado o local, o sítio, é "meu sítio". É típico que os arqueólogos sempre se apropriem desses locais públicos ou privados; por isso, alguns procedimentos precisam ser observados. Primeiro, temos de dar um nome ao nosso local e, depois, registrá-lo em um órgão oficial.

É como registrar um filho no cartório. Desse mesmo órgão, que denominamos aqui de "Protetora das Coisas do Patrimônio", o arqueólogo adquire a permissão de explorar o local. A partir do momento do registro oficial, o lugar dos achados transforma-se em sítio arqueológico e agora pertence a outra entidade: a "União". A permissão de explorar o sítio arqueológico, por isso antigamente chamado também de "jazida", é uma permissão especial, temporária e personalizada, que autoriza o arqueólogo a proceder a uma porção de atividades. Mas sobre isso falarei mais detalhadamente em outro lugar do meu manual.

Existem certas regras que o arqueólogo precisa seguir. Primeiro, o deslocamento de achados arqueológicos, pertencente a um determinado lugar, a um outro lugar qualquer infringe as regras de jogo do fazer Arqueologia. Segundo, também contra as regras, mas infelizmente comum entre certos arqueólogos, é chamar um local qualquer de sítio arqueológico e declará-lo como patrimônio da União sem ter a certeza de que as coisas achadas são, realmente, coisas arqueológicas. Terceiro, mesmo se algo maravilhoso aparece durante a escavação, tudo precisa ficar no seu lugar. Essa é uma das regras fundamentais da exploração do sítio. Retirar um objeto sem registrá-lo devidamente desvaloriza o achado para praticamente zero. A simples suspeita de um arqueólogo ter retirado o achado da posição em que foi achado sem registro, sem desenho e sem fotografia, desvaloriza também o arqueólogo e todo o seu trabalho. Ele corre o risco de perder sua reputação como bom profissional e, em alguns casos graves, até a autorização, por parte dos órgãos oficiais, para explorar sítios arqueológicos.

Achados *in situ*

A posição desejada de um achado arqueológico chama-se *in situ* (no local). Um ou mais objetos encontrados no local, sem que ninguém tenha antes retirado e arrumado os achados, representa a coisa mais valiosa para os arqueólogos. Por esse motivo, um arqueólogo sempre desconfia do outro quando ele afirma ter encontrado algo absolutamente *in situ*.

Outra coisa que o escavador jamais pode fazer é, depois de ter encontrado, finalmente, seu achado, retirar o objeto e colocá-lo em seu bolso ou mochila, sem alguém perceber, e levá-lo para sua casa ou apartamento, mesmo que esse objeto seja a coisa mais feia encontrada no local. Trata-se de outra regra do jogo que só traz prejuízo ao escavador. Depois de uma história de desaparecimento de achados entrar em circulação, sua reputação de arqueólogo confiável está completamente arruinada, para sempre. Mas isso não impede que alguns arqueólogos tenham sua coleção particular de achados.

Depois de achada, a cultura material arqueológica, tão valorizada, muitas vezes é maltratada: primeiro recebe uma ducha de água fria, sente a escova dura, a incisão dolorosa de um número na sua superfície, a luz incandescente da lupa binocular, e, por fim, quando o objeto transforma-se em um "Documento Histórico-cultural da União", sofre o castigo da escuridão quase eterna, ao ser depositado no acervo de um museu.

Quando são ignoradas certas regras metodológicas, a Arqueologia pode transformar-se em uma caça a tesouros, com a única diferença de que você não pode ficar com o prêmio. Obedecendo às regras do jogo, a Arqueologia é bem divertida, principalmente quando não é levada tão a sério que venha a prejudicar seu relacionamento com os colegas, amigos e a família.

Superstições

As coisas aumentam de valor, principalmente seu valor mágico, quando são achadas por coincidência, por um golpe de sorte. Acredita-se que aquilo que foi obtido em circunstâncias excepcionais tenha forças e propriedades singulares, mas isso se aplica, sobretudo, a coisas achadas sem que houvesse a intenção de encontrá-las. Achar algo acidentalmente ganha força por ter sido dado pelo destino, por estar além da vontade humana, e não por causa da capacidade da própria pessoa ou por ela ser um excepcional procurador de coisas. Isso se aplica, principalmente, a coisas com características diferentes das outras coisas, todas iguais ou existentes em abundância, como, por exemplo, um trevo com quatro folhas em um campo de trevos onde todos têm apenas três folhas, uma agulha no palheiro ou o olhar de um amor à primeira vista em meio a uma multidão. Achar um fragmento de cerâmica com superfície corrugada em uma tradagem não tem valor mágico. Pode até ter um valor estatístico, mas nada mais.

Uma coisa também pode ser diferente por estar fora do seu contexto usual, como uma ferradura na estrada, um cravo enferrujado na lama, uma moedinha de 1 centavo no asfalto, um osso isolado, uma ponta de flecha em um sítio Guarani, um dente fora da boca ou um anel de ouro no fundo de um rio.

Coisas aparentemente sem valor, mas que chamam a atenção são valorizadas e ganham poderes mágicos justamente por serem percebidas como indicadores do destino, do sobrenatural, de algo fora da esfera humana. Por esse motivo, quando encontrada acidentalmente, a ferradura é colocada sobre a porta, a moeda é guardada no bolso para trazer sorte, um osso ou um dente é transformado em amuleto, que protege seu portador contra doenças, dor de dente e verrugas.

Mas coisas achadas também podem trazer o oposto da sorte, o azar e a doença. Nesse caso, porém, a maioria dos objetos que trazem azar têm, diferentemente dos objetos que dão sorte, certo valor material. Dinheiro em geral ou um tesouro de moedas empilhadas e achadas juntas no mesmo lugar – numa encruzilhada, por exemplo – são coisas relacionadas ao diabo, e trazem azar e desgraça. Encontrar alimentos, como frutas, pão, carne, ovos e doces, assim como bebidas, leite, vinho e aguardente em uma esquina, igualmente é associado com valores negativos. Em todo caso, eles não podem ser consumidos. Para neutralizar seu efeito negativo, a crença popular recomenda que a primeira mordida ou o primeiro gole sempre deve pertencer ao santo, ou ao diabo (HOFFMANN-KRYER; BÄCHTOLD-SCHÄUBLI, 1927).

Superstições arqueológicas

Todos os profissionais, na execução de seus ofícios e atividades, formaram seu *corpus* de superstições. Eles confiam e acreditam nessa metodologia da superstição de caráter preventivo, em nível da magia. Os procedimentos supersticiosos vão além de simplesmente conhecer o conteúdo e encontrar um lugar de achados arqueológicos, mas abrem a possibilidade do milagre, evocam a intervenção do sobrenatural. Quem sabe o arqueólogo consegue, por fim, achar algo realmente importante e valioso!

As superstições arqueológicas vêm de longa data e, de forma previsível, confundem-se com as superstições de conteúdo popular, que envolvem elementos básicos e relacionados a necessidades comuns. Os arqueólogos procuram e acham coisas daquilo que restou, e uma superstição é simplesmente tudo aquilo que restou dos antigos cultos – *super stitio*, aquilo que sobreviveu.

As superstições são acompanhadas por falas curtas e incisivas, como "faz mal", "não dá certo!", "ajuda!", que orientam as pessoas no seu dia a dia e corrigem seu modo de agir.

O arqueólogo quer encontrar algo. Como todas as pessoas que querem encontrar algo ou alguém, ele realiza esse desejo por meio da procura. Esta pode manifestar-se de maneiras tão diversas quanto o número de arqueólogos que existem no mundo, e, ao mesmo tempo, de forma tão padronizada que parece haver uma única maneira correta de procurar e encontrar coisas.

É claro que o escavador não sabe que objeto encontrará no lugar dos achados arqueológicos. Mas ele adquiriu conhecimento, aprendeu truques, aplica magias e até acredita em superstições que o ajudam a lidar com esse não saber. Assaltado por dúvidas e defrontado com o desconhecido, primeiro ele faz aquilo que é indicado nos livros e manuais de metodologia de trabalho de campo em Arqueologia (HEIZER, 1958; HODDER, 2005; RENFREW; BAHN, 2005). Esse é um procedimento padrão, que serve para a grande maioria das situações arqueológicas. Em legítima defesa, e também como parte das metodologias, o arqueólogo escavador aposta todas as suas fichas na técnica da superstição contra as forças adversas, construindo uma espécie de barreia contra assaltos invisíveis e mal-intencionados.

Acreditando firmemente nessas superstições, e naturalmente tendo parte delas, elaborei esse projeto, no qual manifesto textualmente minhas intenções. Baseado nos indícios materiais previamente recolhidos no local, o arqueólogo antecipa, de maneira visionária, o conjunto dos objetos que espera achar por intermédio de escavações. Por experiência própria e em função das histórias de outros arqueólogos que ouviu durante encontros que reúnem exclusivamente os poucos especialistas da mesma área de conhecimento, ou por intermédio de antigos escritos, divulgados em forma de relatórios de circulação restrita, ele prevê que tipo de objetos encontrará. Assim, um bom arqueólogo realmente consegue antecipar e viver no futuro. Esse procedimento supersticioso lhe garante que encontrará os mesmos conjuntos de objetos que, anteriormente, outros arqueólogos já haviam achado. Inclusive, elabora, para evitar ser pego de surpresa pelo não saber, uma espécie de mostruário, chamado de "coleção tipo", que pode ser composta por objetos guardados em uma caixa ou em forma de um livro, bonito, colorido, como se fosse um catálogo de exposição.

O ritual de antecipar os achados exige um processo seletivo. O profissional escolhe do catálogo ou da sua caixinha as coisas que fazem sentido, que formam uma cultura arqueológica, e as coloca em sequência. Trata-se de uma espécie de rosário de objetos que revelam seus significados, sendo manuseados e repetidos como uma reza, um mantra arqueológico. Desse modo, por exemplo, o achado de um único fragmento de cerâmica, cuja superfície esteja pintada com desenhos em vermelho sobre branco, provoca toda uma reação em cadeia, toda uma expectativa e uma certeza de que esse achado será complementado por outros. Esse objeto fragmentado, metonimicamente está no lugar de outra coisa. Está no lugar de uma cultura arqueológica inteira. Além do mais, espera-se achar fragmentos de cerâmica com uma superfície corrugada, cerâmica com incisões, pedras quebradas e pedras com marcas de polimento. Então, antes de entrar em campo para escavar, o arqueólogo já sabe o que vai encontrar. Pela metodologia da antecipação supersticiosa, ele comporta-se como um xamã, que prevê o futuro da tribo, sucesso na caça, uma catástrofe. Ele atua como um atleta, um esquiador, um piloto de Fórmula 1 que, mentalmente, dirige seu carro em alta velocidade pelo sinuoso circuito de Mônaco, momentos antes da largada.

Para fazer as previsões coincidir com os achados realmente encontrados, o arqueólogo usa, dentre o seu repertório de técnicas, aquela que lhe parece a mais adequada.

Como achar

Como, então, o arqueólogo acha um local com coisas arqueológicas? Muitas vezes, ele recebe ajuda das pequenas coisas do mundo. A queda de uma árvore, por exemplo, expõe os testemunhos da memória, as coisas arqueológicas, abre buracos na terra. Animais reviram e fuçam a terra (WILDESEN, 1982).

Conforme o dicionário, Arqueologia é o estudo de sociedades humanas do passado, principalmente por meio da descoberta e análise de cultura material, dos dados remanescentes em um ambiente, como artefatos, arquitetura e paisagens culturais (HEIZER, 1958; EVANS; MEGGERS, 1965; FAGAN, 1988; BROWN, 1987; RAHTZ, 1989; FRANCOVICH; MANACORDA, 2000; GAMBLE, 2002). Os diversos manuais de Arqueologia mostram como achar, como escavar e como colocar em prática uma determinada metodologia, seguindo uma teoria, mas poucos explicam que o arqueólogo precisa, primeiro, encontrar o local dos achados arqueológicos, antes de qualquer outra coisa. Como achar lugares que contenham coisas arqueológicas? Onde estão os monumentos, onde estão os achados?

Achar monumentos

Monumentos construídos pelos antigos estão geralmente cobertos por terra, areia, cascalhos e seixos, tomados por vegetação, muitas vezes encobertos por mato impenetrável, desmoronados e, por isso, irreconhecíveis. De longe lembram montículos, mas são, na verdade, amontoamentos de grande escala. Monumentos, por sua vez, são escassos, mas geralmente bem visíveis na paisagem. A descoberta de um monumento até então desconhecido torna, de imediato, um arqueólogo famoso e conhecido. Com razão, pois um monumento desmoronado pode ser facilmente confundido com uma montanha qualquer ou com um simples amontoamento de grandes pedras, de cascalho, areia ou terra. Quantas vezes pessoas desavisadas passaram por um monumento arqueológico sem percebê-lo! Com a descoberta pelo arqueólogo, o monumento, até então irreconhecível, torna-se um monumento conhecido, da mesma maneira como seu descobridor. Os monumentos são mais fáceis de encontrar, mas infelizmente já foram, há muito tempo, encontrados e escavados por não arqueólogos e, excepcionalmente, por alguns arqueólogos profissionais.

Hiram Bingham, professor da Universidade de Yale, é considerado o descobridor científico de Machu Picchu. Antes dele, exploradores e saqueadores, alguns deles engenheiros e mineradores alemães, ingleses e americanos, já tinham passado por Machu Picchu, mas foi Bingham que ficou com a fama, também por ser arqueólogo e sabedor do que se tratava: uma ruína de origem incaica. O primeiro encontro com o local ocorreu, conforme as anotações de Bingham, no dia 24 de julho de 1911. Depois de várias horas montado numa mula e acompanhado por guias, um morador da região e um policial, ele viu a cidade abandonada. "Suddenly we found ourselves in the midst of a jungle-covered maze of small and large walls"[33], relata o arqueólogo, anos depois, na revista *Harper's New Monthly Magazine*. Logo, reconheceu sua importância e anotou: "Surprise followed surprise until there came the realization that we were in the midst of as wonderful ruins as any ever found in Peru"[34].

Vários aspectos contribuíram para que essa descoberta fosse "a maior descoberta arqueológica da era", como afirmou o *New York Times*, em 15 de

---

[33] De repente, nós nos encontramos no meio de um labirinto de pequenos e grandes muros cobertos de selva. (Tradução Minha).

[34] Surpresa após surpresa até que veio a certeza de que estávamos no meio de ruínas tão maravilhosas como nenhuma outra encontrada no Peru. (Tradução minha).

junho de 1913: ser o primeiro arqueólogo a encontrar esse monumento – o conhecimento dos nativos não foi considerado –, o lugar estar praticamente inalterado desde que foi abandonado pelos moradores e ser desconhecido, até mesmo dos conquistadores espanhóis. O achado *in situ* vale, nesse caso, para todo o sítio arqueológico, e não apenas para um único objeto.

Achar objetos

Objetos e vestígios materiais profundamente enterrados são mais frequentes, mas é preciso muita tecnologia – isso significa muitos recursos – e muita sorte para encontrá-los. Coisas arqueológicas escondem-se, calam-se nas profundezas da terra e imitam seu entorno. Elas copiam as formas de outras coisas, assumem a função de seixos, de cascalhos, de pedaços de terra, de substâncias, de vegetais, para escapar do descobrimento. E essas coisas da natureza, por sua vez, ou seja, os seixos, os cascalhos, os blocos, os pedaços de terra, as substâncias e os vegetais, imitam as coisas arqueológicas. Parece pura maldade, e feito para poder confundir ainda mais os arqueólogos e as demais pessoas que procuram coisas arqueológicas. Sem dúvida, as coisas, sem distinção, formaram um complô contra os arqueólogos para não serem descobertas tão facilmente. Elas ajudam-se mutuamente e ficam contentes, rindo à toa, quando conseguem confundir, mais de uma vez, quem procura coisas arqueológicas. Os objetos que não foram descobertos ficam contentes e quietinhos, apenas lamentando profundamente o destino cruel que seus companheiros descobertos sofrerão na catacumba de um acervo arqueológico.

Esse fenômeno de mimetismo já é bem conhecido e foi observado pela primeira vez e descrito de forma sistemática por Henry Walter Bates (1862). Durante mais de 10 anos, Bates investigou a fauna e a flora da Amazônia e descobriu, no caso das borboletas das espécies das *Helicoidae*, que algumas espécies desprotegidas podem ter vantagens adaptativas quando se parecem com espécies protegidas. Bates chamou a imitação de um animal feroz ou venenoso por parte de um animal inofensivo de *"mimicry"*. Consciente das consequências bioevolutivas das suas descobertas, Bates ainda afirma que "The process by which a mimetic analogy is brought about in nature is a problem which involves that of the origin of all species and all adaptations"[35] (BATES, 1862, p. 562).

---

[35] O processo pelo qual uma analogia mimética é realizada na natureza é um problema que envolve a origem de todas as espécies e todas as adaptações. (Tradução minha).

A meu ver, tudo indica que as coisas também desenvolveram habilidades parecidas com o mimetismo. Esses objetos miméticos têm verdadeiro prazer em colocar os arqueólogos inocentes em situações constrangedoras. Em quantas publicações com ambições científicas encontramos misturadas, na melhor das possibilidades, coisas arqueológicas com outras coisas?

Às vezes, as coisas "não arqueológicas" são tão espertas e copiam tão bem as coisas arqueológicas que há publicações inteiras feitas a partir dessas coisas miméticas. Em quantas coleções museológicas oficiais e particulares aparecem misturadas coisas de todas as espécies? Podemos ampliar essa ideia da estratégia mimética para os locais de achados arqueológicos e perguntar: quantos sítios arqueológicos famosos não devem existir que são, na verdade, lugares miméticos?

O conceito de mimetismo e de hibridismo tem encontrado um lugar também nos estudos de cultura material. Fredrik Fahlander (2007) e Diana Loren (2013), por exemplo, enfatizam a relação entre pessoas e os objetos no período colonial em uma perspectiva de cultura mista.

Para fugir das oposições frequentemente usadas por arqueólogos e antropólogos entre cultura e material, entre cultura material e cultura natural e entre cultura material e cultura imaterial, Fredrik Fahlander (2007) sugere o conceito de "materialidade", que reúne materiais, tanto naturais quanto culturais, bem como as substâncias, e inclusive animais, paisagens, árvores, edifícios, artefatos, e tudo que potencialmente pode ter significados sociais em uma determinada situação.

Daniel Miller (2005) propõe que os conceitos de "materialidade" sejam amplamente discutidos, e não apenas tratados em notas de rodapé ou como algo "exótico", nos estudos da Antropologia e da Arqueologia. Jens Soentgen (2014, p. 226) inicia suas reflexões sobre "materialidade" com um posicionamento gramatical. Antes de qualquer coisa, a "materialidade" pertence, como substantivação, ao adjetivo "material". Ele entende que o conceito de "materialidade" é marcado pelo seu contraste com o conceito de "material". Materialidade é um conceito reflexivo, que se refere a fenômenos materiais, da mesma maneira como, por exemplo, o conceito de vivacidade refere-se, como uma das suas características principais, aos seres vivos. A materialidade percebida assim como conceito reflexivo é, de fato, abstrata, mas refere-se a fenômenos concretos. Tudo que é material é, ao mesmo tempo, um fenômeno, de modo que as características da fenomenalidade também são da materialidade. Entretanto nem todos os fenômenos são materiais. O som ou os raios solares, por exemplo, não são materiais.

Seguir essa percepção de materialidade das coisas e aplicá-la no mundo da Arqueologia, por exemplo, diminuiria um pouco a temperatura do debate acalorado sobre as datações mais antigas do povoamento da América e as discussões sobre a origem antrópica ou natural de certos materiais líticos encontrados no Nordeste brasileiro. O conceito de materialidade não resolveria o problema, mas deslocaria o debate para níveis de percepções e de interpretações diferentes. Se considerarmos a materialidade dos objetos líticos como principal foco de percepção, sua origem antrópica ou natural não interessa mais como primeiro plano das avaliações, mas sim o material lítico simplesmente como fenômeno concreto (GINZBURG, 2002).

Distinguir, entre todas as coisas que se mostram a quem procura, aquilo que é arqueológico requer um olhar diferenciado, como foi o caso do tio Haroldo. Não presenciei os acontecimentos que envolvem a história que pretendo contar para ilustrar esse olhar diferenciado, mas ela faz parte das minhas memórias de infância. É uma história que vale a pena ser contada, pois se enquadra perfeitamente na categoria dos contos fantásticos. Desculpem-me os personagens que participaram diretamente dos acontecimentos se não consigo contar a história de forma correta e com todos os detalhes, mas eu era ainda criança quando ela ocorreu e só a conheço pelas narrativas dos adultos que falavam desse episódio, nos momentos de descontração. Curioso é que, na medida em que fui crescendo, a memória da história do tio Haroldo e da pedra brilhante foi se apagando, e quando me lembrei dela, recentemente, ela tomou dimensões próprias na minha fantasia, dimensões quase amazônicas.

O "tio Haroldo" para nós crianças, ou Harald Schultz[36] para os adultos, antropólogo e fotógrafo genial, costumava passar alguns dias na casa dos meus pais para descansar de suas pesquisas desgastantes entre os povos indígenas da Amazônia, cada vez que passava por Belém antes de regressar para São Paulo, onde trabalhava.

Na década de 1950, as opções de lazer em Belém eram poucas. As praias de rio nas ilhas de Outeiro e de Mosqueiro eram as mais populares. A praia de mar, Salinópolis, era, naquela época, praticamente inacessível ainda. Por isso, cada vez mais, alguns belenenses optavam, para fugir das praias populares e do calor da cidade, por frequentar as praias dos açudes e igarapés de água preta, mas limpas, aconchegantes e tranquilas, localizadas

---

[36] Harald Schultz (1909-1966), antropólogo, ictiólogo e fotógrafo gaúcho. Registrou, com o olhar de um artista e antropólogo apaixonado, o cotidiano das populações indígenas brasileiras na década de 1950-1960.

nas fazendas de gado que começaram a ser abertas no entorno da capital paraense. Uma daquelas praias de igarapé que estava na moda, chamada de "Cachoeira do Japonês" e localizada na Fazendo do Japonês, era visitada, com certa frequência, por jovens e por pessoas da classe média de Belém.

Num fim de semana de julho, o tio Haroldo estava mais uma vez em Belém e, antes do seu retorno a São Paulo, foi convidado pelos amigos e funcionários do Departamento de Antropologia do Museu Paraense Emílio Goeldi a passar o dia na "Cachoeira do Japonês", onde, certamente, aproveitariam o ambiente agradável e refrescante na beira do riacho de água preta. No final da tarde, quando a turma alegre decidiu regressar para a cidade, o sol já estava bem baixo, aproximando-se rapidamente do horizonte. Os últimos raios de luz rasgavam as folhas densas da mata, jogavam reflexos cintilantes sobre a superfície da água do igarapé e, depois, quebravam-se nas areias da pequena praia. tio Haroldo foi o último a sair da água para retornar ao fusca em cuja porta-luvas guardara seus óculos. Ele era míope, e sem seus óculos estava completamente perdido. Nesse instante e, quem sabe, favorecido pela visão ofuscada, percebeu um reflexo diferente nas areias da praia. Curioso e com certo cuidado, pegou, entre o dedo indicador e o polegar, uma coisa brilhosa que estava escondida entre infinitos outros reflexos. Ele foi para o carro para colocar seus óculos e ver de perto essa coisa estranha.

"Ué!", exclamou, "parece um brilhante!"

Desconfiados, os outros se aproximaram para ver seu achado. Realmente, na ponta do seu dedo molhado e sujo de areia estava grudado um pequeno brilhante de meio quilate! Certamente, alguém perdeu essa pedra que já tinha feito parte de um brinco ou de um anel de noivado na praia da "Cachoeira do Japonês". tio Haroldo sempre andava com uma pequena mala na qual guardava seus equipamentos fotográficos. Dela, retirou um envelope de carta no qual depositou, com muito cuidado, o brilhante. Colocou esse envelope fechado e dobrado dentro de uma latinha vazia, feita de alumínio, na qual se embalavam, antigamente, os filmes. Depois, fechou o recipiente com a tampinha de rosca e o guardou na mala.

Chegando à casa dos meus pais, esperançoso, tio Haroldo colocou sua mala na mesa, retirou dela a latinha de alumínio, desenroscou a tampa e retirou o envelope. Com todo o cuidado, em silêncio e sob o olhar curioso de todos, abriu o envelope e começou a apalpar dentro dele, com seus dedos grossos, em busca do brilhante. Nada! Todos prenderam a respiração. Já bastante nervoso, virou o envelope sobre a mesa. Saíram apenas alguns grãos de areia, mas nada parecido com um brilhante!

"Quem sabe a pedra está na dobra ou no fundo do envelope?", alguém tentou acalmá-lo.

Apreensivo, ele rasgou o envelope, mas o brilhante continuava desaparecido. Todos começaram a falar ao mesmo tempo.

"Foi só uma ilusão!"

"É bruxaria!"

Todos queriam ajudar e empenharam-se na busca do tesouro – sobre a mesa, embaixo dela, nas dobras das roupas, nas frestas e fendas. Depois de duas horas procurando sem sucesso, finalmente começaram a pensar no que poderia ter acontecido e a reconstituir os fatos.

A única explicação para o misterioso desaparecimento da pedra preciosa que encontraram, depois de avaliar todas as possibilidades, foi que ela provavelmente caiu para fora do envelope quando o tio Haroldo, mesmo com óculos, estava tentando guardá-la. Se realmente fosse assim, a pedra ainda deveria estar lá, na praia da "Cachoeira do Japonês", no lugar onde estava estacionado o fusca. Decidiu-se, então, retornar para lá, na manhã do dia seguinte, antes do seu voo para São Paulo, previsto para o final da tarde.

Choveu torrencialmente durante a noite, algo típico para a estação de inverno nos trópicos. De manhã cedo, quando chegaram à "Cachoeira do Japonês", perceberam logo que a chuva tinha modificado o local. O igarapé tinha transbordado, e as enxurradas tinham transportado folhas e terra para o lugar onde o fusca estivera parado no dia anterior. A esperança desmoronou, e o desânimo tomou conta deles. Mesmo assim, começaram a vasculhar, cuidadosamente, as redondezas e tentaram reconstituir o cenário do dia anterior.

"Aqui estava estacionado o carro, eu estava aqui na frente deste arbusto, e dei um passo para a frente para retirar o envelope da mala...".

Enquanto falava e reconstituía, passo a passo, o acontecimento, tio Haroldo olhava para o chão. De repente, agachou-se, enfiou seus dedos gordos na terra, levantou a mão contra a luz e exclamou, surpreso:

"Ué! Aqui está!"

Realmente, tio Haroldo achou o brilhante. Novamente! Foi inacreditável! Apesar de sua miopia, ele achou, mais uma vez, a pedra preciosa!

Em São Paulo, mandou fazer um anel com o brilhante e o deu de presente para sua esposa, Vilma Chiara.

Achar em amontoados

A situação torna-se confortável para quem procura locais de achados arqueológicos quando as coisas e as substâncias encontram-se e acumulam-se. Essa situação facilita, inclusive, a percepção de um lugar arqueológico. Porém transformar, posteriormente, esse amontoamento de coisas achadas em um lugar arqueológico, e depois em um sítio, requer certos procedimentos e certas regras.

Mesmo que se possam encontrar locais de amontoamentos de coisas arqueológicas sentado numa biblioteca, olhando mapas, manuscritos, imagens de satélite, fotos aéreas, lendo em antigos documentos, o achar oficial, que resulta posteriormente em um ato de cadastro do local das coisas arqueológicas acontece fora dos espaços fechados. O local que foi encontrado por meio das diversas possibilidades de procura ainda faz parte de um primeiro passo e de um gesto de confirmação do achar que se realiza mediante o levantar e manusear do primeiro objeto arqueológico. Trata-se de um passar uma vista de olhos, um instante de reconhecimento, um saber resumido em um olhar e um toque de confirmação. Achar uma peça arqueológica desencadeia uma sequência de ações. Levantar um objeto define uma Arqueologia específica chamada de "Arqueologia de campo". Esse gesto justifica a prospecção e define o local como arqueológico.

Um sítio arqueológico é uma coisa, e um lugar de achados arqueológicos é outra. Eu trato as coisas assim: um sítio arqueológico é uma entidade jurídica, precisa ser georreferenciado, tridimensionalmente definido, avaliado em sua funcionalidade, mediante o seu conteúdo, e atribuído a uma cultura arqueológica, como, por exemplo, sítio de habitação, oficina, necrópole, local de extração de matéria-prima, de acampamento de caçador-coletor, moradia de horticultor, monumento, etc. Só depois, quando recebe um número e um nome e é registrado, o lugar de achados arqueológicos está pronto para fazer parte do patrimônio arqueológico, histórico e cultural da Nação.

Depois disso, começam os problemas. Surge a necessidade de proteger o sítio arqueológico. Antes ele era escondido, desconhecido, ignorado, e as coisas arqueológicas estavam quietas em seus lugares. Nem era sítio arqueológico, mas apenas um amontoamento de coisas. Era um lugar no mato, um buraco na rocha, um lugar bom para plantar mandioca, milho ou fumo, um lugar para descansar na sombra, para contemplar a paisagem, um lugar seco elevado num terreno pantanoso; era, no máximo, um lugar de achados arqueológicos.

Achar dispersos

A situação torna-se confusa para o arqueólogo quando as coisas não se colecionam, quando não se acumulam, mas espalham-se nos lugares. Esse comportamento das coisas e, principalmente das substâncias é sinônimo de desordem. Coisas espalhadas pelo chão provocam a sensação de falta de organização. Aqui uma meia, na sala um sapato, a calça no chão da cozinha, a toalha molhada ao lado da cama. Tudo isso aponta em direção a um movimento e para certa agitação sequencial. A ideia de planejamento, a de uma força superior objetiva e a de um espírito de tranquilidade instalam-se no momento em que as mesmas coisas, a meia, a calça, o sapato, a toalha, antes espalhados, e mesmo que sejam jogados desordenadamente ou amontoadas em um canto do quarto, num cesto ao lado da máquina de lavar roupa, o que gera a impressão de ordem.

O problema inicial é de ordem prática: como delimitar um sítio arqueológico quando as coisas e as substâncias não se encontram organizadas, mas espalhadas por aí? Onde começa e onde termina o sítio? Quais objetos arqueológicos são diagnósticos para definir a qual cultura pertencem? Que tipo de sítio é esse? Como protegê-lo e transformá-lo em patrimônio?

Arte de achar

Contudo retornemos à pergunta inicial: como achar lugares de coisas arqueológicas? A maioria das pessoas que procuram locais de achados arqueológicos acredita que lugares de achados podem ser encontrados em qualquer lugar, são distribuídos como peças em um tabuleiro de xadrez e de forma homogênea pela paisagem, e que é preciso apenas olhar com intensidade suficiente para encontrar algo. Os locais arqueológicos são como ilhas na paisagem, e, assim, que, procura locais arqueológicos deve olhar para os locais onde confluem diversos elementos, como, por exemplo, tipos de vegetação, coloração de solo, posição na paisagem e no relevo.

Júnior, amigo de muitos anos, é um dos melhores escavadores que conheço. Não por ser forte ou excessivamente cuidadoso durante o escavar, mas por ter simplesmente a habilidade e a sensibilidade de achar coisas arqueológicas. Ele é um bom escavador, pois reconhece essas coisas, identifica-as com incrível precisão e as nomeia corretamente.

Júnior é, por um lado, famoso por suas habilidades, mas, por outro, é temido, principalmente entre os empreendedores que pensam que a Arqueologia, a proteção do patrimônio arqueológico e os arqueólogos existem apenas para impedir o progresso do país, como está escrito na nossa bandeira. Quando se fala de encontrar um local com achados arqueológicos, o primeiro punhado de cacos ou de lascas, vestígios de atividades do passado humano, Júnior entra em ação. Conheço muitos colegas que não querem achar sítios arqueológicos para não atrapalhar o progresso e para ganhar dinheiro fácil do empreendimento, "liberando" a área sem pelo menos tentar achar vestígios. Mas esse não é o caso de Júnior: ele é o nosso "cão farejador". Quando Júnior volta de uma prospecção de mãos vazias, isso significa que agora, sim, podemos "liberar" tranquilamente a área prospectada.

Observei-o muitas vezes. Júnior mistura várias estratégias de procura. Às vezes, ele opta por um traçado de vaivém. Anda pelo terreno agregando linha após linha, para cobrir todo o terreno com uma gigantesca rede composta de linhas. Em outras ocasiões, ele parece mais uma mosca tonta, que empaca aqui, busca ali, olha, anda devagar, quase parando, para, logo depois, apressar o passo e atravessar a área toda, sem hesitar. Lá no ponto extremo de seu trajeto ele "congela" subitamente, agacha-se e... pronto: achou! Júnior sempre tem certeza, dando a impressão de que sabe exatamente onde procurar e como achar.

Encontrar achados

Outra maneira de ter acesso aos achados arqueológicos é estudar aquilo que outros arqueólogos escavaram anteriormente e deixaram em coleções particulares, nas coleções dos museus, das universidades ou de outros centros de pesquisa. Já fiz isso, já orientei trabalhos de mestrado e de doutorado que usaram coleções antigas reunidas por outros arqueólogos. Mas, no fundo, foi também uma escavação. Abrir caixas de papelão depositadas em estantes, amontoadas em pilhas, no canto de um porão, jogadas em galpões abandonados, é como escavar, tirar amostras de um perfil exposto. Até envolve sujeira, mãos e roupas empoeiradas. Mas isso não é bem-visto entre os colegas, por vários motivos.

Primeiro, contraria a regra de encontrar um lugar de achados por meio da pesquisa de campo. A regra é clara e simples. No começo vem à procura, depois o achar e, finalmente, a escavação. Não se pode achar algo sem procurar e sem escavar, sem saída de campo.

Em segundo lugar, há a desconfiança. Dá o que pensar o fato de a grande maioria dos arqueólogos não levar a sério os trabalhos dos colegas. Quase ninguém lê os trabalhos dos outros, a não ser obrigado pelo orientador da tese ou pelo coordenador do projeto de pesquisa. Os argumentos mais usados para justificar essa desconfiança, referem-se às regras básicas do escavar. Achar coisas não pode ser feito de qualquer jeito, e sim dentro das regras do ofício, que cada arqueólogo conhece e define para si. As regras, por isso, mudam. Aquilo que estava certo antes pode, depois, ser errado. Outra característica dos arqueólogos, que, aliás, é compartilhada com outros profissionais não arqueólogos, é desconfiar sempre dos colegas. O arqueólogo prefere confiar integralmente nos mortos, em vez dos colegas vivos, principalmente dos amigos.

As coisas arqueológicas estão, na maioria das situações, escondidas. O jogo mais divertido para o arqueólogo é encontrar pessoalmente as coisas e os monumentos, antes que os outros os descubram. A pessoa que vive profissionalmente de achar coisas odeia quando outros descobrem coisas e escavam monumentos arqueológicos. Quando uma pessoa que o arqueólogo profissional chama de amador encontra achados melhores e mais valiosos, que chama de tesouro, o arqueólogo – bem como a "Protetora das Coisas do Patrimônio" – fica possesso ao descobrir que alguém já escavou um local de achados antes dele. Ele não gosta de admitir essa derrota e reage frente aos outros colegas com atitude de desprezo em relação àquele colega, para não ter de admitir sua desatenção e seu fracasso como descobridor.

"Pois é, o fulano de tal já cavoucou por aqui e praticamente destruiu todo o sítio. Estou tentando resgatar o que sobrou e minimizar o prejuízo. Não concordo com sua metodologia, e muito menos com sua interpretação. Felizmente ele nunca publicou seus resultados; assim, ainda tenho a oportunidade de divulgar as conclusões corretas e salvar o importante sítio que estava perdido para a Arqueologia".

Achar um sítio arqueológico inédito não é tão fácil assim. A grande maioria dos bons sítios já foi encontrada. Um sítio é um produto com edição limitada, altamente perecível e frágil. A culpa, dizem, é dos não arqueólogos que descobrem os locais de achados e os monumentos amontoados antes dos arqueólogos profissionais. A procura por sítios arqueológicos com potencial de competir em importância com as pirâmides de Gizé, Haddar, Nazca, Stonehenge e muitos outros se torna, para o arqueólogo com certa ambição, uma questão de projeto de vida. Quem não tem essa competência ou sorte procura compensar isso supervalorizando suas próprias descobertas.

A maioria dos arqueólogos tem essa mania de afirmar a excepcionalidade de sua pesquisa, a de ter encontrado algo realmente inédito. Todos os sítios arqueológicos são, de uma maneira ou outra, inéditos. É a história contada pelo arqueólogo que acompanha a descoberta que transforma o achado ou o local do achado e seu conteúdo em algo inédito e interessante.

Nomear os achados

Quem acha tem o direito de nomear. Teoricamente, o descobridor de um lugar de achados arqueológicos pode escolher o nome para "seu sítio". Entretanto existem certas regras e convenções. Via de regra, um sítio ganha um nome e uma sigla, composta por uma combinação de letras, abreviações e números. É como a placa de um carro. As primeiras duas ou três letras identificam o Estado, depois uma segunda combinação de letras representa a região, geralmente a bacia hidrográfica, e os números identificam o sítio arqueológico propriamente dito (ROWE, 1971).

Quem fez um trabalho extraordinário de sistematizar o ato de nomear um sítio arqueológico localizado na área da Amazônia foi Mário Simões (SIMÕES; ARAUJO-COSTA, 1978). Mas a vaidade dos arqueólogos, a ignorância dos técnicos e a desordem nos registros dos sítios arqueológicos administrados pelos órgãos oficiais provocam erros no registro dos nomes dos sítios (MAGGS, 1979).

Pode acontecer que diferentes sítios ganhem a mesma combinação da sigla alfanumérica, mas recebam nomes diferentes. Essa confusão não é tão trágica, pois ainda existe a diferença no nome. O mais frequente e mais grave é a nomeação do mesmo sítio com identificações diferentes tanto na sigla alfanumérica quanto do nome próprio. Isso acontece quando uma área geográfica está sendo pesquisada simultaneamente por diferentes grupos de pesquisadores que não se conhecem, não se comunicam, não se gostam, são adversários, ou quando um grupo de pesquisadores ignora completamente o fato de que uma área geográfica já foi investigada por outro grupo de arqueólogos, às vezes, há muitos anos.

Quando o Pronapa (Programa Nacional de Pesquisas Arqueológicas) começou com o cadastro sistemático dos sítios arqueológicos, em meados da década de 1960, os coordenadores do Programa elaboraram diretrizes ou sugestões para orientar os arqueólogos na tarefa de nomear seus lugares de achados (EVANS; MEGGERS, 1965).

Falar dos achados

Uma abertura clássica nas entrevistas de televisão, rádio ou jornal feita pelo moderador ou jornalista inocente refere-se, como uma espécie de pré-aquecimento mental, a um assunto aparentemente fácil de responder: refere-se ao achado mais importante na vida profissional do arqueólogo. É claro que o moderador desavisado não sabe que se trata da pergunta mais difícil e constrangedora para o arqueólogo entrevistado, por vários motivos. O arqueólogo, naturalmente, nunca pode confessar que, apesar de toda a verba que já recebeu e de todos os seus esforços e sacrifícios pessoais, jamais fez um achado, uma descoberta realmente importante. Como o entrevistado não pode responder essa pergunta de forma direta, ele tenta desviar a atenção do jornalista e do seu público contando uma piadinha. Por outro lado, jamais pode confessar que encontrou, por exemplo, um pedaço de ouro, uma joia valiosa. Na maioria dos casos, isso seria simplesmente uma grande mentira. Uma confissão dessa importância, por outro lado, confirmaria aquilo que todos já suspeitavam: que um arqueólogo realmente é um aventureiro, um verdadeiro "Indiana Jones", em busca de riqueza, aventura, fama e do beijo da morena. O arqueólogo consciente e esclarecido jamais admitiria isso e, por esse motivo, encontra-se num impasse: o que fazer – confessar ou mentir?

Mas nem tudo está perdido. O arqueólogo esperto provocaria uma reação mais positiva, e até um sincero "é mesmo...? que interessante!", do jornalista ao explicar que encontrou, depois de muitas pesquisas e análises complicadas, a prova definitiva de que Dom Pedro II tinha pé chato e unha encravada. Outra informação de grande repercussão seria, por exemplo, a descoberta do sabre de Bento Gonçalves, do penico da Princesa Isabel ou da dentadura do Conde Drácula.

Um arqueólogo que trabalha exclusivamente no Brasil precisa compensar a falta de achados espetaculares com palavras e com muita propaganda. Ele deve ser um grande mestre da palavra, um verdadeiro contador de histórias, para convencer seu público da importância do seu achado espetacular. Seria completamente inútil, por exemplo, tentar explicar ao espectador que aquele pedaço de cerâmica feio e que parece uma coisa indefinida foi o mais sensacional achado que o arqueólogo já fez, só porque foi encontrado em um buraco na terra onde supostamente ancestrais dos atuais índios Caingangues moravam e porque foi feito por uma artesã de origem Guarani.

Ele também não tem como atrair a simpatia do entrevistador e do público espectador com um pedaço de osso encontrado junto a um pedaço de pedra. Ninguém conseguiria entender que essa peça seria a mais significativa de sua carreira, mesmo afirmando que se trata de um fragmento de uma falange de um *Smilodon*, uma espécie extinta de tigre com dentes enormes, que estava junto a uma lasca feita por um homem corajoso que viveu na era do gelo, há 10 mil anos. Ele tampouco conseguiria despertar o interesse do ouvinte ao mostrar um pedaço de pedra quebrada como sendo a mais antiga do Brasil e a única dessa idade em toda a América. Precisa convencer seu público com algo realmente compreensível. Mas como fazê-lo?

Uma estratégia é simplesmente declarar que todas as evidências e todos os sítios arqueológicos são de grande importância, de enorme valor para a nação e para toda a humanidade, chamar tudo de complexo, altamente desenvolvido, sofisticado, chamar todos os achados de "tesouros arqueológicos", de "relíquias". Com essa estratégia, o arqueólogo ganharia, quem sabe, mais espaço na mídia, mais verbas e mais prestígio. Desse modo, ele transforma lugares. Uma simples aldeia de pescadores transforma-se em um ponto turístico. Um povoado perdido na Serra Gaúcha se tornaria um uma atração arqueológica, um vilarejo esquecido no sertão nordestino viraria um santuário arqueológico, com aeroporto, museu e templo.

Achar histórias

Tudo isso é muito louvável e faz sentido! E não adianta o arqueólogo reclamar. Seu público, seu espectador é assim. Ele precisa contar histórias interessantes e úteis. Contar histórias é uma maneira eficiente para se comunicar tanto com pessoas do ofício e "cientistas" quanto com os "populares" (TERRELL, 1990). Henry Glassie (1999), que, já no final da década de 1960, refletiu, junto a James Deetz (1996), sobre o significado desses pequenos objetos descartados, registrou histórias maravilhosas, baseadas em coisas esquecidas. Glassie afirma que, às vezes, dominamos os objetos. Nós analisamos, numeramos e classificamos as evidências arqueológicas. Às vezes, somos dominados pelos objetos. Eles nos seduzem e despertam desejos. Os resultados desses diálogos conflitantes são histórias. Essas histórias iniciam com a vontade do historiador ou do arqueólogo, que, num ato de coragem, ignora a maioria das pessoas e dos eventos, seleciona uma pequena fração dos fatos e os arruma de forma artística para falar sobre a condição humana. Henry Glassie (1999, p. 6) percebe um historiador – e todas as demais pessoas que lidam com cultura material – como alguém que compõe histórias que funcionam dentro de um roteiro social, agrupando pessoas e refinando suas relações pessoais. Arqueólogos e historiadores têm seu ganha-pão ou são recompensados contando histórias às pessoas sobre outras pessoas em outros lugares. Pois a história não é o passado. Ela é uma narrativa sobre o passado, contada no presente com a finalidade de construir o futuro das pessoas. Revisamos mitos, ajustamos e compensamos carências nos roteiros sobre os quais construímos o passado, escolhemos novos fatos, novos agentes e novas fontes, expandimos nossas visões além do documento escrito para incorporar história oral e cultura material (GLASSIE, 1999, p. 7).

Penso hoje que o trabalho de um arqueólogo é o de reorganizar o passado, contando histórias. Elas devem ser histórias úteis, contadas, escritas e desenhadas para responder às necessidades das pessoas que precisam de compreensão, consolo e ajuda para entender suas tragédias, derrotas e – por que não? – também suas vitórias.

Uso minha sabedoria de arqueólogo para criar histórias a partir das coisas que outros deixaram para trás. Transformo coisas em narrativas. Mas, diferentemente dos outros cientistas históricos e sociais, que se comunicam diretamente com as pessoas, o diálogo com a cultura material dá-se pela atribuição de sentidos ao próprio objeto.

O arqueólogo cria essa realidade para ser útil dentro de um roteiro social. Seu acesso a essa realidade ocorre por meio da linguagem. Com a linguagem, ele cria representações da realidade que não são simplesmente reflexos de uma realidade preexistente, mas que contribuem para a construção da realidade (PHILLIPS; JØRGENSEN, 2002, p. 8). Isso não significa que a realidade não exista! É evidente que sinto a pedra no caminho e a dor na ponta do meu dedo quando bato acidentalmente nela, mas o significado e as representações são reais, e os objetos também existem, mas eles somente ganham significado mediante o discurso que o arqueólogo constrói. O discurso do arqueólogo é construído com os objetos.

Perguntar por achados

A escassez de bons sítios arqueológicos comprova-se, para meu contexto pessoal e de pesquisa, pelo fato de que nunca escavei nas proximidades de uma cama confortável, de um bom chuveiro, de um restaurante com comida caseira saudável – e nem estou pensando em exigir uma piscina, onde se servem esses coquetéis coloridos com sombrinha de papel. O arqueólogo acaba sempre entrando em bares que lembram *saloons* dos filmes de cowboy ou de *Star Wars*. Nessas paragens, ele sente-se confortável, e, sintomaticamente, é nesses ambientes que encontra seus informantes de confiança, que conhecem os melhores locais de achados. Para o conforto e bem-estar da equipe, o coordenador de uma pesquisa arqueológica necessita preocupar-se em encontrar, logo depois do sítio da escavação, um botequim para o lazer. Não é fácil, pois os arqueólogos são exigentes. O dono do botequim tem de ser uma mistura de Humphrey Bogart, do *Rick's Bar* em *Casablanca*, e Tom Cruise em *Cocktails*.

Mas existem exceções. Meu orientador de doutorado me contou uma história incrível. Acredito nele, pois sempre acreditei em sua seriedade e honestidade, mas a história é realmente inacreditável e mais parece um conto de fadas. Ele me contou, em sigilo, que muitos anos atrás, quando a Arqueologia de resgate ainda era uma ficção, foi contratado pelo dono de um hotel de luxo em Palma de Mallorca para escavar nos fundos do hotel, a uns 20 m da piscina, uma habitação monumental dos antigos moradores da ilha na Idade do Bronze. Ele coordenava a escavação sentado na varanda do hotel, dando sugestões e orientação em voz baixa, tomando chá gelado com menta e degustando morango com chantili. É verdade que sua esposa, que por motivos óbvios o acompanhou nessa difícil missão, me mostrou fotos dessa escavação maravilhosa. Os achados encontrados nessa etapa de campo, confesso, não foram os mais espetaculares que já vi, mas as condições de trabalho eram, sem dúvida, de primeira.

A propósito de tudo isso, aproveito essa oportunidade para reclamar dos meus colegas. Nunca fui convidado para escavar uma casa em uma Missão Jesuítica, por exemplo, em São Miguel, onde há um hotel cinco estrelas bem próximo, ou a fazenda do Bento Gonçalves, uma charqueada com pousada, em Pelotas. Meus convites sempre foram do seguinte tipo:

"Que tal escavar aquele maravilhoso sambaqui na praia da Itapeva em julho?"

"Conheço um sítio arqueológico inédito no banhado da Lagoa Mirim, uma gruta inexplorada na Chapada dos Parecis, um sítio sobre Terra Preta, no Rio Nhamundá, na Amazônia...".

Confesso que essas foram as melhores pesquisas das quais já participei, mas não foram as mais confortáveis. A situação mais confortável em que já escavei foi... – pois é, não me lembro de ter escavado um sítio e coordenado a escavação da varanda de um hotel. Os lugares de achados que encontrei e escavei sempre foram em áreas completamente remotas, longe de qualquer vestígio de civilização, com saco de dormir, barraca, cozinha improvisada, chuveiro de balde e banheiros no mato. Isso, mais uma vez, comprovaria minha tese e demonstraria a escassez de bons sítios, se não fosse aquele fator da livre escolha e da vontade própria dos indivíduos. Os lugares em que eu procuro meus sítios arqueológicos estão relacionados ao tipo de Arqueologia que pretendo fazer, misturando descoberta com espírito de aventura. Então, posso concluir, concordando ao mesmo tempo com Paul Bahn (1989): sempre há um "Indiana Jones" escondido atrás da porta do gabinete de um arqueólogo. E acrescento: além de um "Indiana Jones", sempre há um exemplar do livro de Kurt Wilhelm Marek ou C.W. CERAM (1949)[37], como é mais conhecido, e outro de Erich von Däniken (1968) escondido em sua biblioteca.

"Onde escavar?" É a pergunta a que o arqueólogo mais gosta de responder. Essa questão realmente eleva seu ânimo às alturas e o deixa numa posição privilegiada. Ele exibe, inicialmente, uma postura misteriosa como a de um grande mago que de jeito nenhum quer revelar seus truques. Depois, seu orgulho de descobridor supera o orgulho do mágico, e ele revela, aos poucos, seus segredos. Primeiro confessa as dificuldades:

"É muito difícil! O arqueólogo profissional precisa de muita dedicação e trabalho".

Depois de ter revelado essa verdade ontológica, ele sente-se mais à vontade e começa a destacar sua metodologia, sua técnica e sua experiência como escavador. Mas somente no final da conversa confessa que a técnica mais praticada e que traz os melhores resultados é a de simplesmente perguntar aos moradores locais. A técnica consiste em perguntar a muitas pessoas e com muita insistência e fantasia, até que, eventualmente, alguém diz saber de algo.

---

[37] Kurt Wilhelm Marek, jornalista, que ficou famoso por seus livros populares sobre Arqueologia. Ele usava o pseudônimo: C.W. CERAM, seu sobrenome lido de trás para frente "C(K)ERAM".

Geralmente as pistas para encontrar um lugar de achados arqueológicos começam nos botecos da esquina ou nos bares de rodoviária. Sempre há uma pessoa metida e bem informada que revela sua sabedoria. Um dos frequentadores do bar, aquele que há horas está jogando *snooker* e tomando *bitter* com cachaça, informa que o amigo do seu ex-cunhado, que, aliás, continua sendo seu melhor amigo, mora perto de um posto de gasolina, lá, num povoado em cima da serra, que também vende gás de cozinha. A mulher do caminhoneiro, que duas vezes por semana fornece o gás, é de uma família de pequenos agricultores de descendência italiana. Quando criança, ela lembra-se de ter visto seu pai encontrando, no campo recém-arado, perto do riacho, atrás do galpão velho, uma pedra que tinha formato de um peixe. A pedra, que era bem lisa, com algumas manchas nas laterais, ficou por muitos anos atrás da porta, até que um dia, no ano da grande enchente, desapareceu.

Depois de mais uma cerveja e de mais algumas rodadas de *snooker* e de *bitter* com cachaça, bem como de muitas conversas entre gestos e gritos, surgem mais informações e dicas valiosas para o arqueólogo a respeito de locais para encontrar achados arqueológicos. O rapaz tímido e desacreditado mete-se na conversa:

"Tu sssabesss..." – e os "sss", presos entre os dentes falsos, com a língua escorregadia com o resto de cerveja, espalham um chuveiro generoso – "Tu sssabessss", repete o informante, "que já vi muitos ossos e casqueiros lá na beira da lagoa, sobre o barranco, lá onde estão fazendo a nova estrada".

Finalmente! Essa é uma informação precisa e confiável. O arqueólogo agora apenas precisa confirmar alguns dados, alguns detalhes de menor importância, como: "onde, quem, como se chama, quem é o dono da terra...", para encontrar mais um local de achados arqueológicos.

Eleanor Lothrop, esposa de Samuel Lothrop, especialista em Arqueologia Sul-Americana, sobretudo pré-incaica, conta que seus melhores informantes durante as pesquisas arqueológicas no Chile eram os moradores locais (LOTHROP, 1948, p. 39). Na década de 1940, recém-casados, Eleanor e Sam costumavam alugar um carro e percorriam as aldeias nas redondezas de La Serena. Ela conta que as primeiras tentativas foram inúteis e que os moradores locais, geralmente muito gentis, mas desinteressados, pensavam que os "gringos" estavam completamente fora da casinha – andar por aí perguntando a respeito de coisas inúteis. As conversas, normalmente, desenvolviam-se da seguinte maneira:

"Você mora aqui?"

"Sim!"

"Já arou os campos por aqui, ou fez alguns buracos?"

"Sim!"

"Por acaso, já encontrou alguns ossos velhos, ou alguns pedaços de potes cerâmicos por aqui?"

"Não!"

"Você conhece alguém que tenha encontrado algo?"

"Não!"

O questionamento teria acabado nesse momento, como muitos outros anteriores, se não fosse o olhar do especialista. Prestes a retornar a seu carro alugado, Sam Lothrop notou que o porquinho que o camponês estava engordando atrás da casa para as festas de fim de ano estava devorando, ruidosamente, sua ração de milho, casca de batata e outros ingredientes indefinidos e deliciosos que estavam em um bonito pote cerâmico pré-histórico.

"O que é isso?", perguntou o arqueólogo, apontando em direção ao chiqueiro, tentando controlar e esconder sua ansiedade de descobridor. O camponês, com um olhar paciente de quem tenta ensinar uma criança, respondeu:

"Um porquinho".

"Estava querendo saber sobre aquela coisa da qual o porquinho está comendo", respondeu Sam Lothrop.

"É um pote".

Depois de uma dura negociação com o camponês, Lothrop acabou comprando aquele pote pelo preço de duas carteiras de cigarro, uma barra de chocolate e dois pacotes de chiclete, mas assim o arqueólogo descobriu seu local de achados. O preço do pote não era calculado pelo valor de uma relíquia pré-histórica, mas pelo valor de um pote de alumínio no mercado público em La Serena.

Intermitência: as coisas queridas por Bertolt Brecht

Von allen Werken

Von allen Werken die liebsten
Sind mir die gebrauchten.
Die Kupfergefäße mit den Beulen und den abgeplatteten Rändern
Die Messer und Gabeln, deren Holzgriffe
Abgegriffen sind von vielen Händen: solche Formen
Schienen mir die edelsten. So auch die Steinfliesen um alte Häuser
Welche niedergetreten sind von vielen Füßen, abgeschliffen
Und zwischen denen Grasbüschel wachsen, das
Sind glückliche Werke.

Eingegangen in den Gebrauch der vielen
Oftmals verändert, verbessern sie ihre Gestalt und werden köstlich
Weil oftmals gekostet.
Selbst die Bruchstücke von Plastiken
Mit ihren abgehauenen Händen liebe ich. Auch sie
Lebten mir. Wenn auch fallen gelassen, wurden sie doch getragen.
Wenn auch überrannt, standen sie doch nicht zu hoch.
Die halbzerfallenen Bauwerke
Haben wieder das Aussehen von noch nicht vollendeten
Groß geplanten: ihre schönen Maße
Sind schon zu ahnen; sie bedürfen aber
Noch unseres Verständnisses. Andrerseits
Haben sie schon gedient, ja sind schon überwunden. Dies alles
Beglückt mich.

(Bertolt Brecht, *Gedichte*, 1926-1933).

7

O LUGAR DOS ACHADOS

Apresento nessa parte do conto as coisas que acontecem nos lugares de achados arqueológicos. Início esse capítulo falando do surgimento desses lugares, de como as substâncias e as coisas acumulam-se, como são amontoadas, e como esses lugares transformam-se, após seu encontro com os arqueólogos. Falo sobre as substâncias, descrevo-as e avalio suas propriedades. Não sei se consegui transmitir em palavras os processos de transformação das substâncias e das coisas que acontecem nos lugares dos achados. Talvez não tenha conseguido ser por falta de palavras no meu repertório, ou por limitações sensoriais. O olhar, na leitura de um texto, não apreende os cheiros, os barulhos, os sabores, as texturas que os outros órgãos de percepção captam.

No próximo capítulo, relato os encontros entre pessoas, coisas, plantas e animais. Depois, nos dois capítulos seguintes, sobre os lugares arqueológicos, compartilho com os leitores as sensações e emoções sentidas pelos arqueólogos nesses lugares.

Lugares das coisas da vida e da morte

Existe um lugar onde pessoas, plantas, animais, minerais, substâncias, elementos e coisas encontram-se e convivem. Pessoas vêm para esse lugar e se vão. Algumas permanecem. Ficam para trás as coisas que elas fizeram, usaram, consumiram. Ficam para trás as substâncias que manipularam, ingeriram e expeliram. Animais vêm para esse lugar e se vão. Alguns ficam. Plantas surgem nesse lugar e se vão. Algumas ficam. Existe um lugar onde pessoas acendem suas fogueiras, destrincham os animais que caçam ou pescam, assam carne, moqueiam peixes, cozinham raízes, tubérculos, cereais, verduras, saboreiam frutas, bebem, mastigam, engolem, defecam, urinam, dormem, cantam, choram, falam, gritam. É um lugar onde pessoas amam-se, matam-se, transpiram, onde seus filhos nascem, cospem, vomitam, respiram, morrem (PISANI; GEORGE, 2012).

Junto às pessoas, vivem outros animais, que se juntam aos que já estavam lá. Cachorros trituram os ossos que sobraram da comida das pessoas, e ratos roem os restos. Há casais de araras e papagaios que passam voando, existem formigas que deslocam, assíduas e vagarosas, o solo, que amontoam e afofam a terra, grão em grão. Há minhocas que devoram migalhas de plantas e fragmentos de minerais, expelem, produzem granulados de mucos e lama, escavam pequenos, infindáveis túneis que atravessam a crosta da terra. Nesse lugar também vivem pulgas que descansam nas dobras da pele das pessoas, entre os pelos dos animais, furam a pele, causam sangramento e ingerem outros líquidos corpóreos. O local tem moscas persistentes que se alimentam dos líquidos e das gorduras dos cadáveres, mosquitos delicados que bebem sangue de canudinho e, em troca, injetam parasitas que provocam febre mortal nas pessoas e nos animais. Há besouros que trituram sem piedade, com suas mandíbulas assustadoras, as cascas das árvores, furam as frutas e as nozes. Há borboletas que espelham a luz do dia e o céu azul, carregam generosamente pólen de flor em flor e bebem seu néctar. Nesse lugar, nos fundos das habitações das pessoas, onde se amontoam folhas secas, cascas e bagaços, porcos reviram a terra, devoram o que encontram, saboreiam lama, urinam, defecam, macacos associam-se ao banquete, as onças rodeiam, as observam pacientemente, aguardam e avaliam as possibilidades de intervir nesse cenário em que se vive e morre-se.

Nesse mesmo lugar, plantas crescem, flores nascem, sementes amadurecem, folhas desdobram-se, galhos esticam-se, raízes espalham-se lentamente com seu vagaroso, forte e constante abraço. É um lugar manchado de sombras e luzes, de sombras embaixo das mansões das árvores, da guarita dos arbustos, embaixo dos abrigos, dos tetos das habitações, e onde, sobretudo e sem piedade, paira o sol. Chuvas desabam sobre a terra ressequida, as torrentes formam canaletas, abrem sulcos, riachos que apagam as fogueiras, viram os potes em que fermenta a bebida feita de frutas, de farinha de mandioca ou de milho. Do sol, das sombras e das chuvas desabrocha uma névoa rastejante, que envolve e vela o lugar. Imagine um lugar por onde passam tempestades e furacões que derrubam as casas, as árvores, onde ventanias quebram os galhos, levantam as palhas dos telhados, derrubam as paredes. Rajadas levantam a poeira nas clareiras, espalham a cinza e o carvão, sacodem as plantas, levantam as plumas das aves, arrepiam o pelo das onças, despenteiam o cabelo das mulheres e dos homens. Sopros enchem os olhos de poeira, a brisa sopra, sacode as folhas, seca o suor, carrega os odores e fedores. Todos esses movimentos e essas ações acontecem em sequência, ou simultaneamente.

Bactérias e fungos tomam conta da transformação do local, de forma constante e sem grande alvoroço. Enzimas quebram o açúcar e produzem álcool, bactérias reproduzem-se, gases inflam-se, borbulham, fermentam. Coisas sólidas liquidificam-se como em uma batedeira na cozinha. Gosmas grudam e viram mingau. Coisas sólidas descascam-se, racham, secam, quebram, viram pó, viram poeira. Estruturas levantadas inclinam-se ou entram em colapso. Algumas pessoas saem, buscam outro lugar para ficar. Com elas saem alguns animais, cachorros, papagaios, macacos, pulgas, moscas e mosquitos, mas também bactérias, fungos, vermes e parasitas.

Os cachorros acompanham as pessoas, são oportunistas e sabem, há muito tempo, que por onde passam humanos sempre sobra comida, e até ocasionalmente um carinho que compensa os pontapés, gritos e pedradas. Depois de algum tempo, também os porcos deixam de frequentar o lugar e seguem as pessoas para seus novos lugares de permanência temporária. Mas a grande maioria fica enquanto existem comida, abrigo e condições de reprodução. Ficam para trás, no lugar, as coisas que foram feitas pelas pessoas. São coisas que se quebraram, objetos que sobraram quando artefatos foram feitos, coisas que foram esquecidas. Ficam para trás as substâncias produzidas nos corpos das pessoas que servem de alimento e espaço de reprodução para outras criaturas.

Agora, quem toma novamente conta do lugar são os vegetais, os insetos, suas larvas, as minhocas e, sobretudo, as pequenas criaturas, bactérias, fungos, algas e o líquen. Esses são os principais agentes que transformam as coisas sólidas em algo líquido, grudento, melado. As construções entram novamente em colapso, e forma-se algo incerto, de forma indefinida, de contornos difusos. É algo reduzido, em que tudo se encontra em sua essência. Os ventos a as chuvas carregam as cinzas das fogueiras e a poeira sobre a superfície do lugar. As partículas ficam grudadas nas gorduras e umidades, nas poças d'água, na gosma que se engrossa. A essência expande-se, comida é carregada pelas minhocas, pelas formigas e moscas, é absorvida pelas raízes das árvores, cai nas frestas, nos túneis, descansa, cozinha ao calor do sol, seca, umedece com o orvalho, é devorada, espalhada, soprada, misturada, forma manchas e sombras, e então descansa novamente. Folhas secas dispersam-se sobre o lugar e amontoam-se, grama toma conta das clareiras, mudas de árvores e arbustos crescem, as sementes das palmeiras trazidas pelas pessoas, pelos pássaros, pelos roedores brotam e espalham leques de raios de luz e sombra.

Potes cerâmicos rachados durante a preparação das comidas, inúteis e abandonados, partem-se pela ação das raízes que deixam suas marcas de linhas sinuosas e escurecidas sobre a superfície lisa do caco. Lentamente, a pulsação da vida no lugar enfraquece, diminuindo seu ritmo. Os intervalos entre calor, agitação, efervescência, borbulhamento e descanso aumentam. O local esfria e tranquiliza-se. A injeção de energia trazida ao local agora está acumulada, compactada nas substâncias que são consumidas pelos organismos em bocados, em doses moleculares, evacuadas e amontoadas em porções. Assim, a terra é ventilada, descompactada e cresce, no começo como um pão, para depois, lentamente, entrar em colapso, liquidificar-se e espalhar-se em manchas e sombras sobre o chão da vida íntima do lugar. Algumas manchas são mais densas, mais escuras, com mais teor carbônico, e outras são mais claras, mineralizadas. Essas sombras de material orgânico concentrado no solo espalham-se por todo o lugar. Algumas manchas difusas espraiam-se pela superfície, em outras áreas, onde a terra preta acumulou-se em frestas, fendas, buracos, criando um desenho marmorizado.

Existe uma relação das sombras e manchas com as antigas áreas dos afazeres, das atividades da época em que as pessoas ainda habitavam o local. Carbonizados, escurecidos, gorduroso nas proximidades das fogueiras em que alimentos foram preparados e consumidos, a sombra abriga restos de fragmentos de ossos, sementes carbonizadas, cacos cerâmicos. No lugar onde estava a área de amontoamento de folhas, sementes e bagaço, a mancha pode ser mais clara. Ao longo das goteiras, embaixo dos tetos das habitações, a mancha é esbranquiçada e completamente mineralizada. Todas as matérias orgânicas e as finas poeiras foram lavadas pela água que caiu em gotas ou em cascatas. Aquilo que sobrou são as pedrinhas e os grãos grossos de areia. Onde estavam enterrados os esteios e postes das habitações, o cupim tomou conta e devorou o cerne dos troncos. Sobrou uma mancha arredondada e funda, redesenhando os contornos, e o conteúdo dos postes que sumiram.

A energia em forma de nutrientes, comprimida nas manchas e nas sombras do solo, armazena uma lembrança de vidas passadas. Monóxido de magnésio (MgO), potássio (K), carbono (C), bário (Ba), cobre (Cu), manganês (Mn), estrôncio (Sr), zinco (Zn), cloro, (Cl), monóxido de cálcio (CaO), trióxido de dialumínio (Al_2O_3), trióxido de diferro (Fe_2O_3), pentaóxido de difósforo (P_2O_5), monóxido de sódio (Na_2O), monóxido de potássio (K_2O), dióxido de titânio ($TiO2$). Mas isso não significa que se trate de uma matéria sem vida. Trata-se, apenas, de uma forma de vida adormecida, uma vida em potencial, que pode ser ressuscitada e transformada, inicialmente, pelas bactérias, pelos fungos, pelas algas, pelos líquens, pelas plantas e pelos insetos. As manchas e sombras que se formaram no solo também acumulam, além de substâncias, tempo em forma de massa e energia compactada, que aos poucos é liberada e consumida no crescimento das plantas. E, não por acaso, o tempo desenrola-se mais rapidamente nas plantas que crescem sobre as manchas de terras pretas orgânicas. Parece que há um atraso que precisa ser recuperado depois de uma dormência (SOMBROEK, 1966).

Outras pessoas voltam ao mesmo lugar, acendem suas fogueiras, lascam pedras para cortar os músculos dos corpos dos animais caçados e pescados, assam as carnes, cozinham os vegetais, bebem, dormem, constroem suas habitações. Gritos de raiva, de medo, de dor, grunhidos, suspiros, golpes, sangue, saliva, pessoas mortas, tudo em chamas, fumaça e cinzas. Pessoas correm e não voltam mais. Chuvas apagam o fogo, os ventos carregam as cinzas. Primeiro, regressam as moscas e os pássaros. As pessoas voltam mais tarde ao mesmo lugar, enterram os mortos, acendem suas fogueiras, comem, dormem, constroem seus abrigos. Novas manchas e sombras de terras pretas formam-se. No lugar, movimentos armazenam-se, o tempo comprime-se, os líquidos engrossam, as lactoses coagulam, as gorduras ficam ranças e endurecem. Terra é misturada com folha, com cinza, com carvão, com caco de cerâmica, ossos, urina, fezes. A mistura amontoa-se, esquenta, solta gases, vapor, fumaça, ela fede, cresce e colapsa.

Quem sabe, até os gritos que fizeram vibrar o ar sejam capturados pelas folhas das palmeiras e absorvidos durante o processo da fotossíntese. Imagino que as palavras e os sussurros repousem entre os tecidos e entre as cascas das árvores, ecoem nos caminhos subterrâneos feitos pelas formigas, nos intermináveis e sinuosos túneis das minhocas, sejam recebidos pelos ratos em seus corredores e traduzidos por olhos atentos, em vibrações de bigodes e focinhos. As vibrações no ar, provocadas pelas vozes, pelos gritos, pelos cantos das pessoas e dos pássaros, até os passos múltiplos e delicados das formigas sobre as folhas projetam-se sobre a poeira, formam costelas, ondulações microscópicas, como as ondas na praia. O cheiro e o sabor das comidas assadas e cozidas foram capturados pelas cinzas e pelos pedaços de carvão e fragmentos de cerâmica como uma esponja. Com certeza, o fedor de putrefação da carne dos peixes, moluscos e crustáceos e das algas impregna-se nas finas camadas de terras pretas.

No decorrer de centenas de anos, formam-se e acumulam-se camadas de cores e de sabores de terras pretas. Os furos dos postes das habitações, os mortos que foram enterrados em covas rasas, inclusive os pequenos furos das formigas, das larvas, dos lagartos, as galerias das raízes que penetram até atingir a "mãe-solo", anteriores à formação das manchas de sombras, são como carimbos, ou tatuagens inapagáveis sobre sua pele. Qualquer deslocamento de sedimentos é visível na marmorização das diversas tonalidades de solo.

Pessoas buscam esse lugar e convivem com ele, permanecem, nascem, morrem, saem; outras pessoas chegam, ficam e, às vezes, não voltam mais. Os guardiões desses lugares são as árvores, castanheiras e palmeiras, cujas sementes foram trazidas pelas primeiras pessoas que chegaram. A memória do local são as múltiplas gerações de árvores. Elas também apontam aos arqueólogos que esse lugar foi antigamente frequentado por gente, pelo menos por algum tempo.

Lugares das substâncias

Quanto às substâncias – em alemão *Stoffe* ou *stuff* em inglês –, entende-se que elas existem, aparecem, são fracionáveis, são espécies naturais, têm tendências, qualidades, são materiais e concretas. Os objetos, por sua vez, têm lados, escondem-se, aparecem, têm tendências, têm história (SOENTGEN, 1998, 2008; HAHN; SOENTGEN, 2010).

Os registros etnográficos e arqueológicos contêm um rico acervo de informações, sugerindo que a compreensão do mundo das substâncias é culturalmente diversificada. Nem todas as pessoas e nem todas as sociedades percebem substâncias, como, por exemplo, minerais, poeira, água, vento, solo, seixos, brita, etc., como algo que têm tendências próprias de se auto-organizar. As substâncias têm significados simbólicos, retêm poderes mágicos, são atuantes não apenas em seus aspectos econômicos, mas também estão profundamente envolvidas nos aspectos sociais, cosmológicos, míticos, espirituais e filosóficos da vida (TAÇON, 1991; JONES; MACGREGOR, 2002; SAUNDERS, 2002).

Enquanto aspectos simbólicos sobre a interação entre pessoas, plantas, animais, paisagens e outros elementos do mundo natural são bastante discutidos, muito pouco se tem publicado na Arqueologia sobre substâncias (BOIVIN; OWOC, 2004). Isso surpreende, já que os arqueólogos, em suas pesquisas, estão diretamente envolvidos com substâncias, em forma de minerais, poeiras, sedimentos ou argilas, muitas vezes estratificadas. Um solo antropogênico também é cultura material (WARKENTIN, 2006; SALISBURY, 2012).

As substâncias interferem diretamente em nossas vidas, bem como nas dos arqueólogos, e devem ser tratadas, junto aos objetos, os artefatos, as narrativas, os textos e as imagens, como parte da cultura material. As substâncias criam cronologias e criam pátinas que deixam as coisas parecerem mais ou menos antigas. As pátinas são signos indiciais dos parâmetros de tempo. Indicam o tempo, fazem o tempo arqueológico e estão, por sua vez, sujeitas às mudanças do tempo. O significado das substâncias, tal qual o da cultura material, está sujeito às transformações culturais e sociais. As pesquisas arqueológicas, quando deixam de considerar de forma simétrica substâncias, cultura material e pessoas, são pesquisas apenas parciais.

A falta de preocupação dos arqueólogos com as substâncias pode estar relacionada com os paradigmas teóricos, que tratam, predominantemente, de explicar artefatos, descrever a maneira como foram produzidos (LEROI-GOURHAN, 1943). Como as substâncias são, frequentemente, vistas apenas como fontes de matérias-primas, que aguardam passivamente para ser exploradas, sugere-se uma abertura do leque das possibilidades objetivas da pesquisa arqueológica. As substâncias, mesmo passando por transformações quando da sua exploração enquanto matérias-primas, seguem sendo substâncias, com sua resistividade, sendo reduzidas ou agregadas a outras substâncias na interação no espaço e ao longo do tempo.

Terra

No nosso dia a dia, a palavra terra está relacionada com distintos fenômenos. Entende-se por terra a nomeação do planeta. Substâncias como terra ganham, conforme a quantidade, novas atribuições, como terreno, terraço, território. Terra descreve também uma situação social e de identidade na ausência dela, como "os sem-terra", ou uma terra de origem antrópica como a "terra preta" amazônica. A terra preta antropogênica pode ser vista como um mito político: "O milagre da selva tropical" (SOENTGEN; HILBERT, 2015).

O mais tardar depois que Yuri Alexeievitch Gagarin viu o planeta Terra a certa distância, em 12 de abril de 1961, e exclamou com surpresa "O céu é escuro, a Terra é azul", e sabendo-se que 70% da superfície do planeta é coberta por água, fica evidente que o nome Terra não é adequado para designar um planeta d'água. É uma nomeação de caráter antropocêntrico. Nós, os humanos, andamos sobre a terra, e terra é o nosso chão. Dentro d'água, a gente sente-se como um peixe fora d'água. A gente vive na terra, no planeta Terra, e não nas profundezas dos oceanos. Nosso sonho antigo é voar, mas sempre voltaremos para a terra.

Terra também é sinônimo do espaço em que eu moro. A terra preenchida com esse conteúdo não é necessariamente equivalente ao conceito de Nação, ou Estado, mas significa uma unidade mais pessoal. A expressão "minha terra" não quer dizer que sou dono de um pedaço de terra, mas tem a conotação de um lar onde eu moro, meu pago. Chão remete a outra dimensão: é onde estou parado; terra, por sua vez, remete a um pertencimento. "A terra é minha" não quer dizer que sou dono da Terra, expressando dessa forma meu desejo de poder ou domínio sobre todos os terráqueos. Não sou o Dr. Evil, cujo objetivo é o domínio da Terra, e é adversário eterno do agente 007 de sua Majestade, James Bond.

A terra entendida como substância não descreve o mesmo fenômeno e não é sinônimo de chão. Uma espaçonave ou um avião aterrissa na terra, mas a gente não está com os pés na terra, e sim com os pés no chão. Metaforicamente, pode-se dizer que uma pessoa aterrissou quando estava voando em suas ideias e em suas fantasias. Fenomenologicamente, o chão é aquilo em que a gente pode pisar, ou pode estar parado (BÖHME; BÖHME, 1996; MAHAYNI, 2003). Chão transmite solidez e segurança. Uma pessoa que tem os pés no chão é uma pessoa confiável, não faz nada sem pensar antes de agir, não faz nada sem planejamento. Ela tem uma boa base a partir da qual pode partir em direção ao horizonte. O chão é aquilo em que a gente está parada, é algo sólido e que não cede debaixo do nosso peso. A sensação de perder o chão debaixo dos pés provoca uma sensação de pânico, de desespero, de insegurança.

Entretanto, quando uma substância como terra, areia, argila, cede apenas um pouco, não o suficiente para se ter a sensação de perder o chão, quando a terra ou a lama não ultrapassa a altura dos próprios pés, surge uma impressão ou uma marca que é só nossa e que nos identifica como pessoa. Uma pegada de um pé humano em um mundo completa ou aparentemente desabitado, sem outros vestígios humanos, tem o sentido de posse, de tomar conta desse lugar. Esse pertencimento é, inicialmente, de um indivíduo, e só depois essa pegada pode ganhar valores em níveis nacionais, da humanidade como um todo. Impressões de mãos e de pés sobre o chão que cedeu um pouco sob a pressão revelam algo único, pois nenhum habitante da terra tem pés e mãos iguais aos nossos. E cada um de nós humanos tem um pé diferente do pé de outro humano; nosso pé é uma impressão digital, como uma assinatura. A impressão de uma mão ou a pegada de um pé substitui a presença da pessoa e é um ato de posse, um ato de revelação de poder. Não deixar suas impressões, suas pegadas no chão significam anonimato, ausência, não ter poder, não ter força, perder o chão, desaparecer sem deixar uma pista, não deixar lembranças.

Uma vez experimentada a segurança do chão e da tranquilidade, podemos colocar coisas sobre esse chão, construir algo igualmente sólido. As coisas ficam apresentáveis quando trabalhamos sobre uma base. Um castelo construído sobre terra movediça ou sobre algo completamente volátil como uma nuvem não é uma obra durável.

Terra usada no sentido mais abrangente, e não no sentido de uma substância, cria horizontes, parâmetros de orientação, como em cima, embaixo, direita, esquerda. Estar na terra, com os pés no chão, representa estar sobre algo sólido e separável entre em cima e embaixo. Olhamos para o horizonte, e o sol desaparece embaixo da terra. Levantar da terra, como o sol ao amanhecer, significa uma ação heroica. Levantar da terra é uma metáfora muito forte e positiva, e afundar nela é, evidentemente, algo negativo ou socialmente inaceitável, como afundar-se no álcool ou em dívidas. Estar com os pés no chão é algo extremamente positivo. Estar no ar é algo negativo; significa ter cabeça de vento.

Há vida embaixo da terra, e vida malvada, bem como espaços de escuridão. O inferno está lá embaixo onde se encontram Dante, Orfeu e Eurídice (LESSER, 1987). Os heróis Xbalamque e Hanapuh, da mitologia dos Maias Quiché, narrada no livro *Popol Vuh*, libertam-se do Xibalba, do Submundo, e ganham a vida eterna com esse ato. Sair da terra é renascer dela, como aconteceu com os 33 mineiros chilenos que, em 2010, a terra pariu, por intermédio de um canal longo e estreito. Foi um ato heroico. Brotar da terra é sinônimo de ressuscitar, ter a força de ser sólido como uma rocha.

Quem trabalha a terra tem os pés no chão. Um agricultor é sedentário, estável, pesado, caroçudo, confiável. É um criador que tira da terra o alimento, seu sustento e o dos outros. A certeza de que todos os seres vivos, como as plantas, os animais e os seres humanos, tiram da terra sua subsistência e que a força resultou, no imaginário popular, da força terrestre que está relacionada, positivamente, com o poder protetor e com a magia da cura. Esse poder personificou-se, entre alguns povos, em divindades com características e identidades próprias, especificamente femininas. A Mãe Terra dá à luz todas as vidas, e, no final das contas, os seres humanos nascem dela, são feitos, conforme a mitologia bíblica, do barro e colocados para seu descanso final no colo dela, onde ajudam, novamente, a criar vida e de onde renascem no Dia do Juízo Final. A força da Mãe Terra, seja ela percebida como um poder indefinido ou por uma incorporação física em uma divindade, nunca se afasta completamente de sua forma concreta, percebida como algo sólido. Terra é percebida como algo feminino. A *Terra Amata* dos romanos pertence aos elementos mais arcaicos de sua religião, equivalente a *Nerthus*, a deusa da Terra dos germanos, como afirma o geógrafo romano Tácito. Mas nem todas as Mães Terra, as Pachamamas, as Coatlicues, das quais se tem conhecimento mitológico, estão diretamente relacionadas com uma divindade ou incorporadas por ela.

 Possibilidades de uma imaginação pessoal, relacionadas ao poder da terra, podem ser percebidas em certos gestos ou culturas. Antes de beber ou de comer, por exemplo, espalham-se algumas gotas ou migalhas sobre a terra. Porém, muitas vezes, em contos populares, fica indefinido a quem essa oferenda é destinada, à Mãe Terra ou a alguma outra força oculta e mitológica que vive na terra. Outra relação muito pessoal entre a terra e a mãe de uma pessoa está evidenciada na crença popular existente em certas regiões da Grécia que afirma que se alguém bate em sua mãe, a Mãe Terra não o receberá após sua morte. O malfeitor é simplesmente excluído e expulso pela terra. Em uma relação invertida, quem bate, sem motivos, na terra bate, ao mesmo tempo, em sua própria mãe. Castigar a terra e bater nela é considerado pecado. O nascimento de uma criança acontece, entre muitos povos, diretamente sobre a terra, ou a criança recém-nascida é colocada sobre a terra para que a força da terra seja repassada a ela (HOFFMANN-KRYER; BÄCHTOLD-SCHÄUBLI, 1927).

 A preocupação dos primeiros viajantes europeus pelo continente americano era saber se a terra estava povoada e quem eram as populações. Como conta Américo Vespúcio, muito antes da visualização das pessoas, a fumaça indicava a presença dos nativos, e só depois eles foram vistos; mais tarde eram os objetos que eram trocados, e palavras foram usadas nas últimas tentativas de comunicação e de troca de informações. A vista da fumaça, o cheiro, o toque e a narrativa são sequências de aproximações.

Colocar os pés na terra, a percepção da fertilidade exuberante, os animais, o verde, o potencial para o plantio e a criação de animais são as primeiras observações. Não se trata de uma visão de reconhecimento da habilidade dos nativos, mas de uma visão de uma natureza, dada por Deus, mas numa situação paradisíaca.

Areia

Experimente: a areia formata-se. Apanho um punhado de areia fofa e seca e deixo escorrê-la entre os dedos para a palma da minha outra mão. Lentamente, forma-se nela, até transbordar, um pequeno amontoamento de areia solta. Minha mão fecha-se e captura o punhado de areia; ela abre-se um pouco, diminuo levemente a pressão, e assim libero novamente seu conteúdo, de grão em grão, para a palma aberta da minha outra mão. Que emoção, que sensação! Essa areia em movimento gera, quando passa e amontoa-se de mão em mão, uma ideia de tempo deslizando em uma ampulheta. Provoca a sensação de domínio temporário do tempo. Controlo perfeitamente as duas formações. As duas figuras, um fio de areia em ação e um cone e um montículo em repouso, receptível, em processo acumulativo, estão intrinsecamente conectados, sempre em movimentos repetitivos, em alternância, transmitindo um sentimento suave e tranquilizante.

Agora abro uma mão e, com um impulso leve, pressiono-a contra a superfície arenosa. Levanto a mão, viro-a com cuidado para cima e vejo uma camada fina de areia grudada no suor. Esfrego as palmas das mãos uma contra a outra e sinto uma leve irritação, uma superfície áspera, que provoca, em comparação com o deslizar da areia nas mãos, uma sensação bem mais ruidosa, um chiado rítmico. Imagino sentir cada grão; é claro, contudo, que é a mesma areia das dunas do litoral que sinto nas mãos (DURAN, 2003).

Areia tem a tendência de repetir sempre as mesmas figuras. Ela é moldável, se a deixo escorrer livremente entre as mãos. A areia seca é fluida. Mas é previsível e tem um repertório limitado de formações. Limitada, mas ao mesmo tempo resistente à nossa vontade de criar, de forçá-la a assumir outras formas e figuras. A areia seca é teimosa. Até podemos tentar, mas ela não se deixa transformar em figuras complexas, e sempre volta insistentemente às mesmas formações cônicas.

Agora, junto um pouquinho de água. A areia solta, simplória e indomada, adquire novas características e capacidades. A areia úmida passa a ser moldável e ganha a capacidade de permanecer, por algum tempo, na forma adquirida, desejada por nós. A areia úmida perde sua fluidez. Agora, com a areia úmida, minhas mãos podem formar bolos, e posso cortar quadrados ou retângulos e elaborar formas e figuras complicadas. As possibilidades são surpreendentes.

Quem não se lembra das férias na praia, quando éramos crianças? Meu irmão e eu brincávamos mais na areia do que na água. Fazíamos castelos com gotinhas de areia, estradas para os nossos caminhões, túneis para os trens, canais para os barquinhos, fortalezas com fossos, paliçadas e pontes para nos defender contra os ataques dos inimigos.

Escavar na areia é agradável e não requer muita força. O escavador de um local de achados no litoral do Rio Grande do Sul precisa desenvolver um sentido de equilíbrio e movimentos deslizantes. Precisa aplicar uma força média e contínua, sem ações abruptas e nervosas. Um gesto assustado e impulsivo destrói a superfície lisa, o perfil reto e limpo. Uma incisão involuntária da colher do escavador deixa sua marca como um risco grosseiro em uma folha de papel branco. Escavar na areia é um trabalho limpo.

O arqueólogo que escava na areia entra na categoria de artista plástico quando suas mãos, usando ferramentas cortantes, criam figuras geométricas, elaboram planos, pisos, paredes, cubos, retângulos na areia úmida. A arte arqueológica é dominada pelo desenho geométrico, das linhas retas e dos planos verticais ou horizontais. Curvas, espirais, círculos, figuras convexas ou côncavas não fazem parte do repertório e do desenho artístico de uma escavação arqueológica (POIRIER; POIRIER, 1999).

Essa estética arqueológica, no entanto, é frágil e perecível. Quem conhece as características da areia sabe que ela é de fácil modelação, mas não mantém a configuração dada. O arqueólogo precisa ser rápido, pois sua obra de arte, tão cuidadosamente elaborada, sua escultura abstrata, milimetricamente controlada, desaba quando a umidade, que serve como liga entre os grãos, evapora. A escultura escavada em areia retoma sua forma natural, transformando-se outra vez em simples buracos, redondos, ovalados, em amontoamentos cônicos, e quando a área escavada é deixada por mais tempo, o vento transforma a arte da escavação arqueológica novamente em dunas. A obra do arqueólogo desaparece. Fazer desenhos e escrever na areia é mandar uma mensagem perecível. Popularmente, esse gesto é entendido como um símbolo de volatilidade e de transitoriedade. Símbolo de transitoriedade, a areia também é metáfora do infinito, pois ela é composta por uma incontável quantidade de pequenos grãos de rochas trituradas, aparentemente iguais. Existe algo em tanta quantidade como grãos de areia na praia, como gotas de água no mar?

Apesar de fluida, a areia é fenomenologicamente diferente da água. Subindo uma daquelas enormes dunas do litoral gaúcho ou de Santa Catarina, tentando encontrar certa firmeza no passo, lutando contra o cansaço provocado pela areia fofa e revoltado por escorregar a cada passo, sinto vontade de, chegando ao topo da gigantesca duna, atirar-me na areia, como se fosse água. A consistência, o contorno e a forma da duna me induzem a esse erro doloroso.

Como a areia se movimenta? As dunas na praia deslocam-se muito devagar. O mar, seu vizinho, é muito mais agitado e nervoso, jogando ondas no ritmo de respiração de um corredor exausto ou de um gigante em descanso.

A praia está decorada com um desenho de pequenos sulcos e costeletas, como gigantescas impressões digitais, ou como ondas em miniatura. Não entendo a lógica da formação dessas miniondas. Mas o princípio de sua formação é que as ondas do mar movimentam-se sobre a areia da praia e transferem a energia do vaivém para os grãos que são deslocados e formam assim as ondulações, conforme o ritmo das ondas. Incompreensível, entretanto, é por que em alguns trechos da praia as ondas não criam as estrias, e sim um piso completamente liso. Em outros lugares, onde os riachos, sangradouros de chuva, atravessam a praia e onde as águas correm simplesmente em sentido único em direção ao mar, também se formam os sulcos e as costeletas, sem os movimentos rítmicos das ondas do mar (WELLAND, 2009, p. 131).

Areia nos olhos atrapalha, interfere na visão, torna a pessoa sonolenta e cega. Se alguém quer evitar que o outro veja a coisa certa, se quer evitar que tenha conhecimento, "joga areia nos olhos", para evitar que essa pessoa perceba a verdade.

Argila

Tocar em argila é completamente diferente. Em comparação com a areia, que, em parte, comporta-se como algo líquido, como a água, que precisa das mãos para contê-la, escavar em argila, primeiro, requer mais força. A argila viscosa é uma "substância entre dois estados", entre o fluido da água que foge e o sólido que se concretiza. Quando saturada com umidade, a argila desloca-se em câmara lenta, como o mel. O viscoso, segundo Jean-Paul Sartre (2005, p. 741), está relacionado com o possuir, com o apropriar-se. A argila gruda nas mãos do arqueólogo, toma conta da trolha, prende-se na pá, na picareta, confunde-se com a sola do sapato, da bota, quer ser dona das coisas arqueológicas, infiltra-se no tecido da roupa e, quando seca, nunca mais sai dela. "Quero estar contigo para sempre", é sua réplica. No final das contas, o homem é feito de uma porção de argila transformada nas mãos de Deus, e, desde então, estamos grudados nas mãos dele. Mas sem o hálito dele e sem uma névoa de saliva que saiu da sua boca seríamos apenas estátuas de barro.

Lugares dos amontoados

Sabemos que as coisas e as substâncias acumulam-se naturalmente. Sabemos que animais também acumulam substâncias e coisas.

O vento coleciona areia em forma de dunas, em forma de nuvens que flutuam sobre a planície ou em forma de ondulações, como se fossem impressões digitais da praia. As depressões na posição horizontal colecionam água da chuva em forma de poças. As depressões em declive formam canais, que, por sua vez, mostram a tendência de fugir e de se juntar em poças ainda maiores, em forma de lagos, lagoas ou mares. Os rios colecionam blocos de pedra, seixos, cascalhos, areia, lama, argila, que se dispersam nas suas dobras e voltas internas. Animais colecionam coisas e substâncias e as organizam em forma de ninhos feitos de galhos secos, grama, folhas, plumas, fios de pelo, fiapos, tufos de algodão, em forma de amontoamentos de ossos branqueados pelo sol e pelo vento, casas vazias de caracóis, cacos de vidro, embalagens de plástico coloridas de bombom de menta ou de chiclete. As minhocas criam pequenos amontoamentos de secreção e argila, os camundongos colecionam grãos e sementes em suas tocas, e os esquilos juntam e enterram nozes e sementes.

Podemos transformar um buraco, gramaticalmente, em sujeito, é verdade, mas não podemos dizer que a cavidade tem vontade própria ou tem alguma intenção de colecionar. Acumular-se em depressões é uma tendência que as substâncias apresentam (SOMMER, 2002).

A maior parte de um lugar de achados arqueológicos é composta de substâncias. Ele tem a tendência de acumular coisas. A poeira tem a tendência de voar e de se acumular sobre meus livros. Meus livros são colecionadores de poeira. O espaço debaixo da minha cama coleciona poeira, pelúcia, fuxico de pelo e fios. As autoestradas e os caminhos colecionam carros em forma de tranqueiras enfileiradas. Minhas unhas apresentam a inclinação de juntar sujeira. Essas coisas simplesmente acontecem. Esses acontecimentos não são ações de verdade e voluntárias. As substâncias acumulam-se, reúnem-se, colecionam-se, mas não são colecionadores, não são como as pessoas que atuam. As coisas e as substâncias são passivas nos processos das ações. Quando as coisas e substâncias juntam-se, isso está diretamente relacionado com as inclinações das coisas e com as tendências das substâncias.

As pessoas que atuam sabem o que fazem e sabem que querem, pois sabem que podem. Colecionar é juntar aquilo que está espalhado no espaço e acomodá-lo em um mesmo lugar. Por isso, desenvolvemos várias estratégias para colecionar. As coisas movimentam-se e também são movimentadas pela ação de uma pessoa ou pelo encontro das tendências de se movimentar e de colecionar, ou de se acumular pela força da gravidade. Além da vontade própria, o ser humano tem a tendência de se acumular e de formar uma multidão (CANETTI, 1960). Gostamos de ficar junto em eventos esportivos ou em festas, de formar pequenos grupos nos finais de semana no almoço da casa dos parentes. E com a gente vêm as coisas e as substâncias que se acumulam. Nós nos movimentamos por vontade própria, nos juntamos e nos separamos, junto às coisas e às substâncias que carregamos; imitamos a água quando se junta em uma poça.

O arqueólogo sabe que está diante de um local de achados arqueológicos quando todos esses fatores coincidem. Esses lugares têm o cheiro das pessoas, e este está na terra; as coisas têm o sabor do uso, as mãos sentem o conforto do objeto feito, o carvão tem a gordura do molho da carne, os grãos de areia organizam-se com a pisoteada das pessoas, e as gorduras misturam-se com a cinza e com as fibras dos vegetais.

Como o arqueólogo sabe que se trata de um lugar de achados arqueológicos, de um lugar onde pessoas conviveram? Pelo acúmulo das coisas e das substâncias? Também, mas não só por isto. Um sítio arqueológico também é um amontoamento de terra. Dentro dela, o escavador encontra objetos, como artefatos líticos, cerâmica, telhas, tijolos, adobe, blocos de pedra, de argamassa, de madeira, de ossos, de carvão, cinza, metal, louça, vidro, garrafas, copos, CDs, botões, computadores, TVs, lâmpadas... A lista é quase interminável. A pergunta que se apresenta é:

"Como a terra se acumula em um sítio arqueológico?"

A resposta oferecida em manuais de Arqueologia é ingênua: a terra simplesmente acumula-se em um sítio, pois os antigos moradores foram embora, abandonaram o local, as mulheres pararam de varrer o chão de suas casas, pararam de juntar com uma pazinha a poeira ou a sujeira e de jogá-la no lixo, os homens pararam de pintar as paredes das casas, de trocar as telhas velhas e quebradas das casas e de substituir os caibros e as ripas podres e carcomidos pelo cupim.

Em uma introdução à Arqueologia, Pedro Paulo Funari (2003) publica uma sequência de quatro desenhos, feito uma história em quadrinhos, que simula como uma casa abandonada por seus antigos moradores desaba. Primeiro cai o telhado, depois as paredes, e aquilo que fica no fim é um amontoamento de pedras, telhas, argamassa, cimento e madeira velha. Então, essa é uma das possibilidades de como as coisas amontoam-se e transformam-se sozinhas em um sítio arqueológico, pela lei da natureza.

Formação de amontoados

Pergunto: um sítio arqueológico está sempre relacionado com o acúmulo de coisas e substâncias? Existem sítios sem acúmulo de coisas, e só de substâncias? Existem sítios sem acúmulos de substâncias, e só de coisas? Existem sítios sem acúmulo de coisas e de substâncias?

Sem perder de vista essas importantes questões sobre aquilo que é um sítio arqueológico, quero pensar primeiro sobre um sítio e o amontoamento de coisas e de substâncias.

À primeira vista, aquilo que diferencia um sítio arqueológico de um local qualquer são as coisas, que são, dentro de uma visão tradicional, coisas, matérias-primas transformadas pelas mãos das pessoas, mas sempre em relação com seu contexto social e cultural. As coisas são feitas, manipuladas, consumidas e amontoadas.

A tarefa do arqueólogo tradicional consiste em retirar esses objetos da terra. A substância dentro da qual os objetos são encontrados, a terra, a areia, a argila, o cascalho, também serve para ser separada. Geralmente o arqueólogo está muito mais interessado nas coisas, e não nas substâncias. As substâncias envolvem, escondem e revestem as coisas que o arqueólogo transforma em achados arqueológicos. São outros especialistas que se interessam pelas substâncias. Os geólogos retiram da terra, de grão em grão, os minerais, e os químicos separam substâncias para serem analisadas; sempre são isoladas partículas, objetos, cultura material arqueológica. Trata-se de uma ação de separação, de isolamento.

Aquilo que, no final das contas, é separado depende de muitos fatores: de conhecimento, de experiência de perceber, reconhecer os objetos certos, reconhecer formas, cores, texturas, cheiros e sons.

Alguns estudiosos relacionam sítios arqueológicos com o costume de descartar objetos sem utilidade e sempre em determinados lugares, em lixões, principalmente contendo restos da "cozinha" (*kitchen midden*).

Seriam eles lixões, e o arqueólogo seria apenas um escavador, um catador de lixo? Que ideia humilhante para um acadêmico: estudar durante muitos anos em uma universidade para depois ser um especialista em catar lixo, ainda mais o lixo dos outros!

Um sítio arqueológico como um lixão: essa categoria realmente existe, e essas situações realmente acontecem. Já escavei lixões antigos, e confesso que estes sítios são os melhores e mais ricos em curiosidades e objetos interessantes. É realmente incrível o que as pessoas jogam fora e que é aquilo que pode ser aproveitado e reciclado pelos arqueólogos. Não são apenas as coisas que são jogadas fora, mas também sujeiras ou terra. A gente tem a impressão de que a sujeira ou o lixo atrai mais sujeira, mais lixo (WILK; SCHIFFER, 1979).

Lewis Binford (1977) desafiou seus colegas arqueólogos-antropólogos mais ou menos nesse sentido: se quisermos reconstruir um sistema do passado, um grupo de pessoas com suas atividades, comportamentos e condições de vida, somos obrigados a, inicialmente, identificar os processos que produziram a cultura material arqueológica. Surgiram, portanto, diferentes propostas, e arqueólogos dispuseram-se a resolver o problema de como fechar a distância entre as ideias abstratas, emprestadas das ciências naturais, e o cotidiano das pesquisas arqueológicas. Nasceu, então, a ideia de que esse espaço entre a teoria e a prática poderia ser fechado de baixo para cima, partindo dos dados. Para Binford e para muitos outros, existe uma espécie de filtro entre o antigo sistema e o contexto arqueológico atual, que poderia ser eliminado pela "Teoria do médio alcance" (*Middle-Range-Theory*). O principal objetivo dessa teoria era, justamente, relacionar a cultura material arqueológica estática e contemporânea com a dinâmica do comportamento do passado.

Paralelamente a Lewis Binford, também Michael Schiffer (1987) formulou algumas ideias a respeito do surgimento de contextos arqueológicos. Importante para Schiffer é o estudo dos "processos de formação", que alteravam a composição dos objetos usados antigamente. Ele critica muitos pesquisadores que acreditam que seja possível, sem levar em consideração os processos transformadores, reconstruir, mediante os objetos encontrados, as atividades desenvolvidas no local.

De acordo com Schiffer, dois processos são responsáveis pela transformação do conjunto arqueológico: comportamento humano (*cultural transformations*) e processos naturais (*natural transformations*). Seleção, reciclagem e descarte de objetos são exemplos de processos culturais; calor, frio, erosão, alterações químicas, deslocamento e alteração por animais são exemplos dos processos de transformação natural mencionados por Schiffer.

No Instituto de Pré e Proto-História da universidade de Marburg, onde estudei, ninguém conhecia Lewis Binford, Michael Schiffer e os outros arqueólogos norte-americanos da chamada "Nova Arqueologia". O livro para o estudo inicial da Arqueologia que nós líamos foi escrito por Hans Jürgen Eggers (1959), que, em sua introdução aos métodos da Arqueologia, sugere a classificação da cultura arqueológica em objetos "mortos", "morrendo" ou "vivos". Eggers chama de culturas "vivas" aquelas pesquisadas pelos antropólogos, e de "mortas" as pesquisadas pelos arqueólogos. "Mortos" são objetos fora de circulação, e apenas aqueles que sobraram de uma antiga cultura "viva", como cacos de cerâmica, material lítico e de metal. Mas nem todos os objetos de uma cultura "morrem" ao mesmo tempo. Peças de vestuário, sujeitas à moda, saem mais rapidamente do conjunto dos objetos culturais "vivos" do que objetos de metal precioso, por exemplo. Uma cultura "morrendo" é, para Hans Jürgen Eggers, uma cultura em constante transformação. Cada objeto tem sua própria vida e sua própria história, que deve ser levada em consideração, e os objetos não devem ser tratados todos de maneira igual.

Intermitência: meus lugares da infância e Robert Louis Stevenson

Travel

I should like to rise and go
Where the golden apples grow;--
Where below another sky
Parrot islands anchored lie,
And, watched by cockatoos and goats,

Lonely Crusoes building boats;--
Where in sunshine reaching out
Eastern cities, miles about,
Are with mosque and minaret
Among sandy gardens set,
And the rich goods from near and far
Hang for sale in the bazaar;--
Where the Great Wall round China goes,
And on one side the desert blows,
And with the voice and bell and drum,
Cities on the other hum;--[...]
Where among the desert sands
Some deserted city stands,
All its children, sweep and prince,
Grown to manhood ages since,
Not a foot in street or house,
Not a stir of child or mouse,
And when kindly falls the night,
In all the town no spark of light.
There I'll come when I'm a man
With a camel caravan;
Light a fire in the gloom
Of some dusty dining-room;
See the pictures on the walls,
Heroes fights and festivals;
And in a corner find the toys
Of the old Egyptian boys.

(Robert Louis Stevenson, *A Child's Garden of Verses*, 1885) [38].

---

[38] Ganhei esse livro maravilhoso, ilustrado por Alice e Martin Provensen, quando tinha 6 anos da "Tia" Betty Jane Meggers. Muito obrigado "Tia" pelo presente e pelas fantasias e sonhos despertados.

8

O LUGAR DOS ENCONTROS

Sítios arqueológicos são lugares em que se encontram, atuam e repousam substâncias, coisas, achados, cheiros, toques, habilidades, vegetais, animais e pessoas. Em tempos de escavações, os arqueólogos são os principais atores nesse palco, e alguns dos outros se tornam, temporariamente, espectadores, sofredores ou adversários. Sítios arqueológicos são lugares de permanência, de abrigo, de descanso nervoso, são lugares de passageiros ligeiros e apressados, de ocupantes que se demoram, de visitantes curiosos, de ladrões e devoluções. São um palco e, ao mesmo tempo, uma tribuna onde interagem todos esses atores, agentes e espectadores, cada um do seu jeito e conforme o seu costume.

Encontros vagarosos

Algumas coisas e substâncias interagem bem devagar, na velocidade em que cresce o tronco de uma figueira, e outros, um pouco mais ligeiro, como as raízes capilares do capim que se instala na encosta barlavento das dunas. Alguns encontros são mais agitados, como no caso das formigas, que, em grande número, mas aos pouquinhos, remexem, de grão em grão, a terra, deslocam o sedimento, classificam, separam e transportam minúsculas partículas de um local para outro. Encubada, dormindo o sonho da mudança, de pulsação imperceptível, descansa a ninfa, que oportunamente entrará em metamorfose e se transformará em uma mariposa cintilante e volátil. Há interações pesadas como as pisadas dos arqueólogos, que, vagueando ou marchando, atravessam o local em busca de achados. Sondagens furam a superfície delicada do local de achados, há tanto tempo adormecido e protegido por uma película, por uma pele enrugada, por uma pátina formada pelo tempo (MACDOUGALL, 2008).

O lugar dos achados em si é tão lento quanto a expansão do universo. Só não está completamente parado por causa da vibração e pulsação dos que vivem, nascem, crescem e morrem nele, e por causa da movimentação temporária dos visitantes, que frequentam o local, passam por ele, o sobrevoam. Os achados há muito tempo incorporados pelos animais e pelas plantas e embrulhados nas manchas difusas e nas sombras da terra são apenas vestígios materializados de algum passado remoto, indefinido, esquecido, e ainda são não arqueológicos, não descobertos. Neles, apenas vagalumeia um potencial, uma expectativa de descoberta (MACDONALD, 2003).

Encontros apressados

Na trilha dos escavadores, aparecem no local as moscas, os mosquitos e os borrachudos. Alguns são rápidos como as moscas que apenas riscam o local, bem como as vespas guerreiras e as abelhas que vagam em busca da doçura que sobrou da lata de refrigerante descartada distraidamente, do sabor salgado da transpiração dos arqueólogos, dos visitantes intrusos, do sabor perfumado e enjoativo do protetor solar e do amargo e mortal repelente de insetos. Esses insetos voadores, que o vento carrega, podem transformar a permanência em certos lugares de achados arqueológicos, à primeira vista paradisíaca, em um inferno. Já percebemos, e é coisa muito estranha, que os borrachudos só atacam e picam os visitantes, e nunca a população local. Borrachudos ou piuns são dípteros da família dos *Simuliidae*. A mordida desses insetos, que parecem pequenas moscas, na maioria dos casos provoca alergia, que se manifesta na pele sensível por intermédio de coceira, irritação e um minúsculo ponto vermelho de sangue debaixo da pele. A fêmea é hematófaga, e a picada dela só acontece depois da cópula. Os ovos são colocados na beira de riachos, em águas calmas. O momento da picada, geralmente, passa completamente despercebido. A coceira acompanha o visitante do sítio arqueológico ainda por vários dias, fazendo-o lembrar-se de sua curiosidade.

Lugar dos encontros íntimos

Os passos dos escavadores são destrutivos e construtivos, e ao mesmo tempo íntimos. Sua pegada é marcante como um carimbo em um documento, uma assinatura autoritária de posse e prova de autorização concedida. As corujas, por sua vez, são curiosas e sábias. Girando suas cabeças, de olhos arregalados, apenas avaliam a situação e os movimentos desses intrusos que estão de passagem. Os falcões, no ar rarefeito, vibram suas asas, ansiosos, esperando pela oportunidade de precipitar-se sobre o lugar de caça.

Existe uma esperança, por parte dos descobridores de achados, de mais uma vez ter acertado na escolha de colocar em prática sua ação de achar, de retirar, de descobrir coisas que estavam encobertas, para se tornarem arqueológicas. Da escavação o arqueólogo retira, como um mágico da sua cartola e junto a gestos de efeito e palavras generosos, coisas poderosas e inspiradoras. Atividades humanas feitas coisas, feitas terra, são os ingredientes de que o escavador precisa para contar suas histórias, nas quais interagem, como no lugar de achados arqueológicos, coisas do passado com coisas do presente, em diferentes velocidades, intensidades e relações.

A escavação, além de fornecer coisas, também é receptora. Nela, o arqueólogo reúne novamente seus ingredientes, as coisas, substâncias, palavras e imagens cuidadosamente etiquetadas, identificadas, pesadas e separadas em porções, conforme sua receita, e as faz interagir, aquecer, agitar-se, esfriar e descansar. Uma história faz-se e é feita no recipiente de uma escavação para, em seguida, ser servida. Até esse ponto, e mesmo durante esse processo de fazer-se e de fazer, muitos outros agentes interagem com o local dos achados arqueológicos.

Árvores

Entre aqueles que têm realmente uma relação íntima com o local dos achados estão as árvores. Erguem-se sobre o sítio, jogam uma rede carinhosa de sombras e luzes, assumem a responsabilidade pelo combate aos ventos, às maresias, às geadas, espalham sobre o solo um manto protetor de folhas secas, encobrem-no com uma pele de composto e húmus. Suas raízes penetram, bem devagar, com força insistente, amorosa e crescente, o corpo do local, abraçam as coisas, rochas e sedimentos, e buscam nas profundezas da escuridão motivações para permanecer. As raízes criam tecidos extensos, que envolvem, entrelaçam-se, comunicam-se e que retiram do solo elixires, nutrientes e forças (WOHLLEBEN, 2016).

O escavador instala sua malha sobre esse tecido vegetativo. A área escavada corta, com seu sistema linear, o desenho ramificado das raízes e das árvores. Com facões, pás, picaretas, trolhas, cavadoras, tesouras de podar e serrotes, as raízes são recortadas em desenhos alinhados e eliminadas da área da escavação. Raízes não são bem-vindas, atrapalham o visual do registro fotográfico e indicam um escavador relaxado, preguiçoso ou inexperiente, que não conhece ou não dá importância às regras de estética estéril da ciência arqueológica. Quem me dera se pudesse, um dia, escavar um sítio arqueológico seguindo o traçado sinuoso sugerido pelas redes das arvores,

Algumas árvores vingam-se, resistem aos ataques, ao corte das raízes e dos galhos, liberando substâncias tóxicas, que podem provocar alergias, inchaço, coceira, olhos vermelhos e bolhas na pele. Certa vez, Jairo escavou, em um sítio arqueológico, em uma casa subterrânea na serra gaúcha, e bem no centro da depressão estava uma árvore, feito um guarda-sol, que oferecia generosamente sua sombra aos escavadores. Mesmo assim, ela incomodava, pois tomava conta do espaço, espalhava seus galhos e suas raízes, protegendo o local que há muito tempo era dela.

Fazia muito calor, mesmo nessa hora da manhã! O sol castigava sem piedade, e a árvore convidava os escavadores a permanecer em sua sombra generosa. A escavação começou. Trenas foram lançadas, piquetes de ferro enterrados, cordas amarradas, ferramentas cortaram, ao longo das linhas marcadas, a face da terra, cortaram folhas, raízes, minhocas, trilhas de formigas, sedimento, rochas e achados arqueológicos. Ao meio-dia, os escavadores descansaram na sombra convidativa da árvore, e alguns até cochilaram, mergulhados no murmúrio monótono das folhas. À tarde, a sombra foi empurrada para longe da área escavada, os borrachudos e as moscas apareceram, e o cansaço tomou conta dos escavadores. Ia aumentando entre eles a impressão de incômodo, ardência nos olhos, coceira na pele, lábios secos e inchados, e a impressão de muita sede. Eles debandaram, e o local foi abandonado. Durante a noite, o médico foi chamado para atender alguns escavadores e aliviar sua agonia. Os sintomas eram de insolação e de intoxicação. O doutor da cidade mandou todos tomarem bastante líquido, usarem colírio para os olhos e aplicarem uma pomada com cortisona para aliviar a coceira. A situação era tão grave que alguns ficaram de cama durante três dias. A escavação foi encerrada.

Jairo não se deu por vencido e começou a investigar os motivos do seu fracasso. O lugar de achados era promissor, o financiamento garantido, a equipe era muito experiente; tudo estava perfeito. Jairo não entendia mais nada e afogou sua mágoa e frustração no boteco de esquina, do Sr. Miller. Depois da quinta cerveja, de coração mais aliviado e língua destravada, Jairo começou a contar sua história e suas agonias a todos os presentes. Poucos lhe deram atenção. Era quarta-feira e noite de futebol.

Depois da sexta cerveja, de repente, tudo ficou mais claro na cabeça de Jairo. A culpa pelo fracasso de sua busca científica, do sítio arqueológico que finalmente poderia trazer novos resultados e soluções para a questão das casas subterrâneas dos antigos índios Caingangue do Planalto Gaúcho, era aquela árvore. Mas não era uma árvore qualquer: era uma "aroeira"! Uma vez identificado o adversário, todos no boteco do Sr. Miller mostraram algum interesse na frustração de Jairo. Histórias foram contadas, experiências reveladas e receitas trocadas. Evidentemente, os escavadores haviam feito tudo errado. Todos no boteco sabiam. A aroeira ou anacauita, árvore da família das *Anacardiáceas*, tem uma substância muito interessante, que ocupa um espaço nas categorias entre veneno, remédio e especiaria.

A sabedoria popular conhece as virtudes e os perigos da aroeira, que é respeitosamente chamada de "dona aroeira". Ela quer ser respeitada e, principalmente, cumprimentada de maneira correta, para acalmar seu ânimo malicioso. Quem se aproxima da "dona aroeira" pela manhã deve cumprimentá-la com um respeitoso: "Boa tarde, Dona Aroeira". E se for pela tarde, com um alegre: "Bom dia, Dona Aroeira". Essas saudações invertidas, dizem, confundem a árvore, e o passante consegue aproximar-se dela sem sofrer prejuízo à sua saúde.

A aroeira-branca (*Schinus molle*) tem propriedades medicinais, aromáticas e – evidentemente, dependendo da reação do organismo de cada pessoa e da dosagem – intoxicantes. Quem permanece por mais tempo embaixo de uma aroeira, como Jairo e seus escavadores, pode sofrer as consequências da maldade dessa árvore, provocadas pela substância chamada alquilfenol. Pequenas partículas que se desprendem de sua seiva e madeira seca podem causar afecção cutânea, edemas, febre e até distúrbios visuais. As folhas secas e a casca, tomadas como chá, são usadas na Campanha gaúcha como antidiarreico, purgativo, anti-inflamatório e antitérmico. Todas as partes da aroeira são ricas em taninos, resinas alcaloides. Das rezinas fazem-se remédios, popularmente chamados de "Bálsamo das Missões". As frutas são utilizadas na culinária francesa como pimenta rosa – *poive rose*.

Formigas

Depois daqueles que apenas passam e daqueles que habitam, aparecem aqueles que são de fora. Entre os agentes que habitam o local, estão as formigas e as minhocas.

Na Amazônia, em sítios de terra preta, vi enormes formigueiros de mais de 1 metro de altura. Os amontoamentos eram de cor amarelado-laranja, de terra solta e seca. Aparentemente, em suas escavações as formigas tinham, por motivos que só elas sabiam explicar, atravessado a camada de terra preta arqueológica, que nesse sítio tinha 80 cm de profundidade, o latossolo argiloso, para instalar em sedimento do Terciário seu ninho enorme, para criar sua prole idêntica, e manter suas criações de fungos como alimento.

A quantidade de formigas em um sítio arqueológico pode ser grande e incomodar o escavador. Renata, atacada por um batalhão de formigas, não se contentou em se livrar do incômodo e começou a contar seus adversários, mas logo desistiu.

"Quantas formigas existem no mundo[39]!", exclamou, furiosa, "acho que aqui, neste sítio, temos pelo menos 80% da população mundial de formigas".

Filipe, bom em matemática, começou a fazer cálculos.

"Quantas formigas existem em 1 m²?"

"Estipulamos 300!""

"Esse sítio mede 300 m x 200 m; portanto, são 60.000 m² ou 6,0 E4 m². Então, temos 18.000.000 ou 1,8 E7 formigas andando pela superfície desse sítio!"

"Quantas formigas existem no mundo?"

"A superfície de uma esfera é dada por $4\Pi R^2$. O rádio da terra é aproximadamente 6.370 km, ou 6,37 E3 km. Para calcular o valor da superfície temos R^2 = 6,37 E3 km X 6,37 E3 km = 4,06E7 km², que multiplicado por 4Π ou (4X3,14=12,56) dará o valor de 5,09 E8 km². 70% da terra são cobertos por água, outra parte é deserto, coberta por gelo, concreto, etc. Suponhamos que 10% da superfície da terra seja habitado por formigas teremos 5,09 E7 km². Um quilômetro equivale a 1.000 m ou (1E3 m). Então 1 km² equivale a 1E6 m². A superfície habitável pelas formigas em metros será 5,09E7 x 1E6 = 5E13 m². Em cada m² vivem 300 formigas ou 3,0E2. O total de formigas será dado por 5E13 m² x 3,0E2 formigas/m². = 15E15 = 1,5E16."

"Calculamos: seriam 15 quintilhões (15.10^{15}) de formigas, aproximadamente".

"Tantas! Mas aposto que elas não pesam mais que todas as pessoas no mundo", intervém Marcus nessa discussão, em tom de brincadeira. Filipe tira a calculadora do bolso e começa a fazer contas.

---

[39] A este respeito, pesquisar em ScienceBlogs: http://www.scienceblogs.de. Acesso em: 5 fev. 2015.

"Uma formiga deve, dependendo do tamanho, pesar em média 50 mg. Existem formigas com apenas 5 mg de peso. Com 50 mg de peso para cada formiga, necessitamos 1E3 para atingir 50 g, e 1E6 para 50 kg, que seria o peso médio de uma pessoa. Então, 1E16 formigas equivalem a 1E10 pessoas (10 bilhões). Para uma formiga de apenas 5 mg, teríamos a equivalência de 1 bilhão de pessoas. Se tomamos a formiga de 50 mg como base, podemos concluir, então, que a biomassa dos humanos é igual à das formigas. Realmente surpreendente!"

Minhocas

Charles Darwin (1881), em seu último trabalho científico, preocupou-se com minhocas e publicou um livro intitulado *The formation of vegetable mould, through the action of worms, with observations on their habits*. Parece que Darwin, depois de formular ideias fundamentais sobre a origem das espécies por meio da seleção natural, sobre a evolução do ser humano e seu lugar na natureza, cansou dessas questões sérias e dedicou-se, um ano antes de sua morte, a coisas de menor importância. Longe disso! Na verdade, Darwin passou a vida toda pensando em mudanças entre animais. A formação de solos, a fertilidade e o papel das minhocas nesse processo faziam parte dessa preocupação mais abrangente. Darwin antecipou nossa atual preocupação com a erosão e a degradação de solos. E, mais uma vez, acrescentou com suas pesquisas sobre as minhocas e a formação de solos importantes ideias e observações para explicar nosso mundo.

Contudo, novamente, os críticos afirmaram que o velho Darwin, no fim, tinha perdido completamente o juízo. Darwin, mais uma vez, não se incomodou com as críticas. Ele observou, registrou, planejou novos experimentos, formulou hipóteses, testou, refutou, colecionou, pesou, mediu e fez cálculos. Obcecado pela ideia, inclusive envolveu seus filhos no seu último grande projeto de pesquisa.

Tudo começou com uma observação, um estranhamento e uma pergunta precisa e bem formulada. Logo depois de retornar da sua famosa viagem de volta ao mundo com o *Beagle*, Darwin percebeu que uma camada de cinza branca, que anos antes fora colocada sobre um pedaço de terra dentro da sua propriedade, simplesmente tinha desaparecido. Como explicar isso? Esse campo nunca mais foi trabalhado nem serviu para criar animais. Sobre a cinza tinha-se formado uma camada de terra orgânica. Para Darwin, só uma explicação faria sentido: minhocas!

Para comprovar essa sua hipótese inicial, ele criou minhocas em casa e observou quanto tempo levavam para ingerir restos orgânicos e transformá-los em solo fértil, em composto. O que mais fascinou o cientista foi a capacidade e a velocidade com que seus novos amigos eram capazes de produzir terra. Darwin não ficou satisfeito com essa observação apenas. Ele precisava de dados concretos, informações sobre volume e parâmetros de tempo.

Com a ajuda de seus filhos adolescentes, Darwin coletou subsídios e dados. Assim, ficou sabendo, por exemplo, que telhas de uma antiga vila romana, abandonada há mil anos, estavam cobertas por uma camada de terra de 75 cm. Restos do piso de uma igreja católica destruída nos tempos de Henrique VIII estavam enterrados a 30 cm de profundidade.

Baseado em diversas informações desse tipo, Charles Darwin concluiu que as minhocas movimentam anualmente entre 25-50 t de terra por hectare. De baixo para cima, esses pequenos animais encobriam paisagens com uma camada homogênea de terra. Darwin calculou que a terra crescia, todos os anos, entre 0,2 e 0,6 cm sobre as antigas superfícies. As minhocas estavam diretamente envolvidas na formação de solos. Isso, segundo o cientista, explicava perfeitamente o fenômeno do enterramento de vilas romanas, de templos, igrejas, estradas, enfim de sítios arqueológicos em geral.

Para Charles Darwin, essa explicação fazia sentido. Sempre encontramos seres vivos no centro de suas explicações do fenômeno das mudanças no mundo. No entanto, como as minhocas dão conta dessa monumental tarefa de transformar terra e pedra em solo fértil? Elas trituram material orgânico, como grama e folhas, e seus estômagos contêm um ácido tão forte que é capaz de desintegrar pequenas rochas e minerais. Elas não apenas participam da formação de solos, mas também são responsáveis pala movimentação de terra em grande escala.

Isso é interessante, do ponto de vista da nossa questão, que gira em torno da formação de sítios arqueológicos, especificamente como, quem ou que acumulou terra, argila, areia, cascalho, brita, argila em locais de antigas ocupações. Junto a essa preocupação, levanta-se uma dúvida: isso seria um fenômeno geral e independente e não especificamente arqueológico?

Desde o final do século XIX, muitos especialistas das ciências da terra, dos solos e os agrônomos, mais uma vez, seguiram o caminho traçado por Charles Darwin e investigaram a minhoca como importante formadora de solos férteis. Sabe-se que existem mais de 1.800 espécies de minhocas no mundo. Em condições de temperaturas do solo menos favoráveis e inferiores a 10ºC, ou em áreas com uma precipitação anual inferior a 560 mm, as minhocas se enterram em até 6 m de profundidade. Elas variam bastante em tamanho e comportamento, mas suas atividades são semelhantes. Movimentam-se mediante o solo, deslocando e ingerindo substâncias minerais e orgânicas. Depois que o material foi ingerido, ele atravessa seu trato digestivo e, posteriormente, é defecado na superfície. O dejeto das minhocas é granulado e tem uma característica particular. Ele apresenta uma grande estabilidade e uma maior capacidade de armazenar água do que o solo no entorno. Atividades intensas das minhocas podem transformar a estrutura do solo, completamente composto pelos dejetos granulados. Como se formam essas estruturas granulares? Primeiro, o bolo digestivo é compactado, mecanicamente, pela estrutura muscular das minhocas. Depois, a minhoca produz cálcio, por meio de glândulas no seu intestino, que cimenta e estabiliza as partículas orgânicas e inorgânicas, principalmente as argilas. Por fim, bactérias e fungos que estão presentes, ou depois, instalam-se sobre os dejetos formam uma espécie de película que protege o granulado.

 Quase 100 anos depois da publicação da pesquisa de Darwin sobre as minhocas, questões relacionadas a perturbações naturais começaram também a preocupar os arqueólogos. A movimentação de terra provocada pelas minhocas não só encobre e esconde os sítios arqueológicos, mas perturba a estratigrafia do sítio, base fundamental da Arqueologia moderna. A preocupação com perturbações pós-ocupacionais dos sítios em geral, como por parte de roedores, raízes, minhocas e outros moradores subterrâneos, fazem parte de um novo conceito e de novas percepções na Arqueologia. No contexto teórico-metodológico da Arqueologia Processual, Raymond Wood e Donald Johanson (1978) descrevem novos tipos de perturbações que afetam diretamente depósitos arqueológicos. Julie Stein (1983) investigou, especificamente, o efeito das minhocas em um sítio arqueológico. Seus cálculos revelaram que a biomassa relacionada às minhocas em um sítio de 5.848 m^3 era de 1.345 m^3 ou de 1.172.000 g de biomassa, o que corresponderia a 3 milhões de minhocas, aproximadamente. Essas 3 milhões de minhocas, trabalhando por um período de 4 mil anos, isso significa que em cada 1 m^3 do sítio, 23% ou 225.000 g eram compostos por dejetos de minhocas.

Tatus

"Tatu se pega pelo rabo", explica o nosso guia no Parque da Serra da Capivara, o Sr. Raimundo Nonato, apontando com um gesto para uma pintura rupestre muito registrada entre os visitantes e turistas por ser engraçada. Ela mostra, em estilo caricato, um sujeito correndo atrás de um tatu, tentando pegá-lo pelo rabo. Imagino que esse caçador deva estar correndo atrás daquele bicho até hoje e, provavelmente, nunca vá alcançá-lo.

Posso dizer, inspirado nesse cenário, que o tatu deve ser nomeado o animal símbolo do arqueólogo por diversos motivos: ele corre atrás das coisas do passado, para recuperar uma memória perdida, que poderá ser útil no presente, para viver melhor e com mais dignidade no futuro; é caçado por um vigia gigantesco e autoritário que nunca o pegará; fura e esconde-se em buracos na terra que ele mesmo escava e, quando o perigo aproxima-se e ele está longe da sua toca, simplesmente, enrola-se, protegendo suas partes macias e vulneráveis e expondo ao perigo apenas sua casca grossa e bem armada.

Um famoso arqueólogo gaúcho é conhecido entre seus colegas pelo apelido de "Tatuzão", por ser o profissional que escava os maiores e mais profundos buracos. Ninguém chega nem perto dele nesse quesito de audácia e verticalização da área de pesquisa. É simplesmente fantástico!

Eu já escavei tocas e buracos feitos por tatus. Principalmente em grutas e abrigos, esses animais conseguem destruir, com suas escavações em busca de alimentos e estadas, sítios arqueológicos que demoraram milhares de anos para se formar. Isso é irritante, pois esse pequeno escavador revira tudo de cabeça para baixo, e provoca muitos estragos na sequência das camadas arqueológicas. Um erro na leitura da estratigrafia pode levar muitos arqueólogos à falência ao formular interpretações cronológicas completamente equivocadas e irrelevantes (ARAÚJO; MARCELINO, 2003).

Até extintos, os tatus conseguem atrapalhar seus parentes em espírito e ação, os arqueólogos. O tatu gigante (*Propraopus sp*), que pesava até 250 kg e escava tocas e buracos de aproximadamente 40 mil anos, pode atrapalhar profundamente as pesquisas arqueológicas atuais. As paleotocas escavadas pelo tutu gigante podem ser, e certamente foram confundidas com escavações feitas pelas populações indígenas (WAISMAN; MOEHLECKE, 2012).

Lugar dos encontros públicos

As histórias que vou contar sobre os próximos visitantes das escavações arqueológicas são inventadas. Nada disso realmente aconteceu. É ficção pura! Verdade é que as pessoas que visitam uma escavação arqueológica, em geral, são pessoas educadas e, bem informadas, pois todas já frequentaram, com grande interesse, os programas de educação patrimonial. Todas já leram e entenderam os folhetos tão populares e cuidadosamente elaborados e distribuídos nas escolas, nas empresas ou nas prefeituras (SILLIMAN, 2008).

Crianças

Depois dos escavadores, acompanhados pelas moscas, pelos pernilongos, borrachudos e cachorros, as crianças aparecem no local. Exatamente nessa ordem. Em grupos de três ou quatro, raras vezes sozinhas. No começo, ainda respeitam certa margem de distância dos escavadores e da área escavada. Junto às crianças, também aparecem os primeiros cachorros, e, com estes, mais moscas e outros bichos.

"Ohhh, meu chapa! Que tá cavoucando por aqui?", pergunta, exageradamente negligenciado, um adolescente.

Responde outro metido:

"Estão lidando com as coisas do passado".

"Passado que nada! Vai sair, finalmente, a estrada que o prefeito nos prometeu", contesta outro.

Sempre, um dos estudantes escavadores inocentes, futuros professores, sente-se provocado e obrigado a se submeter ao ritual de ensino e pregação aos infiéis.

"Este é um artefato, material lítico, que acabamos de encontrar. É um raspador plano-convexo que as populações pretéritas, habitantes desta região, usavam para raspar e para cortar", incentiva e, ao mesmo tempo, tenta levar a conversa para uma direção mais acadêmica, entregando o objeto a uma menina que estava olhando, meio desconfiada, para dentro do buraco da escavação. Tímida, ela segurou o objeto e contestou:

"Isso me parece ser só uma pedra!"

Mesmo depois dessa derrota, o estudante não desiste e tenta novamente explicar aquilo que está fazendo:

"Trata-se de uma investigação arqueológica de grande importância, que busca entender melhor os passados pré-históricos dos nossos ancestrais que viveram na região. Esse conhecimento nos ajudará na construção de uma identidade, que possibilitará proteger este monumento importante do Patrimônio da União".

Essa tática sempre funciona. Logo a garotada afasta-se, constrangida. Poucos retornam, e, se for o caso, acompanhados pelas autoridades, os adultos, pais e mães. Isso é realmente uma pena, pois as crianças são curiosas, são aventureiros, não têm medo de cobras, de alturas e de precipícios. Junto aos cachorros, as crianças são descobridores dos mais famosos locais arqueológicos, como, por exemplo, a caverna de Lascaux, no sul da França, e Altamira, no norte da Espanha.

Grupos

Toda a escavação entra em estado de alerta, e alguns escavadores até entram em pânico, quando da aproximação, sem aviso prévio, de uma classe de uma escola local de 45 alunos de ensino fundamental, liderados por uma professora chamada pelos alunos de "Tia" ou "Prôfi".

A grande maioria dos escavadores tem plena consciência da importância de um intercâmbio entre os profissionais da Arqueologia e os profissionais da educação. Existem programas de Educação Patrimonial, teorias e metodologias de como lidar com essa situação. Uma visita a um lugar de achados arqueológicos deve fazer parte de todas as atividades de escavação, e deve haver especialistas em como lidar com essa forma de troca de ideias e processos de aprendizagem educacional.

Esses profissionais devem sentar juntos e planejar uma visita a um sítio arqueológico onde os escavadores estão achando, em tempo real, as coisas do passado. Até nessa situação, o arqueólogo não quer perder o controle de suas ações. Ele não quer ser apenas observado. Quer ser envolvido nesse processo de ações.

Os alunos, e isso também, evidentemente, vale para todos os "visitantes" da escavação, não podem ter a impressão de serem visitante de um jardim zoológico.

"Olha, mãe, o que esses escavadores estão fazendo, que gracinha, parece gente!"

Para uma escavação, uma visita não planejada pode ser arrasadora como um furacão, destrutiva como um terremoto, devastadora como um ataque de gafanhotos.

Adultos

Depois dos insetos, das crianças, dos cachorros – e com esses mais insetos – aparecem os humanos adultos, moradores da vizinhança, turistas e professores com seus alunos. Os mais corajosos, informados pelos programas da televisão sobre descobertas, aventuras e histórias, conhecem os procedimentos, sabem que é uma escavação arqueológica, são os que se aproximam, entram diretamente no centro das atividades em que acontece a escavação, começam a puxar uma conversa, mas não antes de ter derrubado um perfil e arrasado evidências ainda não registradas.

"E daí, já acharam alguma coisa importante?"

Dá vontade de responder: "Sim, mas o senhor acabou de destruir as coisas mais importantes".

E sempre aparece aquele engraçadinho que pergunta:

"Já acharam ouro, o tesouro dos Jesuítas?"

Que responder, como reagir? Uma possibilidade é tentar explicar, como no caso das crianças, o que um arqueólogo está fazendo nessa localidade, inóspita e esquecida pelo restante da humanidade.

"Sim, estamos encontrando verdadeiros tesouros, objetos muito importantes que contam a história dos nossos antepassados, gente que vivia da caça, da pesca, da coleta de frutas, raízes e verduras. Essas pessoas eram muito habilidosas, competentes e corajosas. Podemos aprender delas como viver em harmonia com a natureza".

Outra opção de defesa e possível reação contra os metidos é inventar brincadeiras e histórias. João é mestre nessa arte. Ele conta uma história composta de manchas, sombras no solo, carvão, pedaços de cerâmica, ossos queimados, fragmentos de faiança, cravos enferrujados com palavras, imagina um cenário tão vivo que o visitante fica com a impressão de ter saído de um teatro ou de um cinema.

Arqueólogos

Hoje em dia, receber a visita de outros arqueólogos em uma escavação é uma raridade. Não deveria ser, pois se trata de uma oportunidade ímpar de ver, em primeira mão, as novas descobertas feitas por colegas de profissão. Quando uma visita dessas acontece, principalmente uma que não foi agendada com bastante antecedência, o comportamento de toda a equipe muda instantaneamente. As conversas cessam, os escavadores imediatamente raspam a terra com mais intensidade, os que trabalham nas peneiras sacodem seus instrumentos com mais vigor e procuram as coisinhas com mais atenção, e o coordenador altera-se completamente, transformando-se em uma figura com múltiplas faces. Ele assume uma postura mais autoritária e, ao mesmo tempo, procura mostrar uma atitude mais jovial, legal, simultaneamente soberana e segura de si.

Normalmente, essas visitas demoram pouco tempo, e poucos arqueólogos visitantes ficam para passar o dia na escavação. Ainda bem! Esses são os arqueólogos visitantes preferidos, tanto pelos coordenadores quanto pela equipe. Chatos são os que insistem em ficar por vários dias, para ajudar, como dizem. Mesmo entre esses arqueólogos visitantes chatos, há uma classificação:

a. Os chatinhos são aqueles que ficam para ajudar, não interferem no bem-estar da escavação e até se dispõem a carregar baldes.

b. Os chatos clássicos são aqueles que ficam para ajudar, mas não sabem o que fazer, pois não entenderam a metodologia da escavação nem da documentação.

c. Os chatões são aqueles que tomam conta da escavação, mandam em todos e destroem as melhores e mais importantes evidências.

O professor Chaves[40], arqueólogo veterano e professor aposentado, entra, sem sombra de dúvida, na categoria dos "chatões" entre os arqueólogos visitantes. Ele era uma pessoa muito querida e simpática, mas quando aparecia em uma escavação, como sempre sem ter agendado previamente sua visita, todos, literalmente, entravam em pânico. Aliás, ele sempre visitava as escavações dos outros colegas, onde ficava por alguns dias para ajudar.

---

[40] Inspirado no Uncle Podger, na obra de Jerome K. Jerome em *Three men in a boat* (1890) e no arqueólogo Dr. Hermann Schwabedissen, professor emérito da Universidade de Colônia, com quem trabalhei em uma escavação no norte da Alemanha em 1977.

O professor Chaves apareceu na escavação, sem aviso, como uma catástrofe natural, justamente no dia em que estávamos limpando um enorme perfil de uma trincheira que atravessou uma boa parte do Sambaqui do Vadio. O perfil estava pronto para ser desenhado e fotografado, o que era uma ação importante, pois esse registro arqueo-geológico representava um esforço coletivo de quatro dias de trabalho de toda a equipe. Importante, também, porque naquela parede estava registrada toda a situação estratigráfica que nos ajudaria a entender melhor a cronologia cultural e as mudanças climáticas ocorridas no litoral norte gaúcho, durante os últimos 4 mil anos.

O professor Chaves era gordo. Ele consumia quantidades extraordinárias de pacotes de bolachas recheadas, tomava inacreditáveis quantidades de latas de cerveja e fumava charutos cubanos. Sorridente, fazendo barulho e mastigando, ele aproximou-se do perfil de 3 m de profundidade escavado na areia.

"Deixem comigo! Eu vou ajudar vocês a resolver este problema! Sou bom nisso! Já fiz isso inúmeras vezes!"

Jamais, em toda a minha vida, vi tanto tumulto espalhando-se pela escavação. Primeiro, ele tirou sua jaqueta, entrou na trincheira – ainda bem que tinha uma largura de 2 m – e começou a trabalhar dando ordens. Mandou uma estagiária trazer-lhe uma trena. A menina saiu em disparada. A um mestrando, que estava quieto na beira da trincheira, pediu para correr atrás dela, para lembrar-lhe de não se esquecer dos piquetes de ferro, que precisava para estabelecer a "linha mestra", a partir da qual pretendia tomar as alturas que auxiliariam no registro do perfil. Não demorou muito, e toda a equipe estava envolvida como ajudante no trabalho dele.

"Filipe, vai lá e me traz o martelo!"

"Gustavo, por favor, pega para mim a cadeira; não, melhor, me traz a escadinha!"

"Ei, você lá!", apontando para Maria, "não vá embora, segure a prancheta!"; e quando a menina regressou para ajudá-lo com a prancheta, ele mudou de ideia e mandou-a limpar primeiro seus óculos sujos de areia e de suor.

"Filipe, por onde anda Filipe? Venha cá, rapaz, e segure a trena!"

Enquanto isso, ao tentar pregar o piquete na parede do perfil, acertou seu dedo com o martelo pesado com tanta força que ele começou, imediatamente, a sangrar. O professor Chaves soltou um grito de dor e, quando tentou achar um lenço – que, aliás, estava no bolso da sua jaqueta – para estancar o sangramento, desequilibrou-se e caiu da escada. Todos os que estavam assistindo e participando dessa ação tentaram, imediatamente, ajudar, de uma maneira ou outra, o professor, contribuindo para aumentar ainda mais a confusão e o caos na trincheira.

"Ninguém viu meu casaco?", gritava, "meu lenço está no meu casaco!" Todos foram correr atrás do casaco, que tinha caído e estava escondido atrás de uma moita.

"Nunca antes vi uma escavação tão bagunçada quanto esta!", reclamou.

Florência, finalmente, trouxe a caixa dos primeiros socorros e conseguiu tomar conta dos ferimentos do professor.

Depois de uma hora e meia de tratamento e de repouso, uma nova rodada de trabalho no perfil começou. Filipe trouxe a trena, Gustavo fixou os piquetes na parede do perfil, Maria e os dois estagiários seguraram a escada, e, justamente enquanto o professor Chaves preparava-se para desenhar o perfil, sua caneta caiu no chão.

"Agora minha caneta sumiu! Quem pegou minha caneta?", exclamou.

Todos, imediatamente, agacharam-se para pegar a caneta do professor, enquanto ele, impacientemente, grunhia algo como:

"Pelo amor de Deus, vocês vão me deixar aqui esperando o dia todo?"

Depois, a borracha sumiu. Novamente todos tentaram achá-la, desesperadamente, até que alguém a encontrou na caixa dos primeiros socorros. Ninguém soube explicar como a borracha do professor fora parar ali.

Desenhar um perfil desse tamanho não é tão fácil assim. Precisa-se de uma boa experiência e de um olho treinado para distinguir todas as diferentes camadas estratigráficas e ler corretamente os delicados eventos e as ações que ocorreram no local. É fundamental delinear e riscar na parede os limites da cada camada. Depois dessa escrita mural e da avaliação do desenho feito, é preciso definir a escala. Decidimos reproduzir o perfil em uma escala de 1:10, o que significa que 1 cm no desenho, feito em papel milimetrado, representa 10 cm no perfil. Um cálculo aparentemente simples, mas não quando o professor Chaves está tomando conta da tarefa e de toda a escavação.

"Ninguém sabe fazer cálculos, seus analfabetos!"

Ele tentou fazer as contas de cabeça, com a ajuda dos dedos da mão direita, que não estava machucada, e atrapalhou-se completamente. Cada um chegou a um resultado diferente, mesmo usando uma calculadora. Com o auxílio da trena, finalmente, o problema da escala foi resolvido. Quando o professor começou, por fim, a desenhar, primeiro a superfície e depois a base do perfil, começou a entardecer.

"Não estou enxergando mais nada!", reclamava, "rapaz, me traga uma lâmpada!"

Enquanto um dos estagiários voltou às pressas para a casa onde guardávamos as ferramentas e os equipamentos, o professor Chaves saiu da trincheira para estudar e comparar seu desenho, ainda incompleto, com as camadas delineadas no perfil. Com orgulho e com ar de dever cumprido, ele posicionou-se ao meu lado, na borda da escavação, bem na parte mais profunda. Inclinando-se para distinguir com mais segurança as feições do perfil, ele me disse, empolgado:

"Aqui está! Perfeito! Em algumas escavações eles até contratam um especialista para fazer isso! Para quê?"

Ele começou a rir, soltando uma gargalhada forte, e sua enorme barriga pulava para cima e para baixo. Nesse instante, só deu tempo para agarrar, com força, seu braço, para evitar que esse homem, que pesava mais de 150 kg, caísse na trincheira. Lá se foi o nosso trabalho! A trincheira simplesmente desabou em função do nosso peso, soterrando as ferramentas, as trenas, a escada e as importantes evidências geoarqueológicas.

As lições que tiramos desse evento, que quase terminou em tragédia, foram: não escavar trincheiras ou sondagens fundas sem tomar providências de segurança! Não deixar o professor Chaves desenhar um perfil geoarqueológico!

Cachorros

Quem sempre retorna, mesmo sem o acompanhamento das crianças, são os cachorros. *Canis lupus familiaris* (latim) ou **σκύλος**[41] (grego) é um mamífero quadrúpede, melhor amigo do homem, bicho com hábitos sociais, que procura constantemente por contato e carinhos, e aparece, geralmente, em grupos compostos por diversos animais adultos, fêmeas, machos e filhotes. Alguns

---
[41] *Skýlos*, cuja pronúncia é "squíos".

escavadores, aqueles que sentem certa afinidade com cachorros, até adotam essas criaturas aparentemente sem dono. Esses bichos são extremamente carentes e adoram contato com os humanos. Eles ganham, simplesmente por serem cachorros, o direito de atravessar, impunemente, áreas recém-escavadas e preparadas para a fotografia. E pode-se apostar que, na maioria das fotografias que apresentam imagens panorâmicas de escavações arqueológicas, há um ou até mais cachorros aparecendo em primeiro plano. Em alguns casos, criam-se profundos laços de amizade entre escavadores e cachorros. Rafael adotou uma cadela, "Pretinha", e seus dois filhotes, "Caprichoso" e "Garantido". O "Tiburtius", um *cocker* malhado, e a vira-lata chamada "Gostosa" eram nossos acompanhantes durante as semanas de escavações no litoral norte do Rio Grande do Sul. "Tiburtius", abandonado na praia depois da temporada de verão por seus donos, era o xodó de todos.

Um dia, no boteco da esquina, sem nome, onde costumávamos tomar uma cervejinha e jogar uma partida de *snooker* depois da escavação, o Gustavo comentou que pretendia levar o "Tiburtius" para casa, depois da temporada de escavação. Era um daqueles botecos típicos do litoral gaúcho, com varanda aberta de piso de concreto, algumas cadeiras de plástico e um banco de tábua de eucalipto para sentar e tomar chimarrão, balcão improvisado nos fundos do estabelecimento, estante com algumas garrafas de *Natu Nobilis* reaproveitadas com butiá ou abacaxi misturado com cachaça, Velho Barreiro com rótulo carcomido, um garrafão empoeirado de Sangue de Boi e uma mesa de *snooker* em estado lamentável. O local era frequentado por homens de todas as idades, que praticamente moravam nesse local, e nem se sabe se tinham casa. Um pescador local, de bermudão, camisa regata e chinelo de dedo, frequentador regular do boteco, cachaceiro que tomava sua bebida amarga em doses homeopáticas e de martelinho, escorado no canto do balcão, pois nunca mais teve a navegabilidade para retornar a seu porto de origem, murmurou:

"O 'Totozinho' é meu!"

"Tuburtius", deitado aos pés do Gustavo, não mostrava nenhum sinal de simpatia com seu suposto dono.

"Querem roubar o meu Totozinho!", disse ele e, dirigindo-se a Rivelino, dono do boteco, ordenou:

"Chama a Polícia!"

Gustavo e toda a turma apegaram-se tanto ao nosso "Tiburtius" que decidimos, para acalmar a situação, espontaneamente, juntar dinheiro suficiente para comprá-lo, libertá-lo de sua vida vagante e miserável e oferecer-lhe um destino confortável de apartamento na capital. Depois de rápida negociação, "Tiburtius" era definitivamente nosso.

Dois dias depois, em um belo dia de sol, apareceu, inesperadamente, o secretário da Prefeitura responsável pelos assuntos turísticos e ambientais do município na escavação. Conversa vai, conversa vem, troca de ideias sobre a importância da educação, da Arqueologia para o turismo no município, quando "Tiburtius" apareceu, carinhoso como sempre.

"É uma gracinha o nosso 'Brizola', né? Ele é a mascote da Prefeitura".

O silêncio caiu como um viaduto sobre o local, e o pulso da escavação parou – morte súbita!

O secretário, muito gentil, explicou que o nosso "Tiburtius" era, na verdade, "Brizola", e o xodó de todos os funcionários da Prefeitura. E mais uma vez abrimos as nossas carteiras, e todos, até os visitantes, contribuíram para comprar, agora definitivamente, o nosso "Tiburtius". Não economizamos palavras fortes e de vingança contra a mãe do pescador do boteco sem nome da esquina.

Entretanto o *cocker* malhado de preto e branco, "Tiburtius", não compareceu no dia seguinte de trabalho. Também faltou na segunda-feira, e nem sinal dele na terça-feira. Todos estavam preocupados. A preocupação transformou-se em tristeza, depois em raiva e, no final, na certeza de que "Tiburtius" era um "sem-vergonha" e um baita de um caloteiro. Ele nunca mais apareceu. No final da temporada de escavação, o Gustavo adotou um cão vira-lata apelidado de "Rambo".

Não sei se é verdade, mas ouvi dizer que um *cocker* malhado de preto e branco apareceu, todo carinhoso, na escavação do Artur, lá em Rio Grande, com o nome de "Bormida".

Despedida dos intrusos dos habitantes locais

Para os animais e as plantas que habitam um lugar de achados arqueológicos, os escavadores são os destruidores do seu habitat. Os arbustos arrancados murcham, os tufos de capim secam, as árvores sofrem com suas raízes cortadas. As minhocas, desorientadas, fogem para a superfície, onde são fatiadas pelas ferramentas cortantes dos escavadores, e o mesmo destino é compartilhado pelas larvas e pelos besouros. As formigas são as que mais oferecem resistência. Elas não desistem tão facilmente, mesmo depois de a colônia ter sofrido consideráveis baixas em número de indivíduos e de ter perdido grandes extensões da sua infraestrutura. Sem tomar conhecimento da ameaça e da destruição, as formigas tentam reconstruir seus caminhos, túneis e pontes. Sem tomar conhecimento dessas pequenas criaturas, de suas obras, de seus desenhos e de suas artes, os escavadores executam seus procedimentos, seus planos de evidenciar as coisas, as estruturas, as feições, sombras, nuvens e manchas no solo. Assim, eles criam seus próprios padrões e desenhos artísticos particulares. É uma disputa entre criações. Durante o dia, as criaturas escavadoras criam sua arte, evidenciando, eliminando e amontoando as coisas arqueológicas. Durante a noite, as criaturas-formigas criam seus desenhos, suas trilhas, seus túneis e amontoamentos. O vencedor dessa disputa de criadores e destruidores é sempre a formiga. Não ela como indivíduo, mas como categoria. O escavador desiste dessa disputa, depois de ter destruído e copiado tudo aquilo que era de interesse, e abandona o lugar de achados arqueológicos. Do ponto de vista do arqueólogo, o lugar está neutralizado, desmistificado.

A normalidade volta a tomar conta do lugar. As poucas raízes cortadas crescem novamente, as minhocas devoram material orgânico e mineral, as formigas continuam construindo seus caminhos, túneis, ninhos, depósitos, os roedores retornam e, com eles, os pequenos falcões, as corujas e os cachorros sem dono.

Intermitência: ver e perceber através dos olhos de Patativa do Assaré

Linguagem dos óio

Quem repara o corpo humano
e com coidado nalisa
vê que o Autô Soberano
lhe deu tudo o que precisa
os orgo que a gente tem
tudo serve munto bem
mas ningém pode negá
que o Autô da Criação
fez com maió prefeição

os orgo visioná.
[...] Os óio consigo têm
incomparave segredo
tem o oiá sentindo medo
a pessoa apaixonada
não precisa dizê nada
não precisa utilizá
a língua que tem na boca
o oiá de uma caboca
diz quando qué namorá.
[...] Mesmo sem nada falá
mesmo assim calado e mudo
os orgo visioná
sabe dá siná de tudo
quando fica o namorado
pela moça desprezado
não precisa conversá
logo ele tá entendendo
os óio dela dizendo
viva lá que eu vivo cá.
[...] Nem mesmo os grande oculista
os dotô que munto estuda
os mais maió cientista
conhece a linguage muda
dos orgo visioná
e os mais ruim de decifrá
de todos que eu tô falando
é quando o oiá é zanôio
ninguém sabe cada ôio
pra onde tá reparando.

(Patativa do Assaré. Antônio Gonçalves da Silva, *Digo e não peço segredo*, (2001).

9

O LUGAR DAS SENSAÇÕES

Cheirar

Cheiros vêm com os ventos. Na cultura popular, ventos são sinônimos de cheiros. Qualquer pessoa pode confirmar essa experiência: os ventos mais fortes trazem cheiros de longe, brisas carregam flagrâncias e aromas, sopros sustentam perfumes e bafos, fedores e odores (DROBNIK, 2006; PELLINI, 2011).

No Nordeste brasileiro, cheiro é sinônimo de beijo, especialmente para crianças e apaixonados. "Dê cá um cheirinho pra mamãe", ou "ainda dou um cheiro naquela morena". O cheiro é uma aspiração voluptuosa, delicada, perto da pele da pessoa amada, da mãe cheirando, reconhecendo, beijando sua filha, do apaixonado captando a brisa do perfume do cabelo da sua esposa, e é o beijo das flores, aspirando-lhes o perfume.

Os negociantes chineses cheiram as moedas de ouro, para verificar sua autenticidade, o grau da sua liga de cobre (CASCUDO, 1954).

Jean-Baptiste Grenouille, personagem inventado por Patrick Süskind, não tinha cheiro próprio, mas um olfato extremamente desenvolvido. O romance, ambientado na França do século XVII, conta que Grenouille matou um total de 26 mulheres simplesmente para extrair delas seus cheiros particulares e para criar um perfume absolutamente perfeito e sedutor.

Cheiro de praias

Locais de achados arqueológicos têm cheiros característicos que são do próprio local. Num sambaqui, percebe-se a proximidade do mar e das dunas. A brisa salgada, a maresia, impregnada de umidade, sílica, iodo, amônio e algas, carrega a mistura das substâncias e dos cheiros rumo ao paredão da Serra Geral. O vento chamado "Nordestão" empurra as ondas contra o fundo raso e salpica seus topos com espumas brancas. Ele chicoteia as bandeiras de areia sobre a praia, levanta as dunas e coloca sobre a crista das ondas um penteado de cabelos brancos e longos. O "Nordestão" deita o capim pálido e seco, molda as acácias e quebra os galhos velhos das figueiras centenárias. O sambaqui resiste aos ventos. As dunas semilunares, qual velas cheias de barcos pesqueiros, passam lentamente, em tempos centenários, pelo sítio, ancorado e fixo pelas inúmeras camadas de carapaças vazias de moluscos. Um sambaqui é como uma ilha incrustada por ossos e por conchas pálidas, num mar de dunas de areia movediça.

Cheiro dos Pampas

Um sítio arqueológico a céu aberto, localizado sobre uma coxilha no Pampa, no sul do Brasil, captura cheiros que vêm de longe. Escavar esse sítio em julho significa enfrentar o vento "Minuano", que se deita sobre os Pampas. O "Minuano" ou "Pampeiro" é um vento seco e gélido, que vem lá da Patagônia argentina, acompanhado de um céu azul de brigadeiro. Os cheiros que ele carrega são leves, são apenas poucas moléculas diluídas em uma grande quantidade de átomos de puro oxigênio, suficiente para respirar por muitos dias. O "Minuano" é como um caco de vidro branco que corta na pele, que introduz gelo nos pulmões e que sai com uma respiração limpa e transparente. É esse vento ligeiro que seca rapidamente a roupa no varal, nos fundos das casas dos gaúchos, ou esfarrapa a fumaça de lenha de cinamomo no fogão que esquenta a chaleira para o chimarrão.

Escavar um sítio arqueológico de caçadores-coletores do Holoceno Superior em julho, com vento "Minuano", é dureza. Mas pior é quando o "Minuano" para, o vento vira para o leste e traz nuvens de chuva e de frio. Os abrigos de lã, as luvas, os gorros exalam um bafo de suor e de cachorro molhado. Uma argila molhada marrom-escura com pequenas concreções de carbonato de cálcio gruda na colher de escavador, na sola da bota, e não solta. Com um pouco de fantasia e concentração, dá para sentir um aroma de erva seca, do amônio da bosta do gado, das ovelhas e das flores de marcela e carqueja. Parece que agora, no inverno, a argila molhada brota e libera seu perfume, as fragrâncias dos Pampas que capturou durante a primavera e conservou longamente, durante a seca de rachar do verão.

Cheiro da mata

De um sítio arqueológico sobre terra preta na Amazônia, a gente aproxima-se pela água. O acesso mais confortável é de barco ou de canoa, além de ser o caminho socialmente correto. A Amazônia é um imenso lugar, onde são produzidos cheiros, odores, perfumes, aromas, bafos, fedores. Essas diferentes sensações olfativas não se desenvolvem em sequências, mas todas ao mesmo tempo. Os odores não são trazidos pela brisa na beira d'água, pelo ventinho ou sopro na mata, mas pelo movimento dos nossos corpos. A sequência das sensações é desencadeada pelo andar. Atravessamos, saindo da canoa e indo em direção ao interior da mata, diferentes camadas e nuvens de cheiros, de sensações térmicas, de luzes e de sombras.

Se os cheiros fossem visíveis e diferenciáveis pela cor, a sensação seria como mergulhar um pincel encharcado de tinta em um copo d'água. Os pigmentos começariam a se espalhar, a formar bandeiras, fios, espirais, figuras psicodélicas, a agregar novas cores e novos perfumes. As partículas entrariam em contato umas com as outras e, em fusão, criariam novas cores e novas sensações. Entrar na mata, seguindo a trilha que nos levaria à roça do caboclo e também ao sítio arqueológico, é como atravessar, por acidente, uma paleta de um artista que pinta com cheiros naturais, com luzes e com sombras.

Na Amazônia, é costume, primeiro, bater palmas na frente da casa do caboclo, se for necessário. Trata-se de um gesto de respeito e de educação, pois ele, caso se encontre em casa, já percebeu a presença ou a aproximação de estranhos há muito tempo. Por isso, a aproximação ao sítio também acontece, obrigatoriamente, pela frente, pela parte virada para o rio. Quem entra pela mata entra pelos fundos da propriedade, ação que sinaliza perigo e provoca a desconfiança do caboclo.

Entrar pela porta da frente significa usar o pequeno porto onde o caboclo encosta suas canoas e as amarra em estacas fincadas na areia da praia. O visitante deve passar pelo tronco de palmeira, parcialmente submerso e deitado, ou usar um pequeno trapiche feito de tábuas grosseiras, em que as mulheres da casa costumam lavar a roupa e as panelas de alumínio recebem seu brilho espelhado.

Imediatamente depois que a proa do barco projeta-se na areia da praia e para, começa o espetáculo dos cheiros. De peixe, com as escamas prateadas na beirada, de sabão, com a bacia com roupa suja de molho no caldo leitoso, da mandioca que fermenta no velho casco da canoa afundada, da casa, o cheiro de fumaça, dos cachorros magros latindo incessantemente, do caboclo desconfiado, vestido de sunga furada e camisa da seleção desbotada. Da casa de farinha, pois a brisa que vem de lá está impregnada com o odor do ácido chamado cianeto, misturado com a fumaça, e da farinha torrada. Um aperto de mão frouxo, o olhar desviado, conversa escassa vai e vem, e o caboclo propõe-se a levar-nos para sua roça, ao meio-dia, para o nosso sítio arqueológico de terra preta. Pega o terçado e vai pela trilha na mata. A trilha sobe o barranco de latossolo avermelhado.

Sol e sombra, cores, toques de folhas e galhos verdes, cheiros quentes e densos de corpos suados, de folhas e galhos secos em decomposição no chão, fungos e umidade. Raros são os perfumes de flores. Predomina o aroma de verde escuro azulado, amarelo e marrom.

E, finalmente, vemos a roça, trançada de luz e sombra, algum milho, alguma abóbora, tabaco, feijão e mandioca brava, da altura da gente e no ponto, pronta para ser retirada da terra preta e fofa, cheia de cacos de cerâmica.

"Terra preta tem carreta", informa-nos o caboclo, referindo-se à grande quantidade de cacos cerâmicos com desenhos e decorações plásticas. Aqui na roça predominam os cheiros de terra seca, de folha verde, de carvão, de cinza e pó. Sede na garganta e suor na pele sobrepõe-se à paleta dos odores. Os cacos de cerâmica recolhidos pelos arqueólogos absorvem, como uma esponja, todos esses sabores, aromas e fragrâncias, que são novamente liberados no laboratório, quando em contato com água, na mão do arqueólogo.

Cheiro de catacumba

Um sítio arqueológico em abrigo de rocha de arenito da Formação Botucatu[42], localizado na encosta da Serra Geral Gaúcha, conserva outros cheiros. O abrigo que contém um sítio geralmente está voltado para o norte, para captar o sol, e no meio da encosta com um riacho ou rio próximo. O acesso ocorre pela lateral da encosta e passa por uma mata densa, um emaranhado com árvores e cipó. Os pés do visitante procuram segurança na raiz e na base das árvores, as mãos tocam os troncos cobertos de musgo

---

[42] Formação geológica da Bacia do Paraná. Fazia parte do continente "Gondwana". Datação: Jurássico superior – Cretáceo inferior (151-135 Ma).

e líquen para se equilibrar, e o olhar é concentrado, prevendo cada passo, cada futuro e possível apoio.

A chegada à base do abrigo é alívio, emoção, surpresa. É respiração profunda, que se exala lentamente, acompanhada por um som profundo de admiração na garganta. Só na chegada a gente apreende os cheiros do lugar. A brisa que passa pela densa vegetação da encosta carrega fragrâncias, aromas e odores verdes, folhas e madeira em processo de putrefação, e fungos e bactérias encarregam-se de transformar a matéria orgânica em húmus. A folha, o galho, o tronco da árvore está morto, mas cheio de vida. Odores de transformação tomam conta do lugar, e a umidade ainda intensifica a sensação de se estar dentro de uma estufa.

Aqui, na boca do abrigo, predominam os odores e cheiros vegetais e de terra molhada, de umidade que vem de fora, filtrada pela vegetação. A curiosidade, o fascínio pelo lugar e o olhar no chão, em busca de artefatos, levam-nos ao interior da fenda horizontal na rocha. Passando a linha da goteira, vê-se que o sedimento arenoso e vermelho-acinzentado está completamente seco. A bota do visitante levanta poeira fina, e logo os cheiros mudam. A poeira irrita, provoca espirros ou tosse, e uma sensação de contração das vias respiratórias toma conta desse ambiente abrigado. Bem no interior do abrigo, sente-se, de repente, o fedor alarmante de amoníaco, o cheiro de fezes e de urina. Guano de morcego! Isso significa perigo, e esse fedor nos alerta de que deveríamos usar máscaras para poder continuar nossa visita.

O que provoca doenças respiratórias não é tanto o cheiro ou o fedor dos dejetos dos morcegos, que costumam descansar durante o dia nesses lugares, e sim o fungo que se instala sobre esse estrato de nutrientes. Esse cheiro indica perigo! A histoplasmose, doença provocada por um fungo dimórfico, já provocou a morte de muitas pessoas que frequentaram lugares de moradia de morcegos, como sótãos e grutas.

Morcegos em abrigos despertam associações negativas e remetem aos instintos primários do arqueólogo. Eles são assustadores, provocam pânico e medo. São os guardiões dos tesouros que dormem nos fundos das cavernas. Alguns arqueólogos desistem de continuar a investigar o abrigo e abrem mão de sua única chance de se tornar famosos, de encontrar o maior tesouro de sua vida, por causa de um simples ataque de milhares de morcegos sanguinários, dos ratos, das aranhas, vespas e cobras. Mas não os aventureiros, como meu colega Dr. Henry Walton Jones[43]. Esses resistem, vencem o medo e o fedor, descobrem o tesouro e ainda levam a mocinha de brinde. O fedor ácido de amoníaco, de poeira e de fungo é um sinal de advertência, que todos os pesquisadores em abrigos rochosos ou em cavernas úmidas deveriam levar muito a sério.

Cheiro de terra

Na escavação de um sítio, Júnior, além de achar as coisas, também sabe quando parar, quando o solo está "estéril", quando não há chance de encontrar qualquer coisa arqueológica. Certa vez, escavamos juntos em um abrigo de arenito na encosta da Serra Gaúcha. A escavação já tinha 120 cm de profundidade. Estávamos há mais de uma hora raspando cuidadosamente em um solo arenoso, avermelhado e de textura grossa, e nenhum sinal de coisas arqueológicas, a 60 cm.

"Podes parar por aí! A camada é estéril", disse Jr.

"Como assim?", perguntei.

"Pelo cheiro da terra. Tem fedor de fede-fede".

E, realmente, percebi um ventinho diferente, que se misturava com o nosso odor de roupa suja de vários dias de escavação, suor do dia de trabalho e bafo de tabaco e álcool. Fedor faz parte do uniforme do arqueólogo.

O cheiro que Júnior identificou como de "fede-fede" tinha sua origem numa mistura de cheiros: das bactérias, das raízes, quando cortadas pela colher do escavador, e dos moradores da terra, como larvas, escorpiões e aranhas, que aparecem com mais frequência em solos antropogênicos.

Cheiros são imprescindíveis para reconhecer pessoas e coisas, lembrar-se de situações, comida, bebidas, e infinitas são as ocasiões em que usamos nosso olfato. A chuva de verão que cai sobre o asfalto quente na cidade, o aroma de coisa quase comestível, quando a chuva cai sobre a terra empoeirada na estrada de chão, cheiro de lama, de argila – mas cheiro de "camada estéril", só mesmo o Júnior.

Depois de ter escavado mais 80 cm até a rocha-base do abrigo sem achar nenhum vestígio arqueológico, esse cheiro de "camada estéril" tornou-se mais um indicador na caixa de recursos do arqueólogo.

---

[43] Pai do arqueólogo Indiana Jones ou Henry Jones Jr.

Cheiro da pedra

Outros cheiros vêm diretamente das pedras. É verdade! As pedras provocam reações olfativas e emoções. Elas têm odores. Você não acredita? Acha que se precisa de um olfato realmente apurado para sentir o cheiro de uma pedra? Nem tanto! Pedras realmente têm cheiros, pois muitas, como, por exemplo, os arenitos, servem de suporte para organismos vivos, para bactérias, algas, fungos e líquen. Eles entram em reação com o ar ou com a umidade e começam a crescer, entram em decomposição, fermentam e começam a cheirar. Isso atrai insetos, formigas e ácaros, que, por sua vez, atraem insetos predadores maiores e aves que se alimentam dos insetos.

Experimente: esfregue uma pirita contra uma rocha siliciosa. Essa ação produz faíscas e um cheiro de enxofre (SOENTGEN, 2010). Quando moleques, meu irmão e eu friccionávamos seixos de quartzo contra uma laje de cimento nos fundos da casa da nossa avó, em Belém. De tanto esfregar com movimentos repetitivos e ligeiros, a pedra começava a esquentar entre os dedos, de tanto que doía. Feito isso, levávamos a pedra aquecida para perto do nariz, e a pedra exalava um forte cheiro de sulfato. Chamávamos essa brincadeira de "fazer bife de pedra queimada".

Cheiro dos arqueólogos

Os sítios arqueológicos têm cheiros característicos, que não são do lugar, e sim dos arqueólogos. São cheiros que acompanham todos os seres humanos. Esses cheiros formam-se quando as pessoas praticam atividades corporais. Cada pessoa tem seu cheiro particular composto por uma mistura de desodorante, normalmente vencido, perfume, sabão, sabonete, amaciante ou, simplesmente, composto pelo odor corporal, cuja intensidade, por sua vez, depende da alimentação da pessoa, do seu estado hormonal, da quantidade e intencionalidade da sua ação física e da frequência com que esse corpo entrou em contato com água e com outros produtos de limpeza e higiene.

Depois de três semanas sem trocar de roupa – nem meia, nem cueca –, sem tomar banho, trabalhando o dia todo ao sol escaldante em um sítio arqueológico no Pantanal mato-grossense e à noite bebendo cachaça, certo arqueólogo foi expulso pelos companheiros de quarto, e só pôde voltar de banho tomado e de roupa trocada.

Comer

Ao contrário do que se pensa, os antigos gregos não comiam "arroz à grega" e os romanos não comiam macarrão com molho de tomate. A cozinha romana e grega na Antiguidade clássica era bem diferente da cozinha atual, mas com certeza igualmente interessante, repleta de sabores variados e com surpreendentes combinações de pratos e gostos. Acostumados com comida congelada e sintética, algumas composições de sabores da culinária antiga podem, no primeiro momento, provocar até certo desconforto para o nosso paladar, mas ao mesmo tempo mostrar que a nossa cozinha perdeu bastante em criatividade desde então.

O cotidiano e as festas daquela época podem ser recriados com muitos detalhes graças às fontes escritas, iconográficas e arqueológicas. Sobre os costumes alimentares dos romanos, por exemplo, relata o famoso livro de receitas *De re coquinaria*, atribuído ao legendário cozinheiro Marcus Gavius Apicius, que viveu no século I depois de Cristo. Apesar das modificações que sofreu, o *Apicius*, como é chamado, oferece uma excelente seleção da antiga cozinha romana. Já a obra poética de Titus Petronius Arbiter, o *Satyricon*, com sua descrição de uma autêntica festa romana na casa de Trimálquio, a *Cena Trimalchionis*, serve como pano de fundo para reavivar os costumes e a etiqueta dos romanos ricos, além de servir como fonte para o estudo do latim vulgar.

Dentro da mesma categoria de fontes, podemos mencionar fragmentos de cartas e convites para festas de anônimos. O manual de Catão *De agri cultura* e o decreto do imperador Diocleciano que estabeleceu preços máximos para vários produtos ajudam, por um lado, a reconstruir a vida rural e, por outro, oferecem um parâmetro para comparar os valores dos produtos alimentares e agrários. Imagens que auxiliam na reconstrução do dia a dia dos romanos e gregos encontram-se nas taças, ânforas decoradas e nas paredes das casas, como em Pompeia e Herculano.

Em comparação com as fontes iconográficas e escritas, as fontes arqueológicas são muito mais numerosas. Fragmentos de cerâmica, sementes carbonizadas, ossos e restos de alimentos encontrados em sítios arqueológicos permitem uma classificação de certos elementos da cozinha e dos costumes dos antigos.

Nos sambaquis que escavamos, encontramos restos de conchas, ossos de peixes, de mamíferos aquáticos, de tartarugas, de aves e de mamíferos terrestres. A mesa dos antigos caçador-coletores e pescadores que moravam no litoral, certamente, era farta e diversificada.

A cozinha do arqueólogo que escava e encontra os restos da comida dos outros é menos diversificada e, com raras exceções, menos saborosa. Ao meio-dia, na hora do almoço em campo e longe de casa ou de um restaurante, comemos, geralmente, pão. Pão de fôrma com maionese, mortadela, queijo lanche, uma rodela de tomate, alface e um pepino em conserva. Bebe-se água, de preferência, ou misturada com algum produto artificial adoçado e de sabor indefinido, mas que lembra, distantemente, o gosto da laranja, da uva ou do guaraná. À noite, em casa e longe de algum restaurante, come-se aquilo que os arqueólogos cozinheiros voluntários produziram. Geralmente feijão, arroz, polenta, algum guisado com espaguete, linguiça Borrússia, arroz carreteiro e, às vezes, churrasco, geralmente nos sábados ou nos domingos de folga. Nas escavações já comi de tudo!

Há cozinheiros principiantes, habilidosos, experientes, preguiçosos e exagerados. Alguns exageram no sal, na pimenta, outros no sensabor, no arroz, na massa grudenta e na escassez, principalmente. Sempre falta comida nas escavações, e os voluntários somem na hora de lavar a louça, os copos e as panelas. A pior situação é quando há comida em abundância, por sorte, mas que foi produzida por um cozinheiro exagerado ou por vários cozinheiros inexperientes. "Cozinheiros demais estragam a sopa!", afirma um ditado popular.

Certa vez, depois de várias horas manipulando a comida, cinco cozinheiros principiantes e voluntários trouxeram à mesa duas panelas repletas com algo indefinido de cor creme, de consistência pastosa. Nessa noite, sobrou comida. Verdade! Os cinco cozinheiros colocaram tanto sal na "gororoba" que produziram, num esforço coletivo, que foi impossível comer uma única colher. Que aconteceu? Falta de comunicação! Cada um salgou a comida na dose certa, só que a dose certa se multiplicou por cinco.

Bolachas

Doces, em geral, quando consumidos em situações festivas e em comunidade, têm a tendência de unir as pessoas por meio de um grude e de uma mistura de açúcar, sal, ovos, farinha, amido, fermento, corante e gordura (MINTZ, 1997). Quando os doces são apreciados em segredo e solitariamente, é a gula que reforça o ego, satisfaz o desejo e acalma o vício.[44]

Guloseimas – energia concentrada de carboidrato, gordura, açúcar, corante e sabor artificial – são consumidas pelos arqueólogos, geralmente, em forma de bolachas Maria, bolachas recheadas, Negresco, Oreo, Waffles. Essas guloseimas, também chamadas de biscoitos, aparecem repentinamente, ninguém sabe donde, e circulam, livremente e sem restrições, entre os participantes da escavação. Quase todos se servem, generosamente, e repassam o pacote para seu vizinho próximo, em silêncio, acompanhado por um pequeno gesto afirmativo feito com a cabeça e com um leve sorriso de incentivo. O curioso é que ninguém sabe quem as trouxe. Ninguém quer declarar-se dono desses quitutes e ser responsável por essa orgia de doces e pela sensação de prazer que a gordura e o açúcar provocam no cérebro das pessoas. Pode ser que esse gesto generoso de compartilhar essa luxúria e a gula com outros não tenha nada de ingenuidade, mas pretenda, simplesmente, esconder um sentimento de culpa por ter cometido um pecado. Suspeito que a pessoa viciada em açúcar queira dividir seu desejo de consumir algo doce nesse ambiente de gestos monótonos e na aridez da prática científica de uma escavação arqueológica com os outros participantes e, assim, esconder sua própria fraqueza.

Um pacote de bolachas não guarda só uma guloseima, mas também um sentimento. Encerra, por exemplo, a emoção de estar em casa, aconchegado, perto dos familiares, de receber atenção e carinho, de ganhar, como uma forma de recompensa, um doce qualquer e de receber esse presente como um gesto de amor e simpatia por parte de um dos membros da família.

O pacote de bolachas também encerra o vício indisciplinado, ou representa o anseio de alguém que está sozinho em casa, distante do controle dos outros membros da família, e quer dar-se ao luxo de comer, comer sem restrições, um pacote inteiro de bolacha recheada de chocolate, sozinho, sem precisar compartilhar esse prazer com alguém. O dono anônimo do pacote de bolachas não pode demonstrar essa ansiedade desenfreada em uma escavação. Ele precisa controlar-se e esconder seu vício. Por esse motivo, o pacote de bolachas não tem dono declarado e é repassado, ligeiro, de um para outro, até acabar. A última bolacha não tem valor, nem conotação especial, nem é privilégio do dono do pacote.

---

[44] Joseph Schroeder, professor de psicologia e diretor de um programa de neurociência comportamental, descobriu que comer "Oreos" ativa mais neurônios no "centro de prazer" do cérebro do que o consumo abusivo de drogas, como cocaína. Para mais informações: http://www.conncoll.edu/news/news-archive/2013/. Acesso em: 27 abr. 2018.

"Cuidado com as migalhas!"

"Joga a embalagem vazia no lixo!"

São esses os comentários escassos, lembrando ressaca, que acompanham o final da orgia.

Bolachas fazem parte de uma escavação arqueológica como os objetos escavados, como as ferramentas, as embalagens de plástico, as etiquetas, os cheiros, os sabores e os arqueólogos. Entretanto elas têm particularidades próprias que as outras coisas não têm, sendo algumas quase mágicas: elas são comestíveis, provocam prazer, surgem do nada, desaparecem no nada, fortalecem os laços sociais e criam relações de troca e de interdependência entre os participantes de uma escavação arqueológica. O consumo de bolachas em uma escavação reforça um sentimento de comunidade entre os escavadores e consumidores de bolachas. O gesto de compartilhar a bolacha lembra uma comunhão. Mas a divisão ou quebra do biscoito mágico em comunidade pode resultar em discórdia e em traição.

Chocolate

O chocolate é uma substância. Uma bolacha é uma coisa, um objeto. A barra de chocolate assume o estado de objeto, esta forma padronizada e autoritária, quando se despede da fábrica e quando é oferecida ao consumidor no supermercado. Depois, nas mãos do seu consumidor, o chocolate mostra toda a sua diversidade, sua fantasia e vontade própria e reassume seu estado natural de substância.

O chocolate tem tendências. Ele derrete na boca ou nas mãos, é um doce maleável e viscoso. No momento em que seu consumidor acredita possuí-lo, acontece algo inesperado, uma inversão: é o chocolate que toma conta da pessoa, do seu corpo, da sua roupa, do corpo e da roupa dos outros, da mesa, da cadeira, de todas as coisas ao seu alcance. Depois dessa ação, o chocolate consolida-se, novamente, e assume formas e contornos do que está ao seu redor. Transforma-se em coelho da Páscoa, em ovos de Páscoa, em Papai Noel, em bichinhos, em coisinhas, em praticamente tudo que se pode imaginar, até em estátuas monstruosas ou em obras arquitetônicas, como o templo maia de oito toneladas que entrou no "livro dos recordes" e foi feito para comemorar os 30 anos da empresa de alimentos *Qzina Specialty Foods*.

O chocolate pode ser como argila, como mel, como um grude qualquer (SARTRE, 2005, p. 742). Ele é tendencialmente dominante e quer tomar conta de todos os lugares de todas as pessoas. O chocolate atrai sujeira, areia, junta cabelos, gruda nas mãos, espalha-se no fundo da mochila, toma conta do corpo da gente, inclusive da roupa, mas, em qualquer momento de sua existência e em qualquer consistência, seja líquida, pastosa, sólida ou em pó, o chocolate exige ser agradado. Os reis maias e os astecas conheciam a magia do cacau e do chocolate muito antes dos europeus. Foram eles que descobriram o processo bioquímico que transforma a semente da *Theobroma cacao* em bebida dos deuses (WEST, 1992; DURRY; SCHIFFER, 2011).

O chocolate, quando vem em forma de pó, pode ser misturado com leite, com água, com álcool, com farinha ou com ovos. O chocolate derretido pode ser misturado ainda com pimenta, com menta, com baunilha, com nozes, com passas de frutas, com limão; enfim, as possibilidades são quase infinitas e só dependem das fantasias e dos gostos dos apreciadores dessa substância mágica e viciante.

Diferentemente de um pacote de bolachas, que, em primeiro lugar, serve para satisfazer um desejo primitivo ou uma ansiedade, uma barra de chocolate tem valor simbólico e, principalmente, cria uma relação de prestígio entre os escavadores. O valor simbólico do chocolate aumenta ainda mais quando faz parte de um ritual que culmina no gesto de presentear. Quem recebe um presente em forma de uma caixa de chocolate, por exemplo, ganha prestígio e força. A pessoa que presenteia também. O repasse do presente faz com que todos ganhem em importância e em poder: que é presenteado, quem presenteia e o objeto.

O generoso doador dessa substância valiosa revela-se e anuncia:

"Quem quer um pedaço da minha barra de chocolate?"

Todos os participantes da escavação aceitam esse convite e quebram, com muito cuidado e com dois dedos, previamente limpos na calça, um pequeno pedaço da barra oferecida pelas próprias mãos do dono. Este não solta seu tesouro precioso enquanto controla a ação com os olhos de Argos[45].

O chocolate demonstra sua força quando é compartilhado. É um instrumento de domínio usado desde os tempos dos reis maias e astecas. O chocolate reforça os laços de amizade e de poder entre alguns participantes da escavação, enquanto, ao mesmo tempo, exclui outros.

---

[45] Gigante da mitologia grega que tinha cem olhos para vigiar Io, a amante de Zeus.

Como demonstração de força, o dono da barra de chocolate pode dar-se ao luxo de devorar, sozinho, sua guloseima e na frente dos olhos dos excluídos. Isso é o cúmulo da demonstração de poder sobre os outros e é praticado, frequentemente, pelos líderes autoritários.

Esse era o caso de um adolescente e líder de uma gangue de rua que aterrorizava os meninos no bairro onde morávamos em Belém. Filho único do padeiro português, o "Cachorrão", como era conhecido na vizinhança, pesava, tranquilamente, 80 kg e devorava, no decorrer de um dia, inúmeras barrinhas de chocolate Neugebauer. Sentado na frente da padaria do pai, o "Cachorrão" esvaziava, ostensivamente, uma caixa de chocolate após outra. Ele amassava o papel da embalagem entre os dedos, formava uma bolinha e a jogava na vala de esgoto que separava a calçada da rua de terra. A molecada, com água na boca, olhava e só ficava com vontade de se deliciar com uma daquelas barrinhas de chocolate. Depois de certo tempo e por pura maldade, o "Cachorrão" abria uma nova barrinha, mordia um pedaço, fazia cara de nojo e jogava o resto na vala de esgoto. Alguns, corajosos, jogavam-se atrás do pedaço de chocolate e, com água suja e fedorenta até os joelhos, tentavam achar a dádiva.

O consumo controlado de chocolate é saudável e fortalece o corpo e a alma. Quando usado como instrumento de poder, o chocolate transforma-se em uma substância perigosa e traiçoeira. Muitos anos depois, soube que o "Cachorrão", com quase 140 kg, foi atropelado por um caminhão que transportava refrigerante quando tentava atravessar a rua na frente da padaria do pai para se abastecer com uma nova caixa de chocolate.

Mesmo com todo o seu prestígio simbólico, com seu valor mercantil e de troca, apesar do prazer que propicia sua degustação, uma barra de chocolate tem a tendência de derreter e de sumir, principalmente, num dia quente de verão. E, como todas as demonstrações de poder, essa demonstração baseada no chocolate também corre o risco de se enfraquecer, um dia, quando a corrente da reciprocidade da troca é interrompida. Isso pode acontecer quando a pessoa que presenteia perde seu prestígio, por exemplo, pela qualidade inferior do presente, e quando a pessoa presenteada, por esse motivo, recusa a dádiva (MAUSS, 2001).

Vejamos como um desses dias chegou. Um amigo me contou a seguinte história que aconteceu na primeira escavação da qual participou, ainda como estagiário:

"Quem quer um pedaço da minha barra de chocolate?", perguntou o coordenador substituto da escavação. O chefe estava na cidade para resolver problemas com as autoridades do Instituto do Patrimônio.

Um dos escavadores, um novato, levantou-se da posição incômoda em que estava, insinuando que estava aceitando o convite.

"Só um pedacinho!", alertou o orgulhoso e generoso dono da guloseima.

"Não, obrigado, não quero. Eu não gosto desta marca de chocolate. Prefiro chocolate caseiro da Serra Gaúcha do Parque ou chocolate suíço".

Um silêncio sepulcral caiu sobre a escavação e abateu o coordenador substituto e sua barra de chocolate. Isso nunca tinha acontecido antes.

"Minha mãe vai mandar, por SEDEX, chocolate para toda a turma", acrescentou o novato, tentando consertar a situação constrangedora que tinha criado.

Os dias passaram, e o processo rotineiro de escavação continuava, apesar do sol escaldante que castigava os arqueólogos. O episódio da barra de chocolate parecia esquecido, ou pelo menos ninguém mais falava abertamente sobre ele, mas quem não esqueceu foi o coordenador substituto, que nunca mais recuperou sua posição de respeito entre os escavadores. Depois daquele dia, ele ficou tão perturbado e inseguro que o coordenador teve de nomear outro substituto. Passaram-se os dias, até que numa manhã apareceu, inesperadamente, o correio na escavação com uma encomenda enviada por SEDEX diretamente da Suíça! O destinatário era o novato. Ele começou a abrir o pequeno pacote. Todos se levantaram das suas posições incômodas e agruparam-se em torno do rapaz. Era chocolate, ninguém podia duvidar, mas não se configurava, imediatamente, como tal. Só a cor e o aroma característico revelavam sua identidade. A forma de barra, padronizada e original, tinha se perdido há muito tempo. A substância tomou conta da forma do objeto e, conforme as temperaturas e as condições externas e internas do pacote, que delimitava suas possibilidades de expansão, ela foi transformando-se, quando ficava líquida e pastosa, ou adaptando-se, quando se solidificava. O novato perguntou aos colegas atônitos:

"Quem quer um pedaço da minha barra de chocolate?"

Ninguém quis!

Chiclete

Escavando um sambaqui no litoral norte do Rio Grande do Sul, entre pedaços de conchas, ossinhos e pedras, retidos na peneira, João encontrou, de manhã cedo e logo no primeiro balde do dia, algo diferente. Foi estranho que essa coisa tenha fixado seu olhar, pois era branca, igual a um pedaço de concha, tinha o comprimento de uma falange de um dedo, o tamanho de um ossinho, estava retorcida com pequenas cavidades e protuberâncias, como uma pedrinha, e mesmo assim algo naquilo prendeu sua atenção. Pode ser que fizesse um som diferente quando batia nas outras coisas soltas remexidas na peneira, que pulasse mais alto que as conchas, os ossinhos ou as pedrinhas. Enfim, esse algo estranho estava entre os dedos de João, entre o polegar e o indicador.

"Que é i-i-isso?", exclamou, com ar de nojo misturado com curiosidade. Acontece. Às vezes, acham-se coisas bizarras. Logo, os outros se agruparam em volta da peneira. A coisa passou cuidadosamente de dedo em dedo, despertando algo entre curiosidade e repúdio inseguro. Ninguém sabia direito de que se tratava, até que parou na palma da mão da Renata. Ela soprou com força sobre a coisa para tirar uns grãos de areia que estavam grudados nas cavidades e, com um gesto rápido e breve, jogou aquilo em direção à sua boca bem aberta.

"É meu chiclete!"

"Que no-o-ojo!", reclamou Carolina. Mas Renata não se incomodou com a rejeição e mastigou, contente, seu chiclete velho e insosso como um treinador de futebol nervoso na beira do campo.

"Eu preciso me concentrar", disse Renata para justificar sua ação.

Na II Guerra Mundial, os GIs norte-americanos receberam regularmente e em grandes porções chiclete para mastigar, principalmente depois que o psicólogo Harry Levi Hollingworth (1939) publicou uma pesquisa que comprovava que o uso de goma de mascar contribuía para o relaxamento e, ao mesmo tempo, para a concentração das pessoas em situação de estresse.

Mastigar alguma substância elástica é um costume muito antigo. Mastigava-se, há mais de 6 mil anos, resina de árvores (*Betula*). Os romanos mastigavam resina de uma árvore conhecida como Mastic[46] (*Pistacia lentiscus*), que crescia na ilha de Chios. O botânico e físico grego, Pedânio Dioscórides, descreve detalhadamente, no seu livro *De Materia Medica*, o

---

[46] *Mastix* (gr.), mastigar. 1 kg da resina de Mastic custa hoje (2012) 85 euros.

uso e os efeitos positivos do "mastic". Quando Colombo chegou à *América*, mastigar *tzicli* ou *chictli* já tinha uma grande e longa tradição entre a população maia e entre os astecas. Foram provavelmente os maias que descobriram o mastigar da goma extraída do sapotizeiro (*Manilkara zapota*). Essas árvores, que podem ter 1 m de diâmetro e chegar a 40 metros de altura, têm frutas doces (sapoti), que são um pouco grudentas, por causa do látex, mesmo quando bem maduras. Os "chicleteros", como os "seringueiros" do chiclete são chamados no México, cortam longos sulcos na casca da árvore adulta, para coletar o látex. Os sapotizeiros somente podem ser "ordenhados" a cada seis a oito anos, para não prejudicar o desenvolvimento da planta.

O maior produtor de chiclete hoje é Wrigley's. O jovem William largou a escola, entrou, em 1890, no negócio do pai, produtor de sabão em Filadélfia, e começou a produzir chiclete. Dois anos depois, lançou no mercado o Wrigley's Spearmint Gum e, um ano depois, a marca Juicy Fruit, que rapidamente caiu no gosto do consumidor norte-americano (MATHEWS; SCHULTZ, 2009).

Anualmente (2012), são consumidas, no mundo todo, aproximadamente 580.000 toneladas de chiclete. Os maiores mastigadores dessa substância são os adolescentes (entre 14 e 19 anos), com uma média de 2,5 kg de "chiclete" por pessoa por ano. A goma de mascar ainda está no topo da lista das preferências dos consumidores e representa 35% do lucro das indústrias de guloseimas.[47]

Terra

Os gostos e sabores na Arqueologia estão parcialmente relacionados com os cheiros, sem falar da aparência e de como se sentem as coisas mediante o toque.

Colocar coisas ou substâncias na boca é um tabu em nossa sociedade contemporânea, estando estritamente normatizado e ritualizado, e isso, evidentemente, também vale para os arqueólogos. Tirando o coordenador da minha primeira escavação – da qual participei como simples mão de obra –, que costumava testar a diferença entre uma pedra e um caco cerâmico batendo com o objeto duvidoso contra os dentes, para facilitar, mediante o som e da sensação do toque, a classificação do objeto, nunca vi algum

---

[47] A este respeito, conferir: http://www.kau-gummi.de. Acesso em: 18 jun. 2015.

arqueólogo, por exemplo, colocar terra na boca. O manual do geomorfólogo, especialista em solos, recomenda como procedimentos corretos o toque, o exame da coloração e a análise microscópica como maneiras de classificar solos. Ele não recomenda saborear a terra.

A geofagia é praticada tanto por humanos quanto por animais e nem sempre está relacionada com alguma doença física ou mental (pica). O consumo de terra, geralmente de argila branca (caulim) e salgada, foi descrita por viajantes e etnólogos, entre diversas populações. A argila é consumida para suprimir a fome, para ajudar a digestão, para desintoxicar ou para se suicidar (WOYWODT; KISS, 2002).

Fabíola Silva (2000) descreve que as ceramistas Assurini testam a consistência e o "ponto" certo da argila colocando pequenas porções de argila na boca ou misturando a argila com a saliva.

Beber

Beber é importante, principalmente água, também no inverno (SANTOS, 2009). De minha parte, persisto no consumo regular de água. De tempos em tempos, mando circular entre os escavadores a garrafa térmica com água fresca da torneira ou do poço. Com a mudança do perfil social e comportamental dos participantes das escavações arqueológicas, é frequente o consumo de água engarrafada. Os estudantes costumam trazer cada vez mais sua garrafa própria com água, ou compram garrafas PET de meio litro nos supermercados, nas lojas de conveniência dos postos de gasolina ou nos mercadinhos da esquina. Richard Wilk (2006) escreveu um artigo saboroso de ler sobre o uso da água engarrafada como mercadoria pura na era dos rótulos, no qual ele coloca em discussão o contraste, em termos de comportamento e confiança, entre a água engarrafada vendida a um preço absurdamente alto por empresas particulares e a água da torneira fornecida pelas empresas públicas disponíveis a um custo relativamente baixo.

Se cada um dos participantes de uma escavação torna-se autossuficiente em termos de abastecimento de água, usando água em recipientes de plástico, ele retira do repertório gestual de uma escavação arqueológica o ato do compartilhamento e da dádiva. O coordenador perde um pouco de sua responsabilidade e de sua capacidade de unir os escavadores em torno de um ambiente familiar, de um gesto gentil de boas-vindas e de uma ação que envolve cuidados para com os outros. A água que mata a sede ou que salva o sedento da morte lenta e sofrida está relacionada com o gesto de dar, de oferecer algo. Ela transforma-se, metaforicamente, em uma categoria representada pelo cuidado e pela aceitação de poder participar da comunidade, da família e do banquete. Cada um que tem sua garrafa de água personalizada retira-se dessa comunidade, levanta-se da mesa, recusa o copo d'água oferecido.

Água

A água, no cotidiano fantasioso de uma escavação arqueológica, é como na vida real: em excesso atrapalha, mas sua carência dificulta. A água aplicada em forma de uma nuvem sobre uma superfície arqueológica melhora a visibilidade, a umidade realça as cores, lava a poeira, limpa a sujeira e umedece a terra. De repente, os pequenos e importantes detalhes aparecem depois da pulverização do perfil com água limpa. Antes estavam escondidos, encobertos. A água, aplicada na dose correta, é uma excelente e delicada ferramenta, mas, em demasia, ela é arrasadora.

A água é reveladora quando usada na flotação. A peneira mergulhada num tanque com água faz as coisas aparecer. A água é um catalisador, entre o velado e o revelado, e transforma qualquer coisa em coisa arqueológica.

Certa vez, faltou água para a flotação. A torneira mais próxima da escavação estava a mais de 500 m de distância. Escavações arqueológicas têm essa particularidade. Os arqueólogos e suas escavações sempre estão distantes do público. Não tínhamos verba para comprar uma mangueira nem cano de PVC. Não havia bombeiros que pudessem trazer água num carro-pipa. Assim, decidimos carregar água da torneira mais próxima até a escavação. A água é pesada – e como pesa! E como é facilmente despejada e desperdiçada! Depois de três carregamentos de água em baldes, garrafas e sacolas, o tanque para a flotação nem sequer estava pela metade. Desistimos da ação. Cansados e decepcionados com nossas limitações, aumentou imensamente nossa admiração pelas mulheres do semiárido que carregam baldes de água na cabeça para suas casas para se lavar, para beber e para cozinhar.

Chimarrão

Os gostos e sabores são levados pelos arqueólogos para o local da escavação. Entre gaúchos, uruguaios e argentinos, o chimarrão faz parte dos rituais executados nas escavações arqueológicas. A infusão aquece o corpo para encarar o vento gelado, o "Minuano", ou a chuva que vem da província argentina de Entre Ríos. A cafeína do mate ajuda a manter a concentração do escavador e espantar o sono, que envolve a monotonia do escavar, principalmente depois de apenas poucas horas de sono.

O chimarrão solta a língua e limpa a goela. Assim, entre um mate e outro, Gustavo recita histórias, surgem contos e cantos, como o do "Tordilho Negro" domado por um gaúcho valente, do baile na fronteira no rio Uruguai, da castelhana brava e do vivente esfaqueado durante um churrasco lá na estância do Teixeira.

Ouvir

"Escuta! Que barulho é esse?"

"Não ouvi nada!"

Surpreendentemente, em uma escavação o silêncio predomina sobre o barulho. Pouco se ouve. Escutam-se palavras faladas e cantadas, ouve-se o ruído das ferramentas, quando entram em atrito com o solo, ou quando batem, com força, uma contra a outra. Esse é o barulho feito em uma escavação, e, dependendo da sua localização, agregam-se a esse conjunto de sonoridades os ruídos do entorno. É o assobio do vento que sopra, são insetos que zumbem, pássaros que cantam, carros que passam, são as buzinas, ouvem-se os murmúrios das vozes, notam-se as passadas dos pés sobre o asfalto, vive-se o alvoroço da cidade, percebe-se o ronco das profundezas do campo.

Barulhos

Uma onda sonora transporta energia, que necessita de um meio de transporte para se expandir. Assim, as partículas de um meio de transporte oscilam em torno de um estado médio, que provoca flutuações de pressões. Essas são absorvidas pelo ouvido humano, onde são transformadas em sinais nervosos. Claire Marshall (2011, p. 46) reconstruiu, a partir de achados arqueológicos encontrados em Etton-Cambridgeshire, a sonoridade de instrumentos musicais datados no Neolítico.

Torsten Jensson coleciona ruídos que correm risco de desaparecer. Ele grava barulhos em extinção, principalmente aqueles produzidos por máquinas antigas. Armazena-os em suportes eletroeletrônicos e os guarda no Museu de Trabalho, em Norrköping, na Suécia.[48] Certamente, uma coletânea "ruidosa" tão justificável quanto a coleção de objetos "calados" da Arqueologia. Jensson começou a desenvolver esse projeto com a intenção de reunir os barulhos que os objetos faziam enquanto ainda estavam em funcionamento.

Os idealizadores do Museu do Trabalho deram-se conta de que, junto aos trabalhadores, aos artesãos e aos operários, bem como às máquinas, às ferramentas e aos equipamentos antigos e tecnologicamente ultrapassados operados por eles, também desaparecem os barulhos que produziam e que acompanhavam esses objetos e essas pessoas. Desaparece não somente o objeto, a memória do objeto em si, de como usá-lo, além do seu significado pessoal ou coletivo, seu contexto histórico e social, mas também a dimensão sonora das coisas, os barulhos, os chiados, os berros e os gritos. Como curador do Museu do Trabalho, Jensson não somente armazena esses sons, mas também os aproveita para recriar antigos ambientes de trabalho, para compor "música" ou para criar o fundo sonoro de novos videogames.

Junto a milhares de máquinas de escrever, está desaparecendo dos escritórios e das oficinas o "tac, tac, tac, tac, blimm, trrrraa, tac, tac, tac", bem como o batalhão de secretárias que produziam esse barulho caraterístico, sem falar da engraçada sinfonia para "A máquina de escrever"[49] composta por Leroy Anderson, em 1960, e popularizada por Jerry Lewis no filme *Who's Minding the Store* (1963).

Sumiu do mundo cotidiano o "tri-i-im, tri-i-im, tri-i-im" que o disco fazia quando "telefonávamos" para alguém, bem como o verbo "discar", além do gesto que minha mãe, por exemplo, fazia com a mão e com o dedo indicador circulando em torno da sua orelha quando gesticulava para uma amiga para dizer "me liga!" Sem falar do "chiado" e do "bá-fá-fá-fá" que as máquinas movidas a vapor ainda produziam até o final do século passado. O universo sonoro muda e atualiza-se constantemente, sem que o mundo fique menos barulhento, muito pelo contrário. Podemos fechar os olhos, mas não os nossos ouvidos. Escapar do barulho no mundo urbano e industrializado é pratica-

---

[48] Para mais informações: http://www.arbetetsmuseum.se/. Acesso em: 15 abr. 2018.
[49] *The Typewriter Symphony*.

mente impossível. As doenças relacionadas com o barulho aumentaram consideravelmente nos últimos anos, principalmente entre jovens e adolescentes.

Uma escavação arqueológica, quando está em pleno funcionamento e evidencia coisas antigas, reúne ruídos antigos e elementares. Coerentemente, o espectro da sonoridade que se encontra no ambiente de uma escavação arqueológica vai desde o bater profundo e bruto da picareta, acompanhado pela respiração ofegante do trabalhador, passa pelo corte agressivo da pá, pelo raspar vagaroso da trolha ou da enxada sobre a superfície da terra, e termina, por enquanto, com o balanço sonolento da peneira.

Posso imaginar que esses barulhos elementares e simples produzidos pelos arqueólogos durante uma escavação – quando batem, raspam, cortam, esfregam ou chacoalham – tiram os achados soterrados da sua letargia e do seu silêncio. Quem sabe, as lembranças dos ruídos que os objetos produziam antigamente e com os quais estavam associados provoquem uma espécie de despertar nesses objetos. Esses ruídos arcaicos que os arqueólogos fazem com suas ferramentas quando acham as coisas e as trazem à luz por suas mãos sentem-se, talvez, verdadeiramente ressuscitados quando atraídos por sonoridades semelhantes. Pode ser que as coisas "procurem" reunir-se, novamente, com seus antigos ruídos, que foram perdidos quando estavam enterradas, no repertório das sonoridades produzidas na escavação. Cabe ao arqueólogo, agora, devolver aos objetos achados os antigos ruídos que lhes correspondiam, porém, produzidos pelo próprio escavador. A lâmina do machado de pedra polida, antes envolvida no barulho de uma árvore derrubada, sente-se atraída pelo som da picareta ou da pá; a ponta de flecha lascada que ouvia o chiado do vento reúne-se ao balanço da peneira; o moedor, feito de uma laje de pedra arenítica, quando confrontado com o raspar da trolha sobre a terra, sente e ouve, outra vez, o raspar e o bater rítmicos esquecidos que acompanhavam a transformação da semente em farinha; ou, quem sabe, o caco de cerâmica lembra-se, também, da fermentação do cauim e das bolhas que subiam pelo corpo do recipiente, fazendo cócegas, quando o pincel alisa a superfície do objeto.

Os ruídos que acompanham as ações do escavar são elementares e primitivos no seu repertório e, como tentei mostrar, casam, perfeitamente, com os ruídos que as coisas antigamente produziam e com as quais estavam associados. Mesmo as novidades tecnológicas e seus correspondentes barulhos, ligados às atividades de achar e encontrar as coisas arqueológicas, não fogem, completamente, desse repertório elementar. O "bip, bip, bip" do detector de metal e do computador imita o canto de um pássaro ou o zumbido de um inseto.

Rir

"Um dia sem rir é um dia perdido", garantiu Charlie Chaplin, certa vez e em algum lugar. À primeira vista, e lendo os manuais especializados da ciência da Arqueologia, tem-se a impressão de que escavar um lugar de achados arqueológicos é uma ação que requer absoluta concentração e, sobretudo, silêncio. Isso depende. Há períodos de silêncio, quando somente se ouvem os sons da trolha raspando sobre a superfície da terra, insetos ou o vento, e há períodos de muita fala, quando as palavras atropelam-se, e os gritos e as risadas dão cambalhotas. Contam-se piadas, espalham-se fofocas e contam-se, pela quadragésima sexta vez, anedotas sobre colegas ausentes (BROMMER, 1979). Rir relaxa, solta as amarras da concentração e da tensão monótona. Permite ao corpo desabrochar, desenrolar-se da posição incômoda, dobrado e aprisionado em um espaço de 1 x 1 m. Soltar uma gargalhada é saudável, é uma terapia, é como um grito de liberdade.

O genial Charles Darwin também escreveu e pesquisou o fenômeno do riso na sua obra sobre as expressões de emoções entre seres humanos e animais. "A alegria, quando intensa, leva a vários movimentos despropositados, como dançar, bater as mãos, dar socos no ar, etc., dar gargalhadas. O riso parece ser, principalmente, a expressão de mera alegria ou felicidade. Vemos isso claramente em crianças quando brincam, que riem quase sem parar, entre jovens e adolescentes, quando estão em alto astral, há sempre muito riso sem sentido" (DARWIN, 1872, p. 198). Essa observação certamente coincide com a situação em uma escavação, onde se encontram muitos adolescentes e até velhos que se sentem e comportam-se como jovens.

Fala

Tenho certeza de que o barulho nos *shopping centers* é artificial. Não estou falando das músicas, mas do ruído das vozes indefinidas e dos múrmuros abafados que a gente escuta, da cadência rítmica do pisoteio dos sapatos, das botas ou dos tênis tocando suavemente no chão. Esse barulho, artificialmente produzido, é mais importante ainda quando o *shopping center* está vazio. É importante para estimular o consumo e para criar um ambiente de satisfação coletiva e de bem-estar grupal. A música esférica que ecoa na paisagem vazia gera uma sensação de solidão, de isolamento e de tristeza. É deprimente! Junto ao barulho de gente, artificialmente produzido, o ambiente é completo. O frequentador desse espaço sente-se seguro na massa das pessoas e na monotonia do zumbido que chega a seus ouvidos, que servem para criar um ambiente aconchegante para quem frequenta essa paisagem fechada. É um ambiente embrionário, certamente, para que cada um se sinta seguro no ventre da sensação compartilhada.

O que se fala

Em uma escavação arqueológica, fala-se pouco em certos momentos. São palavras isoladas, curtas e vinculadas a um evento, a uma ação: "vem!", "leva!", "cuidado!", "traz!", "vai!"

Fala-se muito em certos momentos. Alguém rompe o silêncio e a corrente das palavras soltas para começar a contar uma história qualquer. Não são histórias com começo, meio e fim. Não iniciam com "era uma vez...". O contador não anuncia sua vontade de contar algo. As histórias iniciam com frases e palavras soltas, que permitem que a fantasia espalhe-se e outros sintam vontade de contribuir com alguma fase, com alguma palavra, que são como pedras jogadas na superfície de um espelho d'água e que formam ondas concêntricas. Logo, outras palavras são jogadas, formando mais e mais ondas que se chocam, contradizem-se, comunicam-se, harmonizam-se, e outros entram na conversa, jogam seus versos e quebram o silêncio. Depois de muita conversa, um vaivém, risadas, confusão de vozes e expressões, ondas que batem e transbordam os limites da escavação, volta o silêncio.

Música

De repente, alguém canta uma melodia, um trecho de música, uma frase, rompendo, dessa maneira, o silêncio da escavação e a monotonia da situação. Não é como alguém que está usando fone de ouvido, tenta acompanhar a interpretação e, sem se dar conta, canta em voz alta. Nesse caso, a melodia já estava na sua cabeça. Ela entrou horas antes. Pode ter sido durante o café da manhã, ou no descanso do almoço, que ouviu ou lembrou-se dessa música, de um fragmento do texto, e ela ficou como uma minhoca remexendo-se e ecoando nos túneis da cabeça. Também não é como música em ambientes públicos, como *shopping centers*, consultórios médicos, supermercados, elevadores, aviões. Cada um tem sua própria música na cabeça. O que é compartilhado são os sons da escavação: a colher do escavador raspando sobre a terra, batendo nas pedras, o sussurro do pincel, o corte incisivo da pá de corte.

Já tivemos rádios na escavação, toca-fitas (*walkman*), *CD Player*. O problema sempre era a durabilidade das pilhas. O CD Player consumia uma enormidade de pilhas – quatro pilhas para tocar um CD. E quando as pilhas perdiam sua energia, esses aparelhos simplesmente paravam de funcionar, no meio da música. Ainda bem! As pilhas que alimentavam um *walkman* entregavam-se aos poucos. Mas, antes que a escavação novamente mergulhasse em silêncio, tínhamos de aguentar as notas distorcidas das vozes como borracha e as melodias grudentas. A voz de Gal Costa ficava igual à de Louis Armstrong, e o grito de Bruce Springsteen parecia o de um monstro quando lançado ao universo, até que alguém desligava o aparelho. Isso já era! Agora a música é individualizada. E cada um ouve com seu *earphone* ligado a um dispositivo que não tem problema de pilhas. Entretanto isso não aumentou o silêncio numa escavação. Pelo contrário. Todo mundo agora conversa aos berros.

Som

O som que a colher do escavador, a trolha, faz quando bate contra uma pedra, o grunhido que a areia solta quando o gume afiado da trolha retira uma fina película arenosa que se ergue, dobra, quebra e desliza sobre a superfície plana da ferramenta.

E, de repente, um som de estilhaço, dissonante e marcante, interrompe a monotonia. A expressão de dor no rosto do escavador denuncia seu erro. Sua colher afiada bateu e marcou uma lasca de sílex retocada. A pedra, antes de ser encontrada, era muda e escondida; de repente, gritou e calou os outros escavadores, que, instantaneamente, levantam suas cabeças, como animais atentos e nervosos ao se aproximar uma ameaça. Logo depois, alguém dissolve a situação tensa com um simples comentário de advertência embrulhado em humor.

Raspar com uma colher sobre a borda de um fragmento cerâmico provoca outra sensação, outros sons e outros gostos na boca. A cerâmica é mais porosa, e a ferramenta de escavar não desliza fazendo ruído gritante, veloz ou quebra, estilhaçando-se sobre a superfície do lítico, mas o raspar é abafado e velado. A sonoridade é diferente, não produz uma agudez na pedra e, felizmente para o escavador, não provoca reações imediatas dos outros participantes da escavação.

O coordenador da primeira escavação da qual participei tinha um estranho hábito de testar se uma coisa com a mesma aparência, mesmo tamanho ou formato era um fragmento de cerâmica ou uma pedra. Para não retirar por acidente uma eventual e frágil pintura da cerâmica ou produzir marcas na superfície de um artefato lítico esfregando, grosseiramente, o objeto entre os dedos, ou até passá-lo na calça, ele abria ligeiramente a boca, produzia um sorriso falso e batia levemente com o objeto de identidade duvidosa contra os dentes frontais. Isso produzia um som, uma sensação diferente entre cerâmica e pedra. Explicava: "A pedra faz *tic* e o caco faz *toc*". Além do mais, ele também praticava o teste da língua, o que é menos higiênico e não recomendável. "O caco gruda levemente na língua, a pedra não", esclarecia.

Tocar

O escavar arqueológico é um fazer artesanal, é algo prático e envolve manipulação. As mãos são os órgãos de aproximação do arqueólogo. A ponta dos dedos ou a palma da mão sente, avalia a textura, que pode ser áspera, travada, travosa ou solta como areia seca; pode ser uma superfície lisa, leve, lenta ou grudenta; já a argila é úmida e fria; ou se podem sentir as fendas e arestas da crosta ressecada da terra vermelha da região missioneira (WARNIER, 1999).

Manusear

Ultimamente, alguns escavadores usam luvas descartáveis de borracha. O contato com a terra machuca as pontas dos dedos, as unhas quebram, a palma da mão fica áspera, formam-se bolhas ou calos. O contato com a terra provoca alergias. A mão suja de terra é um foco de transmissão de doenças, parasitas, bactérias de vírus. As pontas dos dedos perdem a sensibilidade, dizem, para as outras coisas que se fazem com as pontas dos dedos. Usar luvas de borracha, isso não é "coisa de meninas"! Pois, após a vida passageira de obreiro ou obreira em uma escavação, onde carregam baldes, usam colheres de pedreiros, pás, picaretas, movimentam peneiras e carrinhos de mão, os escavadores e as escavadoras regressam a uma vida urbana tradicional, em apartamento de 65 m^2 em um prédio de 20e andares. Eles regressam à faculdade, ao emprego, à família, ao videogame, aos celulares, aos laptops, ao tradicional dominical aos *shopping centers*, que exigem mãos limpas e bem cuidadas.

Moldar

O ato de tocar em algo é geralmente associado a uma ação das mãos. São os dedos que procuram, com a ajuda da trolha, criar uma superfície, um perfil, evidenciar uma estrutura, um objeto. Mas um escavador não flutua no ar e está com mais partes do corpo em contato com a área escavada e com seu entorno. Com seu corpo, ele molda o terreno, que, por sua vez, acomoda seu corpo, e, assim, o escavador expressa e revela sua habilidade corpórea, sua capacidade de se adaptar ao entorno, confundir-se com os contornos, com a forma redonda dos entulhos com os planos geométricos de uma superfície escavada (FOWLER, 2004, p. 11). Andar, sentar, ajoelhar, levantar-se em uma escavação requer flexibilidade e controle do próprio corpo. As mãos deixam impressões digitais, que, às vezes, são visíveis, como em superfícies úmidas e argilosas. Mas a impressão de um pé, o desenho da sola de um tênis, do sapato, do chinelo ou da bota, identifica e denuncia seu portador, a pessoa que andou pela superfície limpa e recém-preparada para ser fotografada e desenhada, como a impressão digital no cenário do crime.

Mas o desenho da impressão, o tamanho, o jeito de pisar, não deixa dúvidas. Carolina, a escavadora e destruidora da superfície recém-preparada, foi claramente identificada e denunciada pela impressão do tênis *All Star*, tamanho 35. Tocar com os pés em uma escavação deve ser feito com a mesma consciência e sensibilidade das mãos, sem falar das outras partes do corpo, que também denunciam uma pessoa.

Uma escavação está marcada por pisadas, impressões de traseiros, joelhos e mãos. Uma escavação, principalmente o terreno em torno da área arqueologicamente tratada, é massageada, sofre uma constante modelação corpórea, traçada por trilhas e caminhos. Certas áreas foram achatadas, compactadas, aplainadas pelos pés, e outras arredondadas por traseiros, coxas, costas, barrigas e quadris.

Massagear

O xamã-médico massageia, toca, acaricia, esfrega a cabeça, abraça o corpo para eliminar os objetos e as maldades da pessoa doente, possuída por algum mal (ELIADE, 2001). A terra em volta da escavação é amassada, como se fosse para ressuscitar o corpo morto estendido no chão, e é massageada como o corpinho do recém-nascido, como se para garantir sua sobrevivência.

Intermitência: perfumes e veneno das coisas em Charles Baudelaire

Le Flacon

Il est de forts parfums pour qui toute matière
Est poreuse. On dirait qu'ils pénètrent le verre.
En ouvrant un coffret venu de l'orient
Dont la serrure grince et rechigne en criant,

Ou dans une maison déserte quelque armoire
Pleine de l'âcre odeur des temps, poudreuse et noire,
Parfois on trouve un vieux flacon qui se souvient,
D'où jaillit toute vive une âme qui revient.

Mille pensers dormaient, chrysalides funèbres,
Frémissant doucement dans tes lourdes ténèbres,
Qui dégagent leur aile et prennent leur essor,
Teintés d'azur, glacés de rose, lamés d'or.

Voilà le souvenir enivrant qui voltige
Dans l'air troublé; les yeux se ferment; le Vertige
Saisit l'âme vaincue et la pousse à deux mains
Vers un gouffre obscurci de miasmes humains;

Il la terrasse au bord d'un gouffre séculaire,
Où, Lazare odorant déchirant son suaire,
Se meut dans son réveil le cadavre spectral
D'un vieil amour ranci, charmant et sépulcral.

Ainsi, quand je serai perdu dans la mémoire
Des hommes, dans le coin d'une sinistre armoire;
Quand on m'aura jeté, vieux flacon désolé,
Décrépit, poudreux, sale, abject, visqueux, fêlé,

Je serai ton cercueil, aimable pestilence!
Le témoin de ta force et de ta virulence,
Cher poison préparé par les anges! liqueur
Qui me ronge, ô la vie et la mort de mon cœur!

(Charles Baudelaire. *Les Fleur du Mal*, 1857).

10

O LUGAR DAS EMOÇÕES

Relativamente populares são as expressões carregadas de emoções a respeito de determinados achados. O primeiro caco cerâmico, uma lasca, uma ponta encontrada e as sensações vinculadas a esses objetos são descritas e expostas por Cornelius Holtorf (2002), Howard Carter, quando abriu o túmulo de Tutancâmon, e Heinrich Schliemann, que colocou as joias da Helena de Troia em sua esposa grega, a bela Sofia.

Dormir na escavação

Alguns arqueólogos e escavadores dormem diretamente na escavação, no chão inclinado, encostados na montanha do entulho, ou no chão reto, com a cabeça sobre uma trouxa, feita de um abrigo dobrado de qualquer jeito, uma camisa, um sapato, e com um chapéu no rosto. Outros preferem dormir no carrinho de mão, à sombra, embaixo de um abrigo, diretamente posicionados contra o vento ou a brisa, para se proteger das moscas impertinentes, espantando, ocasionalmente, com as mãos os demais insetos insistentes, como os besouros e carrapatos. Uma regra é básica: sempre deitar longe dos formigueiros.

Afirmam os supersticiosos: quem deita no chão de um sítio arqueológico corre o risco de ser absorvido por ele, lentamente. O chão bebe o suor do escavador, arranca pedaços da pele dele, tira seu sangue e outros sucos corporais.

Lugar dos mortos

Entre todas, não me lembro de ter lido ou ouvido qualquer manifestação de uma pessoa que tenha ido visitar um local de achados arqueológicos e dito que sentiu a mesma emoção ao visitar um cemitério. Isso dá o que pensar, pois há tantas relações em comum entre um local arqueológico e um cemitério.

Os cemitérios exercem uma forte atração sobre as pessoas vivas. Muitos anos atrás, passei a virada de ano em um pequeno cemitério com alguns amigos, bebendo champanha, comemorando o tempo que passou e o que viria, e discutindo a necessidade da vida e o sentido da morte. Coisas estranhas acontecem na cabeça das pessoas em um cemitério, na virada de ano. Os cemitérios provocam manifestações exageradas de coragem, e automaticamente a gente fala mais alto, pisa mais forte, enche o peito ou procura o braço do outro, proteção, ou fala em voz baixa de medo.

Há pessoas que visitam cemitérios mesmo sem ter um parente ou amigo descansando nele. Em cidades desconhecidas, o cemitério pode ser uma atração. Há cemitérios famosos, como o velho cemitério judeu em Praga, o Père-Lachaise em Paris, cemitérios de milhares de soldados anônimos em Verdum. As pessoas sentem certa familiaridade, sem conhecer ninguém. Conheço pessoas que vão a um cemitério apenas para ver uma única pessoa, um cantor ou uma cantora famosa, um poeta, uma pessoa pública, um atleta.

Um cemitério convida a vaguear, mesmo sendo delimitado pelas fileiras, canalizado pelos canteiros e muros; provoca uma sensação particular, convida a ler as inscrições nas pedras, decifrar os nomes, adivinhar quem eram as pessoas e suas histórias. As datas estimulam a fazer cálculos e a pensar sobre uma criança que morreu com poucos anos de idade, sobre um casal de idosos que viveram muitos anos juntos e, merecidamente, repousam descansados juntos no cemitério, sobre uma menina que só chegou aos 18 anos, outra pessoa que faleceu com 48 anos de idade ou outro aos 55. Quem sabe, o visitante já passou dessa idade e tem, imediatamente, uma sensação de ter conquistado algo, de ter vivido mais do que outros. Uma sensação de satisfação ou de dever cumprido começa a tomar conta do visitante de cemitérios. Outras tumbas estimulam a viver mais do que aquele homem que chegou até os 82 anos de idade; ou então aquela mulher ao seu lado de 88 anos mostra que é possível viver por muito mais tempo ainda. Surge uma sensação estimulante. Eu – por que não? – também posso chegar a essa idade, sou saudável, tenho ainda muita energia. Os destinos dessas pessoas foram alcançados, mas para o visitante nada está decidido, ele ainda não recebeu nenhum aviso de sua morte próxima, talvez possa até superar essas que estão aí. Quem conhece seu destino? Posso viver mais de 90 anos. É um sentimento estranho, até paradoxal: os mortos, as idades que alcançaram estimulam ou provocam os visitantes dos cemitérios a viver mais do que alguns daqueles que estão descansando aqui. Esse, quem sabe, pode ser um dos motivos para visitar cemitérios: ser incentivado pelos mortos a viver mais, a não desistir da vida, tão facilmente e tão logo. Os mortos ainda dão força de viver aos vivos (CANETTI, 1960, p. 317).

Outras estimativas instigadas pelas inscrições nas pedras não calculam a idade das pessoas, o espaço de tempo entre o nascimento e a morte, mas sua permanência no local de repouso. Essa outra questão de há quanto tempo uma pessoa já permaneceu no cemitério aproxima o visitante de um cemitério de um visitante de um local arqueológico. Tanto o visitante do cemitério quanto o historiador ou o arqueólogo que vagueia por um sítio arqueológico começam a procurar pela sepultura, pelo documento, pelo vestígio mais antigo. O tempo que separa o visitante dos mortos tem algo tranquilizador, de consolação, e provoca a expressão de um sentimento na fala: "Quanto tempo há mais estamos neste mundo?"

Os cemitérios têm pedras antigas, corroídas pelo tempo, lavadas pelas chuvas, furadas pelas raízes, cobertas por líquen e musgos. As pedras têm algo imponente, inspirador de respeito, duradouro e superam muitas vidas. Os cálculos sobre as idades das pessoas sepultadas, feitos, inicialmente, para orientar a pessoa em relação à sua própria idade, ganham dimensões e vidas próprias, mais profundas. São dimensões históricas, e não mais de uma vida individual. A duração do tempo, todos os séculos ou os milênios dos quais temos conhecimento, por meio das datas marcadas nas tumbas, nos antecederam.

O objeto encontrado em um local de achados arqueológicos, ou a vida de uma pessoa sepultada, terminou no momento da sua morte, ou de sua inutilidade. Mas para o visitante do cemitério ou do local arqueológico, o tempo continuou, passou, até que chegou ao momento atual.

Desde a morte de uma pessoa podem ter passado 200-250 anos; desde que um pote cerâmico quebrou podem ter passado 500-600 anos; então o visitante, ao passar pelo local, regressou no tempo e ficou praticamente 200 ou 500 anos mais velho do que a pessoa morta, do que o objeto quebrado. Isso porque ele conhece muitas coisas que passaram, conhece os acontecimentos, eles lhe foram contados ou transmitidos de alguma maneira, e alguns eventos ele também conhece por experiência própria. É difícil não ter algum sentimento de superioridade sobre os mortos ou sobre as coisas.

O arqueólogo sente-se dono de todos esses períodos de tempo sobre os quais tem conhecimento. Ele tem liberdade de sair, de abandonar o local da morte ou o local das coisas arqueológicas. Esses estão condenados a permanecer imóveis. O visitante sai de cena, sai do cemitério, abandona o sítio arqueológico (BLUMENBERG, 2001).

O morto no cemitério

Partimos de madrugada de Colônia, John, Jeff e eu, para chegarmos à escavação antes dos trabalhadores holandeses, para ter tempo suficiente para fazer os ajustes topográficos e para registrar com calma as evidências arqueológicas que surgiram na semana anterior, tarefas que na sexta-feira anterior havíamos deixado de fazer. Era uma segunda-feira de verão, e, depois de quase 15 dias de chuvas torrenciais, o sol retornara. A estrada entre Colônia e Aquisgrão estava praticamente vazia, o rádio tocava música, e todos estavam bem relaxados. Quando a roda dianteira da Kombi estourou, entre Hambach e Niederzier, nossos planos também estouraram, como uma bolha de sabão. Não importa! Era verão, e o tempo finalmente estava bom para escavar.

Quando chegamos à escavação, com duas horas de atraso, a polícia recém tinha chegado ao local. Dois agentes em uniforme saíram do Passat estacionado ao lado da montanha de entulho da área norte, onde, na semana anterior, tínhamos encontrado um cemitério germano-romano do século III d. C.

Jan Oosterbeek, capataz dos trabalhadores holandeses contratados para fazer as tarefas mais pesadas na escavação, saiu do micro-ônibus, mal-humorado, com bafo de cerveja já a essa hora da manhã. Peet e Hain, os outros dois trabalhadores holandeses, nem saíram do ônibus.

"Primeiro só vi a moto com o farol aceso e o motor desligado perto da tumba 17", murmurou, apontando naquela direção com a mão direita, com o cigarro aceso.

"Peet foi o primeiro que viu as botas amarelas de jardineiro enfiadas na terra. Não eram de nenhum de nós, pois não usamos botas amarelas de borracha", ironizou, "e daí chamamos a polícia".

Enquanto Jan falava, contornamos o entulho e atravessamos a planície da escavação em direção ao setor onde tínhamos localizado o cemitério. Foi pura sorte ter encontrado esse cemitério. Era minha segunda escavação como coordenador. Há dois meses estávamos escavando uma aldeia neolítica em uma área de 4 hectares, ao oeste de Colônia. Nessa região, a Companhia de Energia da Renânia (RWE) extraía carvão, em minas a céu aberto, em grande escala, para gerar energia por meio das suas usinas termelétricas. Em três enormes crateras de 50 quilômetros de diâmetro cada, um complexo sistema de máquinas e esteiras retirava, em múltiplas etapas e em diversos níveis, a terra até uma profundidade de 300 m, quando atingiam as camadas de carvão. As máquinas trabalhavam 24 horas por dia, 365 dias por ano, e nós, os arqueólogos que foram contratados para resgatar todos os vestígios históricos antes de sua destruição definitiva, tentávamos acompanhar esse ritmo alucinante de remoção e de movimentação de terra. Não havia esperança de que essa tarefa fosse cumprida com sucesso, pois ela não tinha fim. Sempre chegamos atrasados, e, às vezes, só chegamos a tempo de salvar uma coisinha qualquer de um sítio arqueológico, que simplesmente desaparecia em definitivo nas gargantas e enormes rodas com dentes dessas máquinas monstruosas.

Para combater as máquinas e para acompanhar a velocidade com que uma paisagem era transformada pela empresa mineradora, os arqueólogos procuraram adequar-se à situação. Somente era possível escavar em grandes áreas com a ajuda de máquinas. Era importante evidenciar e pesquisar o contexto arqueológico, e os objetos fora desse contexto não eram de interesse primário. Uma destruição em grande escala precisava ser respondida na mesma moeda, em escala maior de resgate.

Os sítios do período do Neolítico Médio localizados nessa região, por exemplo, tinham uma extensão de vários hectares. Nossa tarefa era salvar todo o sítio. Fundamental para a metodologia de escavação era evidenciar e reconhecer as estruturas das casas, os lixões e até as eventuais fortificações que apareciam como manchas escuras na superfície da escavação, contrastando, dessa maneira, com o solo natural de cor amarela. Os achados, como cacos cerâmicos, lascas de pedra, lâminas de machado, pontas de projéteis, núcleos, moedores e instrumentos de sílex encontrados fora dos contextos arqueológicos, dos lixões e das marcas dos postes das casas tinham pouco valor arqueológico. Esses achados apenas complementavam o conjunto geral da escavação. Engraçado é que as coisas mais bonitas e mais bem preservadas sempre eram encontradas fora do contexto arqueológico, no entulho.

As casas neolíticas de formas retangulares, que abrigavam uma família extensa, além dos animais, eram marcadas no solo da escavação com três fileiras de marcas de postes, visíveis como manchas arredondadas de até 50 cm de diâmetro. Os postes eram delimitados por uma parede, que se apresentava no solo em forma de uma faixa de 30 cm de largura, a qual contornava praticamente toda a casa. Esta tinha até 25 m de comprimento e 6 m de largura. Nas laterais dessas casas comunitárias, encontravam-se, bem na linha das goteiras dos telhados baixos, os lixões, buracos de até 2 m de profundidade, repletos de cacos cerâmicos, material lítico e restos de alimentos.

Uma e, às vezes, até três retroescavadeiras retiravam, com uma pá de 2 m de comprimento, inicialmente a camada superficial, a terra revolvida pelo arado e outras atividades agrícolas modernas, a uma profundidade de aproximadamente 40 cm, até o solo original. Essa região sempre foi de terra agrícola, desde os tempos neolíticos até hoje, por causa da excelente qualidade e fertilidade do loess.[50] Este solo de origem pleistocênica foi transportado pelos ventos e depositado nas grandes bacias geográficas da região. O loess, um pó fino de cor amarelada, quando seco, transforma-se em cimento e, quando muito molhado, em lama grudenta. Achar o ponto certo de equilíbrio entre os extremos de consistência era importante e facilitava muito o trabalho do arqueólogo. Quando recém-descoberto, logo depois da retirada da camada do solo agrícola pela retroescavadeira, a consistência do loess era a melhor. Ela permitia a raspagem e a limpeza da superfície com pá e enxada, como se fosse o chão de uma sala de estar. Esse trabalho, fundamental para visualizar as estruturas das habitações era feito pelos trabalhadores contratados. Eles eram especialistas incansáveis. Um arqueólogo andava atrás dos trabalhadores e delineava as manchas escuras com a ponta da trolha ou com uma enxadinha. Os outros arqueólogos, não mais do que três, registravam e desenhavam os contornos das evidências manchadas e delimitadas no solo.

A retroescavadeira limpava, dessa maneira, uma área de 11 m de largura e centenas de metros de comprimento. A terra remexida pelas atividades agrícolas contemporâneas, mas repleta de achados arqueológicos, era simplesmente depositada nas laterais dessas grandes trincheiras. Entre uma área escavada pela máquina e a outra, deixava-se um espaço de 9 m de largura como área de depósito provisório para o entulho. Nas áreas limpas e com os postes das casas e dos lixões delimitados, escavava-se apenas nas manchas. O loess não abrigava achados arqueológicos do tempo do Neolítico, pois era da era glacial. As manchas do período do Neolítico eram quadriculadas, e todo material arqueológico era minuciosamente recolhido e os perfis, registrados. Feito isto, as máquinas recolocavam o entulho que estava nas laterais para

---

[50] Sedimento fértil de cor amarelada, de origem glacial e transportado pela ação do vento (origem eólica).

dentro da trincheira, agora arqueologicamente salva, para evidenciar as áreas intermediárias ainda não investigadas. Todo o processo de limpeza, demarcação, registro e escavação eram feitos nessa nova área. Assim, salvavam-se, com máquinas e com poucos arqueólogos e trabalhadores braçais, sítios arqueológicos de muitos hectares de extensão em poucos dias.

Como as covas do cemitério do tempo germano-romano foram escavadas posteriormente, essas estruturas cortavam as evidências do tempo neolítico. Confesso que levei alguns dias para entender isso. Só depois que mandei um dos trabalhadores baixar o nível estratigráfico e quadricular uma dessas perturbações quase imperceptíveis sobre o fundo amarelado do loess, encontramos as primeiras tumbas. Depois, e uma vez entendidos o padrão e a coloração das evidências do período germano-romano, achamos um total de 28 sepulturas. O tempo, como sempre, estava correndo contra nós. A cada dia, as máquinas monstruosas aproximavam-se mais da escavação. Além do mais, não parava de chover, e, quando chove, o loess transforma-se em lama grudenta.

Mesmo nessas condições, empurrados pela pressa e pelas máquinas, iniciamos a escavação sistemática das tumbas, deixando, por enquanto, de investigar e de salvar as estruturas neolíticas. Algumas covas tinham uma profundidade de 2 m, o que significava trabalho redobrado para os holandeses, contratados como trabalhadores braçais. Todas tinham com oferendas ricas e valiosas: recipientes cerâmicos, conjuntos de pratos de *terra sigilata*, aparelhos para beber, taças, tigelas e garrafas de vidro, armas de metal, fivelas de ouro e prata; enfim, eu nunca tinha visto tanta diversidade e tanta riqueza, mas dos esqueletos restava apenas uma sombra. O loess tem a característica de retirar do solo o calcário e de transformá-lo em concreções de carbonato de cálcio, que lembram, às vezes, figuras humanas, chamadas pelos colonos de *Lösskindel*.[51] Assim, o loess simplesmente devorou a cal das ossadas e no seu lugar deixou uma argila de cor marrom. Apenas o esmalte dos dentes estava preservado, e nada mais. Com bastante cuidado, fatiando com a trolha afiada o sedimento em finas camadas, podiam-se ver os mínimos detalhes na sombra dos ossos.

Trabalhamos embaixo de chuva e, mesmo assim, conseguimos escavar seis tumbas até o fim de semana. A cada dia, a situação piorava. A lama tomou conta da escavação. Um dia, conseguimos sair da escavação apenas com a ajuda do Sr. Clausen, que, por acaso, passava com seu trator perto da

---

[51] Crianças do loess.

escavação e tirou a nossa Kombi do atoleiro. Foi, mais uma vez, pura sorte, pois a área da escavação estava longe da aldeia mais próxima ainda habitada, já que até as aldeias tinham sido destruídas pelas máquinas e seus moradores, realocados para as novas aldeias construídas pela mineradora. Nós mesmos, durante a semana, vivíamos em uma das aldeias, já desocupada e prestes a ser destruída, que tinha sido construída no século XV. Passávamos os fins de semana na cidade de Colônia, onde eu estudava naquela época.

Contornamos o entulho, os dois policiais, John, Jeff, Jan e eu. Vi de longe a moto, ainda com os faróis acesos, e, perto da tumba 17, a maior e a mais profunda encontrada até então no cemitério, depois vi também as botas amarelas, parcialmente soterradas e com o solado virado para cima. Era um cenário grotesco, nem parecia de verdade. Parecia que a boca aberta da tumba tinha engolido alguém. Um policial retornou correndo para a viatura para chamar a ambulância e a perícia. O outro, um senhor já de idade e perto da aposentadoria, tirou um bloquinho e começou a anotar os nossos nomes. Depois, John pegou a Kombi para irmos até o telefone público mais próximo para informar o coordenador do projeto de salvamento arqueológico a respeito do incidente, bem como a segurança da mineradora, que deveríamos ter chamado logo depois que descobrimos o acidente.

Não participamos do desenterro do corpo; foi o pessoal da perícia que tomou conta da escavação. Para surpresa nossa, quem foi desenterrado foi o Sr. Clausen. O médico da ambulância só pôde constatar a morte. Tudo indicava que ele tinha aproveitado a nossa ausência, no fim de semana, para, durante a noite, dar uma olhada naquilo que estávamos fazendo. Para ter luz, deixou a moto ligada e deitou-se na borda da tumba para ter uma visão melhor. A terra encharcada cedeu, e ele caiu, de cabeça para baixo, na tumba germano-romana.

Deitar-se com os mortos

Encontrar um esqueleto humano arqueológico completo é uma raridade, pelo menos no meu contexto atual de trabalho, ainda mais quando ele apresenta-se ao arqueólogo em situação privilegiada, chamada de *"in situ"*, e em bom estado de conservação. Nesse caso, trata-se, geralmente, de um sepultamento que merece todo o respeito por parte do escavador. Para dizer a verdade, não faço muito esforço para encontrar um sepultamento. Tenho muito respeito para com os mortos.

Encontram-se, com relativa frequência, fragmentos de esqueleto humano, uma falange, um dente, um pedaço qualquer de osso, e muitas vezes em contextos indefinidos.[52]

O Sr. Armando achou uma ossada! Já estávamos escavando há várias semanas, com sucesso variado, no vale do rio Chocolatão, para salvar os sítios arqueológicos da submersão provocada pela construção de uma barragem hidrelétrica. Decidimos tirar um dia de folga para seguir as indicações do Sr. Armando e ver essa ossada.

"É de gente morta!", afirmava o Sr. Armando em voz baixa e meio tremida.

Andamos de "Bandeirante" por mais de duas horas, por estradas empoeiradas, no meio da caatinga, atravessamos córregos secos de cascalho e seixos do tamanho de ovos de dinossauros até que, no final da manhã, chegamos ao pé da Serra Azul, onde uma imensa parede de calcário nos fez parar. Seguimos a pé por trilhas de gado e caprinos, ao longo do paredão. Suados, arranhados pelos espinhos e perseguidos por moscas e moscões, entramos, guiados pelo Sr. Armando, num abrigo espaçoso e escondido atrás de alguns blocos de rocha e de uma moita espinhenta.

O abrigo servia, aparentemente já há muitos anos, de curral para os animais da fazenda onde o Sr. Armando trabalhava como capataz. O lugar tinha um aspecto desolado aos olhos de um arqueólogo. Não para o Sr. Armando.

"Que beleza de lugar, doutor! O gado adora isto aqui!"

O chão, fofo e coberto de poeira, estava muito pisoteado. Excremento e urina empeçonhavam o ambiente, e as moscas faziam o ar quente vibrar. Logo na entrada do abrigo, onde as pisadas do gado tinham quebrado a borda do barranco, encontramos as primeiras evidências arqueológicas. Infelizmente, da "gente morta" sobrou muito pouco, apenas farelo de osso espalhado pelo chão. Inclusive, o gado comia os ossos por falta de minerais.

Como esse abrigo também estava dentro da área a ser diretamente afetada pela construção da barragem hidrelétrica, decidi escavar, depois da conclusão das outras escavações, para recolher o resto daquilo que tinha sobrado do esqueleto humano exposto pelo gado e, se fosse o caso, salvar outros esqueletos, que certamente encontraríamos nesse sítio.

A pressa era grande, e a nossa equipe era pequena. Com apenas quatro arqueólogos, Joaquim, Júnior, Neide e eu, demoramos mais duas semanas

---

[52] Essa é, aliás, uma expressão usada frequentemente pelo arqueólogo quando quer esconder o fato de que cometeu uma série de erros durante a escavação e não quer que alguém saiba.

para terminar as escavações dos outros sítios. Levamos muito tempo para encontrar apenas algumas lascas, alguns cacos de cerâmica e restos de uma fogueira. Restaram-nos apenas seis dias para salvar o sítio da ossada do Sr. Armando, antes do fechamento da barragem e da inundação completa do vale do rio Chocolatão.

No começo, nada deu certo. Gastamos quase um dia para convencer o dono da fazenda, onde o Sr. Armando trabalhava, a retirar o gado do abrigo da ossada.

"O gado é manso, doutor. Só ataca quando é provocado. Não se preocupe, doutor!"

Mesmo assim, não queríamos arriscar, e uma dezena de animais pisoteando na escavação... nem pensar! À tarde, montamos nosso acampamento e iniciamos as medições topográficas do local e as primeiras sondagens.

No começo do outro dia, resolvemos a situação dos ossos humanos que haviam sofrido com o pisoteio do gado. Pouco se pôde fazer, além de fotografar, georreferenciar e recolher o que tinha sobrado da ossada descoberta pelo Sr. Armando. Ainda antes do meio-dia, iniciamos a escavação em uma área de 5 m por 5 m de extensão, no fundo do abrigo. Pela posição estratigráfica dos ossos pisoteados que encontramos na barranca da entrada do abrigo, esperávamos encontrar vestígios de ossadas humanas a partir de uma profundidade de meio metro. Escavamos com pressa, mas tomando os cuidados necessários, até o fim do dia. Pouco se falava, e todos estavam concentrados e tensos, na expectativa de, finalmente, achar os primeiros indícios de um sepultamento. Nada foi encontrado.

No terceiro dia, levantamos cedo, tomamos um breve café da manhã e logo continuamos a escavação. Na profundidade de quase 1,5 m, no fim da tarde, achamos um primeiro esqueleto de uma mulher, jovem e sepultada em posição infletida. Dois pequenos recipientes de cerâmica pintada estavam posicionados do seu lado direito, na altura do fêmur. Neide achou, logo depois, ao lado da jovem, a tumba de um homem idoso enterrado em posição estendida. O homem tinha uma lâmina de machado colocada aos seus pés, e do seu lado direito encontramos um esqueleto de um cachorro. Nunca antes eu tinha visto algo igual e de tão boa conservação. Certamente achamos um cemitério muito interessante, e podiam esperar-se mais tumbas.

"Nada de pânico, pessoal, temos ainda três dias para resolver este problema e para salvar os mortos", disse eu, tentando acalmar a ansiedade e o desespero dos colegas.

"Trabalharemos dia e noite", sugeriu Neide, "à luz das lamparinas de querosene".

Todos concordaram. A empolgação, inicialmente, era grande, mas aos poucos o cansaço acumulado nos últimos dias de trabalho começou a tomar conta de cada um de nós. Fomos desistindo um por um. Primeiro foi Joaquim que se recolheu, alegando dor de cabeça. Logo em seguida, Júnior despediu-se. Eu tentei persuadir Neide a parar de trabalhar. Já era quase meia-noite, e, nessa hora, não se mexe mais com ossos de gente morta, alertei-a em tom de brincadeira. Exaustos, todos fomos dormir, menos Neide, que apenas queria evidenciar melhor, com a ajuda de um pincel macio, os ossos dos dois esqueletos, para não perder tempo e, já na primeira hora do outro dia, poder tirar as fotografias e fazer os desenhos.

Preocupados e receosos por de ter deixado Neide sozinha na escavação, levantamos cedo. Naquela manhã, antes do clarear do dia, não tomamos café nem escovamos os dentes. Partimos ansiosos do acampamento, para logo retomar os trabalhos. Ninguém viu Neide, nem quando chegamos ao abrigo. Aproximamo-nos da escavação, e lá estava ela, dormindo tranquilamente, deitada ao lado da jovem e do velho com seu cachorro. O cansaço também tinha tomado conta dela, mas, teimosa do jeito que ela era, não se deu por vencida e continuou trabalhando até que, em sono profundo, praticamente desmaiou e desabou por cima dos esqueletos. Ela destruiu todas as ossadas! Todas, tão cuidadosamente evidenciadas e acariciadas por um pincel macio, em horas e horas de trabalho.

Encontro com o morto

O acervo arqueológico do Instituto de Patrimônio Arqueológico do Estado de Hessen, na Alemanha, estava no porão de um antigo prédio construído no século XVIII, que tinha enormes blocos de arenito na base, tijolos maciços até a altura de três andares e um teto de duas águas coberto com telhas de barro, no estilo colonial. Na frontaria, abriam-se dois enormes portões, que levavam a um pátio interno. As janelas eram estreitas, compridas, brancas e divididas em oitos retângulos. Os quartos eram espaçosos e com pé-direito alto. Para os estudantes de Arqueologia da Universidade de Marburg, o Instituto oferecia uma oportunidade excelente para fazer um estágio realmente qualificado e, sobretudo, ganhar algum dinheirinho, que ajudava a pagar as contas. A Universidade, naquela época, era completamente gratuita, e os alunos, isentos do pagamento de taxas administrativas.

Três vezes por semana, eu lavava, numerava, classificava e acondicionava o material arqueológico de um sítio do Neolítico Superior, que fora escavado pelos funcionários do Instituto, auxiliados pelos estudantes da Faculdade de Arqueologia. O Instituto tinha, naquela época, um técnico em Arqueologia, dois secretários, um desenhista e fotógrafo. O chefe era um doutor em Arqueologia com excelente formação acadêmica. A profissão de técnico em Arqueologia não exigia curso universitário. O técnico precisava ter experiência e a capacidade de planejar e fazer uma escavação arqueológica sem a supervisão direta e constante do coordenador do projeto. O técnico fazia todo o trabalho de campo, além de organizar a curadoria dos objetos encontrados. A obrigação do arqueólogo e chefe do Instituto era confirmar e eventualmente corrigir a classificação dos objetos, além de escrever seu relatório ou artigo científico. O trabalho do técnico era de muita responsabilidade e exigia conhecimento nas técnicas de campo e nos métodos de classificação da cultura material arqueológica. Exigia também habilidade e um bom trato com os trabalhadores braçais contratados para os serviços pesados e com os estudantes de Arqueologia, em sua maioria aprendizes e novatos na profissão.

Esse técnico com superpoderes no Instituto era Ernesto. Ele usava roupa tradicional de bávaro – apesar de ser nativo de Hessen –, que consistia de chapéu de feltro enfeitado com plumas de galo da serra, camisa quadriculada vermelho-branco, verde-branco e azul-branco, calça três quartos de couro, com suspensório, meias longas de cor cinza e de lã que chegavam até os joelhos e que Ernesto usava até no verão; sempre calçava botas de alpinista. Quando criança, Ernesto sofrera um acidente na propriedade rural do seu tio, que deixara seu joelho direito sem mobilidade. Mesmo assim, ele fazia todos os trabalhos em campo, sem dificuldade. Reclamava de dor somente quando o clima mudava.

Há dois meses eu trabalhava com os achados arqueológicos no porão daquele edifício velho e enorme, que também servia como acervo temporário. Quando devidamente curado, higienizado, numerado, etiquetado e embalado, o material era transportado para a capital do estado, onde estava o acervo principal do Instituto de Patrimônio Arqueológico de Hessen. O porão era escuro, desgastado e com cheiro de mofo, como todos os lugares fechados e úmidos. As caixas de papelão nas quais costumávamos acondicionar provisoriamente os achados contribuíam para esse clima inóspito do acervo.

Eu trabalhava lá todas as segundas, quartas e sextas-feiras. No último dia da semana, costumávamos sair, depois do trabalho feito, com os funcionários do Instituto para tomar um chope e comer algo num restaurante chamado "A Locomotiva". Nome conveniente e certamente inspirado na forma da casa de três andares, posicionada na ponta de duas ruas, que se encontravam formando uma junção em um ângulo agudo. A primeira casa, onde estava a "A Locomotiva", era a primeira de uma longa fileira de casas, todas da mesma altura e com a mesma fachada e sequência de janelas, tanto que parecia um trem que passava pela cidade em marcha lenta, à medida que os carros, caminhões, ônibus e pedestres passavam em velocidades variadas.

Ernesto bebia muito, regularmente, em grande velocidade, misturando cerveja com destilado, até que não dava mais. Ele costumava passar do ponto. Foi também assim naquela sexta-feira, no verão de 1988. Depois de duas horas de bebedeira sistemática, Ernesto começou a cantar canções antigas e inadequadas e a falar em voz alta, carregada de agressividade. Esse era o sinal de partida. A mesa desfez-se, e a dona do restaurante, a Sra. Matilde, que já conhecia sua clientela, chamou um táxi para que levasse o Ernesto para casa. Estávamos completamente despreocupados. Além do mais, ele tinha uma esposa e uma filha que certamente iriam cuidar dele, como, aliás, sempre faziam quando chegava em casa nas sextas-feiras, nesse estado bastante alterado. O grupo separou-se, cada um foi tomar conta de seus assuntos particulares. Eu fui para casa.

Na segunda-feira, cheguei ao Instituto um pouco depois das 7 horas, antes do meu horário de costume. Abri o portão, e não havia ninguém no prédio. Atravessei o pátio e desci a longa escada para o porão, onde estava o acervo do Instituto. A porta estava aberta, mas no momento não registrei esse fato. Liguei as luzes, as velhas lâmpadas de neon piscaram e demoraram, como sempre, para acender completamente. Fui diretamente para a pia, onde deixara um balde com pedras de molho, que pretendia lavar, e, quando me virei, vi uma sombra que parecia ser de uma pessoa em pé, atrás da enorme estante de ferro com prateleiras de madeira, onde costumávamos guardar as caixas com o material arqueológico já numerado e embalado. Levei um susto e, instintivamente, disse o nome do técnico.

"Ernesto?"

Realmente. Lá estava ele, de pé e encostado contra a enorme estante de ferro, do jeito como costumava parar, um pouco inclinado por causa de sua perna acidentada.

"Bom dia!", disse aliviado, "você chegou mais cedo hoje?"

Somente então percebi a posição estranha em que Ernesto estava, meio de lado, com uma ponta do pé levemente encostado no chão e com a outra perna no ar, a cabeça inclinada para frente, o rosto roxo e a ponta da língua fora da boca. Na frente dele estava a velha cadeira de madeira caída no chão, com uma das pernas quebrada. Vi tudo isso num piscar de olhos e, quando senti o choque de adrenalina explodindo no meu corpo, gritei e saí correndo.

Levei um tempão para me recuperar. Nesse meio tempo, as secretárias chegaram... houve mais gritaria e choro, e depois alguém chamou a ambulância. A perícia chegou e constatou que Ernesto tinha cometido suicídio, com uma corda amarrada no pescoço e na estante de ferro. Ele não tinha voltado para casa na sexta-feira, continuou bebendo e acabara tirando sua vida no acervo úmido e depois ainda mais deprimente localizado no porão daquele enorme prédio de pedra e tijolo que abrigava o Instituto de Arqueologia. Nunca mais botei os pés no porão do Instituto. Não terminei meu estágio nem lavei as pedras que deixei de molho. E cada vez que desço a um acervo localizado no porão de um prédio, penso em Ernesto.

Comer e ressuscitar os mortos

A morte, a possibilidade de renascer e a esperança da eternidade fazem parte das nossas vidas (PREUSS, 1930). Uma história de morte e de renascer é contada na mitologia grega. Pélope foi cortado em pedaços por seu pai, Tântalo. O corpo do menino foi cozido e servido aos deuses do Olimpo, para testar sua onisciência. Logo todos os deuses perceberam essa trapaça maldosa e recusaram a sopa; apenas Demétrio, em luto pela morte de sua filha Perséfone e fora de si, comeu, acidentalmente, um pedaço do ombro. Zeus, imediatamente, ordenou que Hermes recolocasse os pedaços do corpo novamente na panela, da qual a ninfa Cloto fez renascer o jovem e belo Pélope. O osso do ombro, a omoplata, que faltava foi refeito e substituído por Demétrio por outro elaborado em marfim. O pai do Pélope, o rei Tântalo, foi condenado pelos deuses a sofrer eternamente.

A próxima história sobre morte, ossos e mortos, registrada pelos irmãos Jacob e Wilhelm Grimm e publicada em 1808 por Achim von Achim, trata do pássaro e do *Machandelboom*.[53] Os irmãos Grimm contam o mais ou menos a seguinte história:

"Certa vez, a piedosa esposa de um homem rico estava descascando uma maçã embaixo de um zimbreiro. Ao se cortar, ela desejou ter um filho

---

[53] *Wacholderbaum (Juniperus communis)*.

com os lábios e as bochechas tão vermelhas quanto o sangue, e a pele branca como a neve. Logo em seguida ela engravidou, mas morreu durante o parto do menino e foi enterrada embaixo do zimbreiro. Depois de um período de luto, o homem rico se casou com uma mulher que já tinha uma filha (Marlene). Essa nova esposa odiava profundamente seu enteado. Um dia, quando sua filha desejava comer uma maçã, seu irmão também quis comer uma. Quando o enteado se abaixou para escolher uma fruta do fundo do baú, a mulher maldosa se aproximou dele e cortou sua cabeça com a tampa pesada do baú. Assustada, a mulher recolocou a cabeça sobre os ombros do menino, amarrou um lenço vermelho no seu pescoço, colocou-o, com uma maçã na mão, sentado numa cadeira frente à porta da casa, como se nada estivesse acontecido, e conversou descontraidamente com ele. Como o menino não respondia, a mulher mandou a filha castigá-lo pelo desrespeito e dar-lhe umas boas bofetadas. A menina bateu de leve no meio-irmão, e a cabeça do menino caiu no chão. Assim, a mulher culpou a própria filha pela morte do seu meio-irmão. Depois, a mulher cortou o corpo do menino e colocou os pedaços na sopa que estava preparando, enquanto as lágrimas da menina caíam na sopa. Durante a janta, o pai, triste ao ser informado por sua esposa que seu filho teria, repentinamente e sem aviso, abandonado a casa, tomou toda a sopa com muito apetite. Depois da refeição, a filha juntou os ossos, colocou-os num lenço de seda e os depositou embaixo do zimbreiro. De repente, surgiu uma luz, os galhos do zimbreiro mexeram-se como braços e mãos, e do meio do fogo e da fumaça surgiu um lindo pássaro cantante. Os ossos desapareceram. O pássaro lindo voou e cantou alegremente na frente da casa de um ourives, a seguir, na frente da casa de um sapateiro e, depois, no topo de uma tília enorme que crescia na frente de um moinho. Como recompensa por seu canto maravilhoso, o pássaro recebeu uma corrente de ouro do ourives, um par de sapatos vermelhos do sapateiro e uma grande pedra de moer do moleiro. Por fim, o pássaro cantou no topo do zimbreiro, na frente da sua casa. Enquanto o pai ficou encantado e feliz, a madrasta ficou com medo e horrorizada com o canto do lindo pássaro. Logo, o pássaro colocou a corrente de ouro no pescoço do pai, pôs os sapatos vermelhos nos pés da sua meia-irmã e jogou a enorme pedra de moer na cabeça da madrasta. Imediatamente, o pássaro desapareceu, e o filho renasceu da fumaça e do fogo. Os três sentaram-se à mesa e continuaram jantando contentes e em paz".

    São histórias como essas que me inspiraram a dar este título ao manual e contar a história dos ossos e dos ofícios dos arqueólogos. O arqueólogo encontra, como parte do seu ofício, ossos de pessoas e de animais e, de uma forma ou outra e como por um truque de mágica, faz renascer essas criaturas mortais.

Esse conto do pássaro e do zimbreiro está acompanhado, como em muitos contos dos irmãos Grimm, por uma poesia, uma canção, que todas as crianças conhecem e cantam:[54]

Intermitência: Ossos do ofício

Der Machandelboom

"Mein Mutter, die mich schlacht',
mein Vater, der mich aß,
mein Schwester, der Marlenichen,
sucht alle meine Benichen,
bind't sie in ein seiden Tuch,
legt's unter den Machandelbaum.
Kywitt, kywitt, wat vör'n schöön Vagel bün ik"!

(Jacob e Wilhelm Grimm, *Kinder-und Hausmärchen*, 1812)

Intermitência: propício a ressurreições por Wladimir Saldanha

ELEGIA PARA EHUD NETZER, MEU PAI

"o morrer que lhe vem daquela vida onde teve/ seu sentido (...)"
RILKE. *O Livro de Horas*. Trad. José Paulo Paes.

Cai na própria busca,
sítio arqueológico,
esta a que chamam de morte.
O rei o aguarda na corte:
não é resvalar no andaime,
é dar-se alguém a quanto ame.

---

[54] "Minha mãe que me carneou, meu pai que me comeu, minha irmã, a Marlene, juntou meus ossinhos, os guardou num lenço de seda e os colocou embaixo do zimbreiro. Kywitt, kywitt que lindo passarinho eu sou!" (tradução minha).

§

O primeiro poeta, vate,
dirá: "Cumpriu-se a praga, o último edito
do mais colérico,
do mais cruel e injusto, do mais
favorecido pela sorte"

– é Flavio Josefo: do rei Herodes.
Não desperta, porém,
aquela tristeza que intentara o rei:
ceifar uns nobres no hipódromo
a fim de que houvesse pranto, afinal
em seu próprio funeral
como nenhum outro seco de lágrimas.

Se até a viúva de Netzer tem agora seu meio sorriso
ao contar da queda
no documentário!
Hesita a lágrima,
e apenas lubrifica seu olhar
de mulher cansada, de rainha –
Mariana
sem conjuras, um colírio.

O vate não o alcança:
era Ehud Netzer, 76,
e precisava saber do sarcófago.

§

Sabia
que havia uma escada: procura
por ela. Tinha desde então
os pés no ar
e cria nos degraus

de suas fontes, os degraus
que ninguém via.

Vestígio qualquer de lanço,
de patamar
desdobrava-se...
Quando a achasse,
à Escada,
uma pedra mais dura sob a terra,
um degrau,
ângulo de noventa graus,
outro igual,
ah, não precisava de mais nada.

§

Perturba sondar o desejo
de tão perto:
dividi-lo em quadrículas
para decapagem, cavar
com colher, com espátula
até descobrir –
não é Cisjordânia
onde foi Jericó, não é
Israel na Palestina, não é cizânia, política,
sobretudo não é política
– é poeira calcária vermelha suspensa
no baque:

o galardão a guirlanda,
ele não vai, não vai
à grande exposição do Museu de Jerusalém,

Herodes, o Grande, também não,
saqueado que foi pelas revoltas contra Roma
– deduz o segundo poeta, historicista,

o autoiludido
(há algo por saber que só na morte).

§

Ciel! ne pui-je inspirer que la haine, ou l'effroi?
– brada no ar
até o rei de Voltaire
em *Hérod et Mariamne*. Pois não foi
resvalar no andaime:
foi dar-se alguém a quanto ame, foi
e célere
para o detalhe: ter sido a queda
no terceiro dia após
o achamento –
pedala agora a Escada,
bicicleta,
joga-me aliás no ar
só então me ampara
como um pai, o meu pai,
e vamos rir, vamos dobrar o riso,
ó arqueólogo,
sou o terceiro poeta, teu elegíaco
neste Terceiro Dia,

tão propício a ressurreições.

***

Wladimir Saldanha. *Natal de Herodes*, 2016.

11

O LUGAR DA MEMÓRIA

Na sabedoria popular, o corpo humano tem espaços que podem ser preenchidos com coisas materiais sólidas, com substâncias pastosas, líquidas e gasosas e com coisas imateriais. Esses espaços precisam ser esvaziados, com certa regularidade, para dar lugar a coisas novas. Todas essas ações, de preencher e de esvaziar, provocam sensações. O espaço aberto entre os braços procura o abraço, entre um pé e outro pé cabe um passo, que leva a outros; muitos passos atravessam os continentes e levam até a saltar na lua. No lugar apertado entre o dedo e o polegar, cabe uma pulga, um cabelo, um beliscão. A boca não só retém e expele comida, bebida e o ar que se expira e inspira, mas também as palavras do revoltado, do amante e do fofoqueiro. Os olhos enchem-se de lágrimas. Dizem que o coração, bem como o peito, é o lugar para guardar as pessoas amadas, para congelar a vingança ou o ódio, esconder o medo. A barriga é o lugar onde alimentamos as emoções e onde guardamos as borboletas da ansiedade. Na cabeça, há muitos lugares, também para as coisas que chamamos de memória, conhecimento, sabedoria, dados; ela é lugar da inteligência do ser humano.

O vazio em algum espaço no corpo traz desconforto e tristeza, mas também paz e tranquilidade. Precisa estar preenchido com algo, não importa o que for, para sentir-se vivo, precisa estar vazio ou aberto para sentir-se vivo. Na cabeça, há espaços específicos para as coisas da memória. A memória, por sua vez, é um espaço no qual armazenamos as coisas que são evocadas em caso de necessidade. Memorizar descreve a ação de acessar esse espaço e as coisas nele guardadas (CASEY, 1987).

Algumas coisas são memorizadas facilmente, outras desaparecem no espaço da memória, são esquecidas, mas outras que queremos que sejam esquecidas são sempre lembradas. O esquecimento é uma arte. O esvaziamento do espaço da memória precisa ser aprendido e treinado. O vazio de algum espaço no corpo traz tranquilidade, inércia, paz. A meditação é uma das formas dessa arte. Os monges budistas ensinam essa arte. Intoxicamos esse espaço da memória com fumaça ou com líquidos, para dificultar o acesso a essas coisas não desejadas, e morremos fazendo isso.

A ideia da mente humana como espaço onde as coisas da memória ocupam algum lugar não está apenas no imaginário da sabedoria popular. Irineo Funes, personagem caracterizada por Jorge Luis Borges, foi dotado de uma extraordinária capacidade de memorizar, após ter caído de um cavalo xucro. Borges surpreende-se com a capacidade desse homem simples que

> [...] sabía las formas de las nubes australes del amanecer del treinta de abril de mil ochocientos ochenta y dos y podía compararlas en el recuerdo con las vetas de un libro en pasta española que sólo había mirado una vez y con las líneas de la espuma que un remo levantó en el Río Negro la víspera de la acción del Quebracho. Esos recuerdos no eran simples; cada imagen visual estaba ligada a sensaciones musculares, térmicas, etc. (BORGES, 1956, p. 6).

Esse homem, gaúcho do Uruguai, que ficou paraplégico aos 19 anos, vivia na escuridão, deitado num catre nos fundos da casa de sua mãe, aprendeu, sem maior esforço, a falar inglês, francês, português, latim. Entretanto não era muito capaz de pensar. Pensar é esquecer diferenças, é generalizar, é abstrair. No mundo cheio de coisas de Irineo Funes, não havia senão detalhes, quase imediatos.

Aquilo que fora provocado por um acidente, um capricho da natureza, uma aberração quase patológica, no caso de Funes, memorizar coisas, é considerado uma arte que pode ser exercitada, é fruto de um treinamento, de uma técnica praticada que incorpora memória.

Ars Memorativa

A arte de memorizar, *ars memorativa*, ensinada no auge da Retórica, nas escolas da Antiguidade clássica da Grécia e de Roma, no período medieval e até no início da Era Moderna, não é mais praticada nas nossas escolas nem nas universidades. Não se podem confundir as coisas: a *ars memorativa* não é uma metodologia para decorar aquilo que deve ser memorizado, mas uma arte no sentido de conseguir aumentar a capacidade natural de memorizar, de acessar o espaço da memória

Os resultados são surpreendentes e até parecem magia. É sabido que Ciro conhecia os nomes de todos os seus soldados. Crasso, procônsul da Ásia Menor, dominava os cinco diferentes dialetos gregos; conta-se que Teodectes, retórico e poeta grego, recitava sem dificuldades versos extensos, logo após tê-los ouvido uma única vez. Isso era possível graças a um sistema mnemônico de relacionar coisas com coisas, que aumenta a capacidade natural do espaço da memória e de acessar rapidamente aquilo que foi memoriza (YATES, 2007; CARRUTHERS, 2009).

Percebo a falta dessa capacidade no meu dia a dia. Até hoje, cada vez que preciso confirmar e achar uma palavra em um dicionário, aciono um dispositivo que desencadeia, rapidamente, uma sequência de letras do nosso alfabeto, até encontrar a letra certa e, consequentemente, o espaço correto da palavra procurada no livro. Quando faço cálculos matemáticos, só encontro o número certo depois de ter passado, mentalmente, todos os números equivalentes da tabuada de multiplicações e divisões. Faço as somas com a ajuda dos dedos, sempre iniciando com o minguinho da mão esquerda. Consigo, então, somente, e graças ao sistema de repetições mediante o qual aprendi a decorar o alfabeto e os números, acessar uma informação desejada por meio da mesma repetição mecânica e sempre da mesma sequência de letras e de números.

Essa forma de ensinar a lembrar, que, na verdade, é um adestramento, e não um ensinar, não tem nada a ver com as regras da *ars memorativa*. Lá, aquilo que deve ser memorizado é arrumado com a ajuda de determinados truques, de tal maneira que aquilo que é memorizado pode ser acessado, quase diretamente e em qualquer ordem. Isso é feito pela associação daquilo que merece ser memorizado com outras coisas, com um espaço arquitetônico ou natural, com números, letras, figuras, formas, signos ou imagens.

Memória dos lugares

Da mesma maneira como guardamos coisas em algum lugar na nossa cabeça para melhor praticar a arte da memória, também as coisas que estão guardadas em algum lugar físico podem estimular as nossas memórias, que, por sua vez, transformamos em lembranças.

Ítalo Calvino (1998) viaja por cidades imaginadas e, consequentemente, utópicas e brinca com as duas formas de memorizar: com uma que remete a outras coisas, quando é praticada como *ars memorativa*, e com outra que aciona e que estimula a memória. O visitante de uma dessas cidades imaginárias, a cidade de Zora, encontra-se em uma situação desesperadora para quem pretende preservar um espaço urbano ou um espaço qualquer, que até pode ser chamado de natural. Por um lado, o sábio que conhece Zora usa, para evocar sua memória, a imagem de diferentes lugares na cidade, em determinada ordem decorada, para preenchê-los com aquilo que deseja memorizar, exatamente como recomendam os sábios da *ars memorativa*. Por outro lado, praticando esse exercício da arte de memorizar, o viajante é obrigado a criar categorias de referência simples e estáticas, que se encontram vazias, pois entraram em esquecimento. Quando guardamos algo na memória, queremos que isso ou aquilo se preserve, escape da destruição, no decorrer do tempo, e que entre em algum lugar da nossa memória, na cabeça e, dessa maneira, escape do esquecimento e da destruição.

Paisagens são transformadas, a natureza é cultivada, o solo é manipulado para ser terra agrícola, os bosques são derrubados para virar lenha, os rios geram usinas hidrelétricas, mas uma cidade é construída para durar para sempre. Ela é planejada para o futuro, para durar até a eternidade. Construí-la significa lutar contra a constante destruição que ocorre no decorrer do tempo, destino de todas as coisas. A cidade, tal como é planejada, tem uma dimensão eminentemente utópica, pois se coloca além da ordem natural, da destruição permanente. Ela é projetada para estar distante da destruição permanente, pois é algo inexistente na natureza. Essa cidade utópica e eterna é praticamente inacessível, é protegida, desde os tempos de Jericó, por uma muralha, que a separa da natureza e da destruição. Essa cidade aprisiona e ao mesmo tempo liberta seus cidadãos. Assim, nós fomos expulsos do Jardim do Éden, para morar na cidade de Deus. Mas os futuros moradores são obrigados a viver na cidade que foi projetada e construída pelas antigas gerações de cidadãos (GROYS, 1997, p. 92). Essa cidade é imperfeita, pois foi construída conforme a vontade de muitos outros, como alerta René Descartes em suas reflexões no discurso sobe o método.

> Assim, as antigas cidades [...] são geralmente tão mal proporcionadas, em comparação com as praças regulares, traçadas por um engenheiro, conforme a sua fantasia, numa planície, que embora considerando os seus edifícios um por um, neles se encontra muitas vezes tanta ou mais arte do que nos das outras [...]. É verdade que nunca se viu derrubarem-se todas as casas de uma cidade só com o propósito de refazê-las de outra maneira e de tornar assim as ruas mais belas; mas vê-se que muitos fazem demolir as suas para reconstruí-las e que até, algumas vezes, são forçados a isso, quando elas estão na iminência de ruir e os seus alicerces não estão muito sólidos. (DESCARTES, 1979, p. 50).

Então, qual cidade e qual paisagem pretendemos memorizar, construir, conservar, eliminando, preenchendo, abrindo e esvaziando os espaços

(DEHIO; RIEGL, 1988; BENDER, 2002)? O conflito está armado: por um lado, tentamos, de forma constante, preservar aquilo que mais se aproxime do nosso sonho da cidade eterna e perfeita, e, por outro lado, estamos demolindo e melhorando tudo aquilo que não merece ser mantido (GROYS, 1997, p. 93). No entanto, entre os sonhos daquilo que deve ser eterno e a decisão sobre aquilo que deve ser findável está, novamente, a mudança. Os sonhos do eterno e do findável mudam, pois essas ações e posturas ocorrem em tempos e dimensões históricas.

Posturas e ações radicais para interromper essa sequência de construções, de destruições e de decadências e para criar uma cidade ideal foram adotadas por autoridades, técnicos e pensadores. As visões revolucionárias, nesse sentido, de Le Corbusier (1984) são exemplos de uma tentativa de construir a cidade eterna. E, mesmo que existisse um plano uniforme para a construção de uma cidade eterna, estamos vivendo, como salienta Descartes, sempre no provisório, que, por sua vez, transforma-se na única coisa verdadeiramente constante e permanente em uma cidade.

Para construir essa cidade planejada e ideal, como foi idealizada Brasília, necessitamos de trabalhadores, que devem morar em algum lugar. Eles precisam de casas, de apartamentos para morar, de supermercados, de campos de futebol, de igrejas, de estradas, de fábricas, de bares, de restaurantes, de cemitérios, de hospitais, até que a cidade utópica seja construída. Isso requer tempo e planejamento. Para isso, mais uma cidade provisória precisa ser erguida, ainda menos perfeita e mais provisória do que a outra, que, por sua vez, necessita de mais outra cidade provisória, e assim por adiante. Essas cidades provisórias e transitórias, com infinitas sequências de construções e destruições, são a cidade do pesadelo, da guerra de *Blade Runner*, do *Exterminador do Futuro*, de *Matrix* e, daqui a pouco, também a nossa realidade.

A cidade não utópica, a nossa cidade, é aquela que foi construída do nosso e no nosso contexto, e no nosso tempo histórico. Quem consegue andar pela cidade utópica é o viajante, pois essa cidade visitada foi construída distante do contexto e do tempo histórico no qual o viajante vive (GROYS, 1997, p. 95). Ítalo Calvino é um turista que nos conta sobre cidades utópicas. Aliás, somente as cidades utópicas são as do viajante. Elas não podem ser construídas, mas visitadas, e são apenas transitórias. No instante em que queremos modificá-las, quando queremos construir ou destruir algo nelas, elas desaparecem e desfazem-se.

Marcar lugares para lembrar

O arqueólogo é especialista na criação e preservação de memórias dos lugares e das coisas. Ele usa as coisas para marcar esses lugares e os denomina de sítios arqueológicos. Um sítio arqueológico é, à primeira vista, uma construção localizada na paisagem. Os arqueólogos sentem-se mais confortáveis quando um sítio de achados arqueológicos está implantado num espaço natural. Mesmo assim, os desafios são de natureza adversa. Nos sítios arqueológicos em campo, o arqueólogo enfrenta a disputa entre aquilo que é resultado da ação humana e aquilo que pertence ao espaço natural. O arqueólogo assume, propositalmente, essa postura dicotômica e simplificada, mesmo sabendo que ela não existe, mas ele comporta-se dessa maneira quando pratica Arqueologia. Separa tudo aquilo que é do ser humano – são esses os achados arqueológicos ou a cultura material arqueológica – daquilo que é da natureza, para guardar essas coisas nos espaços da memória. Ele é conhecedor na análise dessas coisas feitas. Aquilo que sobra é mandado por ele para os peritos da natureza, para os geólogos, biólogos, químicos.

Sítios arqueológicos em espaços construídos e culturais ou urbanos enfrentam dificuldades de definição, precisam ser explicados, teorizados e justificados (SYMANSKI, 1997; THIESEN, 1999; TOCCHETTO, 2004; LAZZAROTTI, 2013). É mais complicado delimitar esses sítios arqueológicos, pois numa cidade, à primeira vista e por definição, tudo é feito pelo ser humano, até as partes consideradas naturais, como os parques, os jardins e os pátios. A natureza é percebida como uma ameaça. Ela é sinônimo de destruição, que precisa ser mantida afastada da cidade ou domesticada. A natureza são as chuvas, as altas e baixas temperaturas, os ventos, os insetos, os pássaros, os fungos, as plantas, que, com suas forças, quebram as pedras, corroem e fazem mofar as paredes e amontoam as terras.

Nossa cidade está em constante transformação. Os moradores moldam sua cidade conforme suas vontades e necessidades, dentro e fora das obrigações legais, no limite do possível, muitas vezes de modo irracional, planejado, supersticioso, experimental, espontâneo, modernista ou tradicionalista. Algumas das mudanças, em determinados lugares da cidade, são impactantes e dramáticas, outras são marcadas por sua desintegração ou pela manutenção do *status quo*. A velocidade com que essas mudanças ocorrem pode ser lenta e transcorrer ao longo de uma linha de longa duração e, por isso, ser testemunhada por várias gerações de habitantes da cidade.

Outras mudanças – e nas cidades contemporâneas isso é cada vez mais o caso – são tão velozes que podem ocorrer em apenas poucos anos, ou até em meses. Essas transformações na cidade, marcadas pelo surgimento ou desaparecimento de prédios, edifícios, casas, terrenos baldios, parques, pelo traçado de estradas, pontes, avenidas, são as mais óbvias e imediatamente reconhecíveis. Onde antigamente existia uma padaria, uma casa em que trabalhava um sapateiro, um alfaiate, um barbeiro, uma parteira, hoje existe um *shopping center*, um estacionamento, uma avenida.

Outras transformações são menos visíveis, menos impactantes, são quase imperceptíveis, pois envolvem as pessoas, os moradores que se afastam ou os que se aproximam da cidade. Com elas, as memórias e habilidades desaparecem ou instalam-se. Pessoas formam redes sociais, que se materializam na cultura material, nos objetos criados, consumidos e descartados e que se manifestam nos espaços, construídos, vazios ou reformados. Alguns desses vestígios materiais ainda estão preservados, pontualmente, na nossa cidade, outros foram transformados em outras materialidades, muitos em imagens e em textos. Mais outros, por certo tempo, apenas existem na lembrança das pessoas e nas suas falas. Com a globalização das mercadorias, as antigas profissões entraram no esquecimento. Antigas tecnologias e habilidades desapareceram. Os lugares e os artefatos ligados a essas habilidades são vestígios materiais dessa cultura.

Não pretendemos evocar nostalgias saudosistas referentes a um passado, ou a um determinado lugar. Queremos estimular emoções e, por intermédio delas, proporcionar informação. Ao mesmo tempo, pretendemos preservar o patrimônio da cidade, não apenas como um espaço de contemplação, mas também de interação e de formação de consciência histórica.

Intermitência: lembrar lugares para voltar com Kleiton & Kledir

Deu Pra ti

Deu pra ti baixo astral
Vou pra Porto Alegre
Tchau [...]

Quando eu ando assim meio down
Vou pra Porto e... bah!, tri legal
Coisas de magia, sei lá
Paralelo 30 [...]

Alô tchurma do Bonfim
As guria tão tri afim
Garopaba ou Bar João
Beladona e chimarrão [...]

Que saudade da Redenção
Do Fogaça e do Falcão
Cobertor de orelha pro frio
E a galera no Beira Rio. [...]

Deu pra ti baixo astral
Vou pra Porto Alegre
Tchau

(Kleiton Alves Ramil e Kledir Alves Ramil. *Deu Pra ti*, 1981 (Ariola)

12

O LUGAR DA ESCAVAÇÃO

Como escavar

Indicar o caminho pelo qual as investigações são conduzidas simplesmente faz parte das regras acadêmicas. No currículo de todas as faculdades, existem disciplinas que ensinam métodos, técnicas e teorias. Historiar, filosofar, fazer arqueologia, antropologia, etc. deve seguir um procedimento regrado e, por isso, sujeito a comprovação. Para que isso seja possível, os professores apresentam um sistema de regras, um manual, uma espécie de livro de receitas, para que qualquer aluno possa entender, passo a passo, como atingir seus objetivos. Aplicando corretamente este manual, consequentemente, todos os seus usuários chegariam aos mesmos resultados. A metodologia das regras ou receitas é a coisa mais democrática do mundo, pois ninguém é excluído desse processo.

Metodologias aplicadas dessa maneira e ensinadas nas academias levam a crer que é viável produzir, metodologicamente, Arqueologia, Filosofia, História ou Antropologia. É verdade, se não existissem metodologias no sentido de aplicação de determinadas regras, poucos entre nós seriam capazes de praticar qualquer uma das ciências humanas. A Arqueologia, a História, a Filosofia, a Sociologia, a Antropologia seriam disciplinas somente para gênios, e aí perderiam completamente seu sentido social. Seríamos apenas reprodutores de receitas, bons cozinheiros de *cup noodles*, de "cachorro quente", ou de *X-Burger*, e muito contentes nessa função.

"Existem para as ciências humanas essas metodologias regradas"?"

Existem esses tipos de manuais, como se fossem receitas de comidas instantâneas e universalmente válidas?

Nas ciências humanas, metodologias não são como divisões ou multiplicações matemáticas. Conhecimentos não são simples depoimentos verdadeiros ou falsos, e sim depoimentos personalizados e particulares, entrelaçados pelas interpretações. Conhecimentos não são apenas verdadeiros ou falsos, mas são, sobretudo, novidades, são novos e surpreendentes enfoques sobre determinados aspectos históricos ou culturais (SOENTGEN, 1998, p. 71).

"Mas como chegar a essas novidades sem usar metodologias regradas?"

Para chegar às novidades, não precisamos obedecer às regras. Precisamos saltar para frente, para trás, procurar diferentes pontos de vista. "Auf die Sachen selbst zurückgehen", voltar "às coisas como tais", sugeria Edmund Husserl (1901, p. 7) como metodologia, e indicava um processo, um caminho sinuoso, com idas e vindas (WALDENFELS, 1997, p. 16). Faz parte desse processo "colocar entre parênteses" (*epoché*) seus próprios conhecimentos, duvidar de seus próprios depoimentos e corrigi-los (BLUMENBERG, 2002, p. 152). Conhecimento adquirido dessa maneira torna-se um depoimento verdadeiro, que permite ver as coisas de um ângulo diferente. Esses depoimentos não podem ser construídos usando regras lineares e estreitas. Conhecer, saber as coisas, não é um acontecimento que se possa forçar. Conhecimentos acontecem.

"Acendeu uma luz, caiu a ficha, saquei!"

Ideias e conhecimentos, muitas vezes, surgem espontaneamente. Para provocar essas sacadas, cada um de nós tem suas metodologias. São metodologias particulares. Cada um percorre seu caminho e jura que se trata de uma regra universal. Mas, na verdade, trata-se de uma espécie de superstição, de magia. Humphrey Bogart costumava esfregar o lóbulo da orelha esquerda enquanto pensava. Alguns torcem o bigode, olham para o céu, brincam com o *pierce* na língua, mordem a ponta do lápis, enquanto outros pensam em sistemas, listas de atributos tecnofuncionais, evoluções, cadeias operatórias ou em tipologias. Mas não é para todos que esses métodos funcionam. A maioria apenas fica com a orelha vermelha, com o bigode enroscado, com a ponta do lápis destruído ou com uma lista enorme de números e códigos completamente inúteis.

Então pergunto: "Se os métodos das ciências humanas são tão inúteis, por que usá-los?"

Jens Soentgen (1998, p. 81) sugere que se trata de uma espécie de magia de caça. Às vezes, funciona, às vezes, não. Mas, na verdade, essas metodologias, esses caminhos sinuosos, têm apenas um valor individual.

As metodologias regradas estão intimamente relacionadas com uma atitude de seriedade. A seriedade é autoritária, afirmativa e relacionada com o poder. Os poderosos desse mundo odeiam as piadas, os memes, a sátira, os coringas, os bobos e as crianças que falam verdades. As pessoas que não se levam a sério não são levadas a sério pelos poderosos. Mas seriedades são mentiras camufladas. Nesse sentido, quero citar José Brochado. Em uma das suas últimas apresentações em um congresso arqueológico, ele iniciou sua fala sobre teorias e novas perspectivas da Arqueologia brasileira dizendo: "Não precisamos fazer cara feia para falar de teorias". Concordo plenamente com ele. Podemos falar sobre coisas sérias com um sorriso. Aliás, essa é a forma mais convincente de falar sobre coisas sérias.

"Quem ri por último, ri melhor".

Outros dizem:

"O bobo ri quando não tem nada para falar!"

"Bom! Chega de brincadeira!"

"Vamos falar sério agora!"

Imediatamente, ao falar isso, incorporo uma posição de poder sobre os ouvintes. Seriedade inspira medo e lembra inquisição. A seriedade tem uma relação metafórica e íntima com a ciência. Na medida em que a Arqueologia tornou-se uma ciência, ela perdeu sua popularidade, suas características lúdicas, transformou-se em artefato dos poderosos, tornou-se arma oficial da ideologia dominante (FUNARI; HALL; JONES, 1999; HALL, 2000; HILBERT, 2007a; TRIGGER, 1995).

Afirmamos que a Arqueologia é fala, é texto e também imagem. Tratamos das coisas, é verdade, analisamos artefatos, mas sempre transformamos as coisas em narrações. Os arqueólogos, antropólogos, sociólogos, filósofos produzem textos. Na grande maioria dos casos, somos apenas capazes de reproduzir o discurso atual, sem desenvolver nossas próprias ideias, mesmo que essas ideias surgissem depois de ter esfregado bastante o lóbulo de nossa orelha esquerda ou o bigode. Então, dito tudo isso, pergunto:

"As contribuições e os conhecimentos originais para as ciências humanas, para a Arqueologia, especificamente, apenas serão possíveis por meio da inspiração de poucas pessoas talentosas, por parte de gênios?"

Gostaria de acreditar que não. Estou convencido de que é apenas uma questão de tentar, de pensar, de ser, principalmente, criativo, e de fugir dos caminhos confortáveis e ditos sérios.

Uma maneira de fazer isso é por meio da *reductio ad absurdum*[55], que é uma forma de criar um discurso diferente. Esse discurso pode ser tão

---

[55] Redução ao absurdo (lat.)

absurdo e ao mesmo tempo tão verdadeiro quanto o depoimento daquela menina que percebeu que o rei estava nu e que suas roupas novas eram apenas ilusão.

Na sequência, quero praticar um exercício de redução absurda. Por meio da linguagem e da caricatura, gostaria de criar uma dissonância com a intenção de transformar algumas verdades sagradas da Arqueologia em verdades profanas. Uma daquelas verdades é que existem metodologias nas ciências humanas.

Vamos dar uma olhada na metodologia proposta: ela segue três passos, aliás, os três passos ou estágios clássicos, que são:

Descrição: o objeto é descrito minuciosamente e, na medida do possível, corretamente, por meio da linguagem.

Análise: características repetitivas e interconectadas do assunto ou do objeto são selecionadas e fixadas por uma terminologia adequada.

Contextualização, interpretação – por meio da combinação dessas características, terminologicamente fixadas, elas fazem parte de um conjunto reconstituído que pode ser testado e interpretado, e sistemas são criados (por exemplo, sistemas de assentamentos, sítios arqueológicos na paisagem, objetos líticos dentro de uma cadeia operatória).

Ao se tratar de uma metodologia, ela pode ser testada em qualquer situação. Uma receita para chegar a uma explicação plausível foi sugerida por Jens Soentgen (1998, p. 18). Ele nos estimula a pensar e nos colocar numa situação do cotidiano. Eu me coloquei numa situação de uma escavação.

Enquanto eu estava escavando, ouvi barulhos que meu vizinho estava fazendo e decidi testar o método dos três passos nesse contexto. Escutei três barulhos: a) passos em direção à peneira e o ruído da peneira em ação b) o motor do carro da Fernanda afastando-se e c) a música tecno do Lucas.

Para seguir corretamente os passos descritivos e analíticos, é claro que não posso usar essa terminologia; preciso reproduzir o fenômeno do barulho e criar uma linguagem precisa e adequada.

Assim, faço a seguinte descrição, de acordo com o primeiro e o segundo passos da metodologia:

a) "Tape-tape-tape-checo... checo... checo".

b) "Brummmm-brummmm-brummmm".

c) "Dufti-dufti-dufti-bum, bum".

O terceiro passo envolve contextualização e combinação dos elementos descritos e analisados. Da sequência confusa dos ruídos surgiu um esquema, uma espécie de partitura da sonoridade na escavação. Dessa forma, posso dizer tudo aquilo que disse antes em outras palavras, e elas imitam a sonoridade que percebi, sem uma interpretação *a priori*. Agora posso formular as seguintes regras ou os seguintes teoremas:

Teorema 1 – Para todos os eventos acústicos x, y vale: se acontece um evento "Tape-tape-tape-checo...checo...checo", não segue nenhum evento do tipo "Dufti-dufti-dufti-bum, bum".

Teorema 2 – Para todos os eventos acústicos x, y vale: se não acontece o evento "Tape-tape-tape-checo...checo...checo", também não pode ser ouvido o evento "Brummmm-brummmm-brummmm".

Teorema 3 – Ou se ouve "Dufti-dufti-dufti-bum, bum" ou "Brummmm-brummmm-brummmm", mas nunca os dois ao mesmo tempo.

Essas regras contextuais são lógicas em si e foram formuladas com base em uma metodologia definida. Essa metodologia nos permitiu um trabalho preciso e, por consequência, muito parecido com a divisão na matemática. A coisa é lógica e coerente, e nos levou aos depoimentos verdadeiros. Mesmo assim, não estou satisfeito. Partimos de situações triviais, seguimos passo a passo a receita, formulamos uma série de teoremas verdadeiros, inventamos uma nova linguagem, mas não tenho a impressão de que tenhamos descoberto algo realmente importante.

Que fizemos errado?

A metodologia nos enganou?

Por que ela funcionou com outros arqueólogos e não comigo?

Se fosse tão simples assim a aplicação de uma receita, se esse realmente for o caso, cada um de nós, ao aplicar corretamente a metodologia proposta, chegaria ao mesmo resultado, seguindo o mesmo caminho metodológico, e cada um de nós poderia facilmente ser um grande arqueólogo como André Leroi-Gourhan, Ben Gates, Indiana Jones ou Lara Croft.

Só Leroi-Gourhan pode pensar como Leroi-Gourhan. Nós não nos transformamos nele usando a mesma metodologia. Isso seria como comprar o mesmo computador que ele.

Especialistas de qualquer profissão detestam quando outros interferem em suas esferas de conhecimento com um discurso diferente. Miss Maple,

Sherlock Holmes, Columbo[56], Axel Foley[57] são figuras fora de suas jurisdições. Entretanto são elas que resolvem com brilhantismo os casos criminalísticos mais complicados. E na Arqueologia? Quem foram Heinrich Schliemann, Howard Carter, John Lloyd Stevens o Sr. Ewerling, João da Silveira ou Jorge Simão e muitos outros? Esses arqueólogos são rejeitados pela maioria dos profissionais somente porque tiveram a sorte de descobrir algo novo e importante sem ter titulação e uma metodologia aprovada pela academia. Eles seguiram o caminho da intuição e chegaram a conclusões até absurdas. Mas os profissionais que apenas seguiram uma sistemática, um método rígido, não descobriram nada além de cacos e estilhaços, porque tinha de ser dessa maneira.

Enfim, estou convencido de que não existem metodologias no sentido de uma regra que deva e possa ser aplicada sempre, como no caso da divisão na matemática. Essa metodologia é universal: cada número pode ser dividido por outro número, e o resultado é novamente um número. A divisão representa um exemplo clássico de um processo racional. Acontece passo a passo, e cada passo baseia-se no anterior. Em caso de cansaço, as ações podem ser interrompidas e continuadas no outro dia, sem influenciar seu resultado. Analisar uma pedra, um desenho, uma camada arqueológica é diferente: os resultados mudam sempre, conforme a pessoa, o dia, o olhar, a luz – múltiplos fatores interagem com o processo da análise arqueológica.

Escavar

A área arqueologicamente escavada é um corte na paisagem. Sempre apresenta um desenho estritamente geométrico. Ângulos de 90 graus e linhas retas dominam esse visual, que impõe autoridade, respeito, exige obediência. No entorno dessa figura geométrica escavada e cortada, predominam formas arredondadas, amontoadas, pisoteadas e cavoucadas. Esse terreno exibe um relevo suave, corporalmente moldado, curvado, amontoado. Essa área da escavação orgânica é tão importante quanto a área geometrizada. Uma existe em função da outra, e elas são interdependentes.

Recortar e delinear

A área que circunda a escavação com seus desenhos geométricos é suave como um abraço. É a procura que impulsiona as pessoas que a

---

[56] Tenente da Divisão de Homicídios da Polícia de Los Angeles (Peter Falk) que resolve todos os problemas de forma heterodoxa. Série policial da década de 1970.

[57] Detetive no filme: *Beverly Hills Cob* (1984) no papel de Eddie Murphy.

frequenta. Ela procura uma trolha perdida ou um balde. Quem frequenta momentaneamente a área de escavação está buscando algo, um achado arqueológico. Está focado na sua procura, e não desenvolve e apresenta nenhuma dúvida.

Dentro dessa paisagem organicamente surgida, uma malha de estacas e piquetes, colocados a uma distância de 10 metros um do outro, delimita uma área de potencial arqueológico, que, portanto, pode ser cortado prontamente, para retirar os objetos de interesse arqueológico. Quadrículas com linhas, às vezes, imagináveis, e pontos fixos fincados na terra formam uma grade geométrica, que lembra um plano de corte e costura, ou um mapa geográfico em uma paisagem moldada pelos corpos dos escavadores, conforme a sua própria imagem e imaginação (BAILEY, 2013).

No centro das atividades e da atenção de todos os envolvidos na escavação encontra-se a área que está sendo escavada, angular, rígida, métrica e artificial, que contrasta com um entorno moldado pelo intuitivo, amontoado, ondulado, transpassado por trilhas e caminhos. Não se trata de linhas retas, mas de desenhos curvilíneos, que se adaptam às condições momentâneas e circunstanciais da escavação. Trilhas e caminhos surgem espontaneamente, e por imitação. Algumas dessas trilhas são delineadas já no primeiro dia dos trabalhos pelos escavadores e permanecem até o último dia, enquanto outras são mais perecíveis. Vale nesse caso o princípio da imitação. Um escavador foi em uma determinada direção, e os outros o seguiram, até que alguém traçou um novo caminho, sem motivo aparente, que, novamente, os outros seguem, e assim por diante. Esses caminhos contornam as marcações das quadrículas, alguns arbustos, árvores, entulhos, passam por cima de montículos, atravessam depressões, cruzam linhas imaginárias das quadrículas, seguem vales, contornam áreas alagadiças, passam pelo meio delas, e alguns se perdem na distância, atrás de alguma duna ou arbusto. Essas são as trilhas especiais que levam aos lugares silenciosos e estritamente privativos.

Essas primeiras pisadas colocadas em um sítio arqueológico, sobre as quais, depois, formam-se as trilhas e os caminhos, parecem caóticas, sem sistema, sem lógica. A lógica dos desenhos das trilhas, que parecem trilhas de um formigueiro, revela os segredos e as características individuais de cada escavação arqueológica. Elas são trilhas que vagueiam sobre um corpo estendido no chão. Este tem cavidades e amontoamentos, contornos redondos, partes elevadas e outras côncavas. Esse corpo foi marcado com linhas, quadrados, retângulos, enfim com figuras geométricas que delimitam a escavação arqueológica, a área do corte, da intervenção quase cirúrgica que secciona esse enorme corpo que é um sítio arqueológico. O corpo na periferia da escavação é massageado, amassado por outros corpos e cortado, retalhado, esquartejado por ferramentas afiadas e pontudas.

No fim da escavação, do recorte geométrico, controlado, medido, os contornos macios novamente tomam conta do lugar dos achados arqueológicos. Todos são convocados a participar da mesma ação, do ponto final da escavação: fechar a área escavada. Baldes e mais baldes entram em ação, pás são movimentadas, poeira voa, o caneco com água circula. Muito suor! E, finalmente, quando toda aquela terra, areia ou argila encontra-se em sua posição original, todos entram na antiga área escavada, pisoteiam e compactam a antiga área escavada. Aquilo que antes era território restrito aos escavadores mais experientes e habilidosos agora está acessível a todos. A área está liberada! Centenas de pegadas emendam-se, cruzam e confundem-se, apagando o antigo desenho geométrico. Isso é como costurar uma ferida grande. Depois, todos cansados, esperam pela cicatrização da área escavada.

Escavar buracos

Escavar, na Arqueologia, é como remover a embalagem para ver o presente, liberar ou descascar para evidenciar superfícies de relações com objetos e substâncias. O escavador traz à luz, separa os objetos dos objetos, os objetos das substâncias e as substâncias das substâncias para formar novas relações que, por sua vez, entram em um novo processo reativo. O sítio é lento, quase parado. O separar e o retirar provoca novas constelações e possibilita novas reações; trata-se de um reciclar arqueológico. A escavação que o arqueólogo pratica não é somente um ato de retirar, mas também de reorganizar. Primeiro, ele cria um recipiente. É um processo inverso ao trabalho de um pedreiro em uma construção. Esse é justamente o contrário do trabalho de um arqueólogo. Um pedreiro acumula, empilha tijolos, agrega cimento como liga entre os tijolos e, finalmente, elimina as irregularidades, passando o reboco e criando uma superfície lisa e homogênea – diferentemente de um arqueólogo, que está interessado na estratigrafia, nas diferenças, e evita agregar novos desenhos. Com sua colher de escavador, ele precisa evidenciar as linhas. O pedreiro, com sua colher, quer eliminar as irregularidades, as falhas, as linhas, criando uma nova superfície, uma espécie de folha em branco, que serve como suporte para acrescentar novos padrões de cores, linhas e estruturas. Um arqueólogo constrói uma estrutura retirando substâncias, sedimentos e coisas, criando uma cavidade, um buraco, uma panela, uma obra de arte situada entre a ciência e a imaginação (POIRIER; POIRIER, 1999).

Os arqueólogos escavam, fazem buracos, criam recipientes dentro das quais retiram os achados arqueológicos. Parece, *a priori*, que não faz sentido escavar em buracos, pois isso significa fazer algo que já foi feito e, assim, esvaziar uma das mais importantes formas da prática de Arqueologia. Os arqueólogos escavam buracos. Mas parece que alguns arqueólogos até escavam em buracos, em "buracos de bugre" ou, como também são chamados, em "casas subterrâneas". Esses arqueólogos fazem buracos em antigos buracos feitos anteriormente pelos ancestrais dos índios Caingangue. Os arqueólogos escavam também em poços, em valos de antigas fortificações, fortalezas, sepultamentos, lixões e buracos de postes. Até escavam escavações, em suas próprias ou dos colegas, para, às vezes, recuperar informações perdidas ou esquecidas. Os arqueólogos retiram terra e coisas de buracos antigos. Mesmo quando escavam em buracos antigos, em verdade, só escavam aquilo que caiu dentro do buraco.

Escavar em buracos

O colega Pedro escavou um "buraco de bugre" ou, como ele costumava chamar, uma "casa subterrânea", e achou enterrado um pote de cerâmica Guarani, no meio da casa de Caingangues. Algo que nunca tinha acontecido antes com Pedro aconteceu com ele nesse caso. Ele percebeu que alguém tinha escavado, antes dele, um buraco no buraco. Claro que ele não gostou muito dessa intervenção em sua profissão de arqueólogo. Além do mais, esse pote da tradição Tupi-Guarani em um "buraco de bugre" precisava ser explicado. Apresentado como algo diferente em congressos, exigiam-se publicações, enfim, significava mais trabalho no escritório, além de um rompimento de seus paradigmas arqueológicos. Em seu esquema arqueológico, as culturas encontram-se com o tempo em um determinado espaço. O arqueólogo Pedro tinha ideias muito consolidadas e bem organizadas na sua cabeça a respeito de quem podia escavar, onde escavar e, principalmente, o que encontrar nas escavações. Tudo tinha sua ordem e razão de ser.

"Com estas coisas não se brinca!"

Ninguém brincava com Pedro, muito menos esse Guarani que colocou, há 600 anos e sem critérios aparentes, um pote cerâmico no meio de uma casa de índio Caingangue. Para explicar esse achado – para Pedro, fora da ordem – muita conversa, e muita tinta foi gasta, sem que se conseguisse explicar esse fenômeno (MENTZ RIBEIRO, 1994).

Escavar arqueólogos

Cada arqueólogo deixa uma espécie de assinatura no sítio arqueológico no qual escava (EDGEWORTH, 2003). Eu gosto de abrir áreas amplas para ver melhor os contextos em que as coisas encontram-se. Em minha opinião, de nada me adianta achar um pedaço de caco cerâmico se não sei a qual conjunto ele pertence. Esse caco de cerâmica pode fazer parte de um sepultamento, de uma fogueira, de uma área de descarte, de um depósito, de um "*caché*" (um esconderijo), de uma oferenda, e assim por diante. Costumo subdividir essa grande área em quadrículas de 1 x 1 m. Cada escavador é responsável por sua quadrícula, pela documentação correta dos achados, da estratigrafia e pelo nivelamento com as outras quadrículas e, consequentemente, com os outros escavadores que trabalham na sua vizinhança. Isso cria habilidades e reforça a responsabilidade e capacidade de dialogar com os outros escavadores. Mesmo assim, muitas vezes, percebo que esse emparelhamento com a quadrícula vizinha não funciona como deveria funcionar e como foi planejado inicialmente. Isso está na natureza das coisas e das pessoas. Alguns escavam mais rápido, outros são mais lentos, alguns são mais audaciosos, outros mais tímidos na retirada das camadas e dos níveis arqueológicos, alguns encontram muitos achados, outros não acham nada e, por isso, são mais rápidos. A visão geral que se tem da área escavada por mim, principalmente quando escavo com uma equipe composta por alunos principiantes e outros já mais experientes, é uma superfície com irregularidades no nivelamento que se parece com um tabuleiro de xadrez. O nivelamento final e de todas as quadrículas requer sincronia. Quando essas irregularidades do nivelamento acontecem, eu, geralmente, desloco um escavador mais experiente para a quadrícula escavada por um escavador com menos experiência. Dessa maneira, os dois complementam-se e aprendem a conviver no espaço de 1 m^2 sem se atrapalhar.

Uma metodologia praticada pelos "Pronapianos" e seus seguidores é a famosa "cabine de telefone"[58], uma sondagem de 1 x 1 m ou de 2 x 2 m

---

[58] *Telephone booth*. No Brasil não há cabines de telefone, mas os "orelhões".

escavada em níveis de 10 cm. Trata-se de uma metodologia que privilegia a lógica e o conceito de amostragem. É um recorte dentro de um lugar de achados arqueológicos, como se fosse uma unidade estatística. Trata-se, na verdade, de uma unidade estatística, e não de uma escavação arqueológica propriamente dita. Muitos colegas criticam essa metodologia de escavação por amostragem, achando que ela é um procedimento arqueológico, mas esse não é o caso: são dois mundos, duas percepções completamente diferentes das coisas do passado.

Certamente é possível misturar as duas formas de escavar um sítio arqueológico. Mortimer Wheeler conseguiu, de maneira genial, combinar a ideia da sondagem com o conceito da escavação em área ampla. Arno Kern, logo depois que voltou do seu doutorado na França, escavou, junto a outros colegas, o sambaqui da Itapeva, no litoral norte gaúcho, com a metodologia "Wheeler" (KERN, 1995). Até hoje, podem-se ver, entre os arbustos e a vegetação rasteira, as marcas da metodologia "Wheeler" na superfície desse enorme sambaqui. São nove depressões de 1,5 x 1,5 m em fileiras de três e separadas por uma berma de 50 cm de largura. Essa é a assinatura do colega Arno escavada sobre a superfície do sítio da Itapeva.

Pedro era um fenômeno! Era um bom artesão, um bom escavador, e sempre achava as melhores e mais bonitas coisas em qualquer sítio arqueológico. Não adiantava mais voltar para um sítio onde Pedro tivesse escavado, pois, realmente, não sobrava nada de importante para achar: ele tinha levado tudo embora, para seu laboratório. Pedro tinha um faro, um sexto sentido, além de muita experiência para saber onde escavar em um sítio arqueológico. Sua especialidade eram abrigos sobre rochas, nas quais implantava seu sistema de escavar em unidades geométricas. Ele escavava, de preferência, em áreas de 2 x 2 m em níveis de 10 x 10 cm. Quando sobrava dinheiro e tempo, às vezes, escavava buracos de 4 x 4 m. Sempre saía vencedor, jamais um sítio ganhou dele, e nunca em um relatório constou a terrível e constrangedora frase: "Nada foi encontrado!"

Suas escavações sempre atingiam o centro de alguma coisa interessante, como o único sepultamento do sítio, a única fogueira com microlascas e com restos de ossos queimados, um depósito de dezenas de pontas líticas nunca usadas, a maior quantidade de carvão para fazer datações de carbono-14 (C^{14}), e tudo apenas em uma área de 2 x 2 m. Era para morrer de inveja!

Uma vez, e realmente foi só uma vez – pois depois aprendi –, o destino me levou a escavar um sítio já escavado por Pedro. Essas coisas acontecem.

Pelos relatórios e pelas coisas catalogadas, tratava-se de um sítio de caçadores-coletores com pontas líticas e, curiosamente, conforme Pedro, também foram encontrados fragmentos de cerâmica da tradição Tupi-Guarani e Taquara – cerâmica Caingangue –, aquelas encontradas em "buracos de bugre". Uma situação realmente interessante, e transbordando de desafios científicos. Eu tinha tempo, pessoal e dinheiro, e decidi fazer uma escavação de superfície ampla. Primeiro, escavei dentro da escavação de Pedro. Recuperei o sedimento que fora jogado dentro do buraco após o término das atividades e achei um piquete de madeira pintado de vermelho e branco, que marcava um ponto da quadrícula, e uma garrafa fechada com rolha, e dentro dela uma mensagem escrita a lápis: "Pedro já esteve aqui – 1988".

Logo em seguida, escavamos uma área de 10 x 10 m ao sul da antiga escavação do Pedro, emendamos com ela outra área de 15 x 15 m mais ao oeste, ampliamos a área rumo ao leste e, finalmente, outra área ao norte, até a beira de um riacho, que delimitava o local de achados. Escavei praticamente todo o sítio, coisa que não se deve fazer jamais!

Enfim, para encurtar a história: no relatório entregue três meses depois ao Instituto do Patrimônio Histórico e Artístico Nacional (Iphan) constava a humilhante frase: "Nada foi encontrado", além de um piquete vermelho-branco e uma garrafa com um bilhete bem conservado em uma sacola de plástico.

Vestimenta

Hoje em dia, a roupa que as pessoas que procuram e escavam coisas arqueológicas usam para encontrar locais de achados não é uniforme. Na maioria dos casos, ela aproxima-se da moda considerada vestimenta de lazer, com alguns elementos e detalhes dos uniformes militares, de escoteiros, de campeiros, de caçador de um safári na África, de aventureiro-explorador, de pescador, enfim, roupa que se usa para finalidades externas. Mas isso pode variar bastante, dependendo da idade da pessoa, da sua origem, daquilo que considera roupa de lazer, de atividades externas, de quem pretende representar, da sua concepção de procurador de locais de achados arqueológicos. A roupa indica tudo isso, e muito mais. Entender os significados das roupas e achar elementos indicadores é como procurar sítios arqueológicos (KÜCHLER; MILLER, 2005).

Não tenho certeza se há uma vestimenta que caracterize o arqueólogo como profissional. O médico, o enfermeiro, o técnico de laboratório são reconhecidos por seu jaleco branco. Distingo meu mecânico pelo seu macacão azul escuro manchado de óleo e graxa. O banqueiro pelo terno e gravata, o mago pelo chapéu pontudo, o surfista pela bermuda florida, camisa regata, chinelo de dedo Havaianas, a prenda pela saia longa. São peças de vestimenta, pequenos detalhes, apetrechos que identificam, e com os quais pessoas e grupos de pessoas e categorias profissionais são identificados (BALUT, 2014).

A grande variedade de roupas e de conceitos de vestimenta pode ser percebida num grupo de estudantes que participam, por exemplo, de um projeto de pesquisa arqueológica. Primeiro dia, primeira atividade, tarefa: procurar locais de achados, ou, como se diz nessa ocasião, prospecção arqueológica, ou pesquisa de campo. São formulações diferentes – procurar e prospectar tem o mesmo sentido –, entretanto, expressam como cada um dos participantes percebe-se, sua função, e o que pretende fazer.

Os que participam da procura de lugares de achados, via de regra, apresentam-se com chinelo de dedo, ou com tênis branco e meias brancas, bermuda florida, camiseta regata, óculos de sol, uma sacola de pano com a inscrição "Salve a natureza", onde cabem apenas um protetor solar, cigarro, celular, documentos e uns trocados.

Dentro da mesma categoria daqueles que querem procurar, entre os quais me incluo, estão aqueles que usam camiseta velha estampada com algum desenho indefinido, calça jeans rasgada, um par de tênis mais velho ainda, com a sola amarrada com fita adesiva, ou uma bota tão velha que nem Charles Chaplin iria usá-la, uma mochila e, dentro dela, protetor solar, máquina fotográfica, caneta e caderno para anotar, trolha, uma garrafa d'água. Ele usa chapéu Panamá ou um boné (WOODWARD, 2005).

O gaúcho urbano que sai do seu ambiente caseiro para encontrar sítios arqueológicos vai de roupa campeira, de bombacha, bota de cano médio, com sola de borracha de pneu, camisa de manga comprida, com dois bolsos na frente, com botão, lenço colorado, chapéu "Pralana", ou de boina. Na guaiaca, leva aquilo que precisa: tabaco de corda, palha, faca, algum dinheiro, caso precise, ou para passar por um boteco, e nada mais.

Existe também o prospector que vai fardado de uniforme paramilitar, calça verde-oliva de bolsos espaçosos nas laterais, na altura da coxa, cinto com bolsos para canivete e celular, camisa ou camiseta com desenho de camuflagem, uma jaquetinha igualmente com bolsos grandes e espaçosos, um chapéu de cor cáqui de pano grosso, de abas largas com barbante para amarar no queixo, coturno preto e mochila grande, de 40 litros. Dentro, guarda, de modo bem arrumado, uma muda completa de roupa, biscoitos, cantil, protetor solar, spray anti-insetos.

Na mesma categoria do prospector entra aquele que se veste para uma expedição rumo ao Aconcágua ou Kilimanjaro. Calça de tecido de microfibra, de cor laranja com dois grandes bolsos, botas de alpinista, camisa de cor verde-limão de tecido antialérgico e antitranspirante, chapéu, também de tecido sintético, óculos de sol anti-UV, na mochila um kit de primeiros socorros – ele é o único que pensou num caso de emergência –, canivete suíço, comida para todo o grupo sobreviver por uma semana, celular e localizador GPS, em caso de emergência.

E, claro, ainda temos no grupo aqueles que vão passear, para depois ficar deitados na sombra, bebendo cervejinha gelada, que se apresentam atrasados com uma lata aberta na mão, de tênis "All Star", e vestindo a camiseta do seu time de coração.

Cada pessoa aposta na sua estratégia e na eficiência do seu equipamento.

O chapéu e as botas de couro

Duas peças de vestimenta que os arqueólogos usam, geralmente saturadas de suor e marcadas com manchas, são, além do mais, impregnadas de superstições e de significados ambíguos. São eles: o chapéu e a bota de couro. Camisas, camisetas, calças, coletes, outras vestes e abrigos carregam valor supersticioso pessoal, mensagens engraçadas, políticas, praticidades e sujeira, mas nenhuma peça de roupa acumula tanto valor simbólico quanto o chapéu e a bota.

A fala sobre calçados me coloca na situação de Forrest Gump, o contador de histórias que pensa sobre os diferentes sapatos que já teve e usou. Já usei botas de camurça "Clarks Boots", coturnos pretos de paraquedista, tênis Adidas. O tipo de calçado ao qual o arqueólogo mais atribui força de ação e em que mais confia, por ser supostamente mais adequado para seu trabalho, são as botas de couro para amarrar, de cano até o tornozelo, com sola de borracha grosseiramente entalhada e desenhada, do tipo que usam os alpinistas ou as pessoas que fazem trilha. Os sinais de uso são obrigatórios nas botas, raladas no bico, de cor de terra, com as dobras rachadas e o salto desgastado de tanto andar na tarefa de procurar o local de achados arqueológicos. Que esse calçado é fedorento, nem preciso dizer. Isso faz parte da superstição. Botas novas denunciam o novato, o arqueólogo inexperiente que ninguém quer ter na equipe.

Geralmente, não há diferença no tipo do sapato entre os gêneros. Tantas mulheres quanto homens usam as mesmas categorias de calçados, usam botas, usam chinelos do tipo Havaianas, "All Star", tênis. Afirma-se que o sapato tem, além de sua funcionalidade, uma conotação sexual. No caso das botas dos arqueólogos e das arqueólogas, essas conotações devem estar profundamente soterradas, mas não posso discutir isso; afinal, há gosto para tudo. Na psiquiatria, o objeto de desejo de uma pessoa que sofre de perversão é chamado de fetiche, que geralmente é parte do corpo ou de algum objeto pertencente ou associado ao objeto de desejo. O fetiche é substituto do objeto de desejo e, apesar de que alguma atividade com o objeto de desejo pode ocorrer, a satisfação somente será possível se o fetiche estiver presente ou envolvido em alguma fantasia durante o ato. Os fetiches mais comuns são sapatos, cabelos longos, brincos, roupa íntima, pés ou símbolos fálicos que servem para evitar a nudez completa da mulher (HINSIE; CAMPBELL, 1970, p. 300).

Os arqueólogos, pelo menos aqueles que eu conheço, não usam botas de borracha, que também podem ser fetiches. Elas podem ser um calçado preferido pelos jardineiros, varredores de ruas, açougueiros, padeiros, agricultores. Os mateiros e guias que nos acompanharam durante as prospecções na Amazônia usavam botas pretas de borracha, por causa das cobras. As botas de borracha são práticas, é verdade, e garantem algum conforto, pois mantêm os pés secos, até certo ponto. Não servem para longas caminhadas, porque, quando os pés começam a trabalhar, o suor que se acumula no interior da bota acaba transformando-se em calos, bolhas e em chulé. Os desavisados que aparecem pela primeira vez numa escavação logo percebem que suas botas de borracha não cabem nesse contexto, já que pretendem ser arqueólogos um dia, e não apenas por um dia.

Chinelos

É interessante que o uso de chinelos de borracha, do tipo Havaianas, não provoque esse mesmo desconforto e rejeição, no contexto da escavação. Os chinelos de dedo também não servem para andanças extensas. Eles são confortáveis para passear na praia, no calçadão, ir para o boteco da esquina e recentemente, e com muito mais frequência, são usados na escavação e no seu entorno, mas não substituindo os sapatos de sola de borracha e tecido do tipo Sete Vidas, "All Star". Isso é coisa de princípios, e identifica identidades e "tribos" diferentes.

Os chinelos de dedo da marca Havaianas surgiram no final da década de 1950, início de 1960, fabricados pela São Paulo Alpargatas, empresa do grupo Camargo Corrêa, como alternativa barata a andar com sandálias de couro, com alpargatas, chinelos de tecido tradicional usados na Península Ibérica, ou com tamancos feitos de lascas de madeira com uma meia calota de couro, por onde se colocava o pé descalço. As Havaianas copiam, com as tiras em borracha e a sola de esponja densa, a sandália tradicional japonesa, que se usa com o quimono. O solado dessas *zoris* era feito de palha de arroz trançada e costurada. A tira era de tecido, em formato de "Y", e fixada em três lugares da sola: na ponta, onde passava entre o primeiro e segundo dedo do pé, e nas laterais. Os criadores das Havaianas adotaram essa mesma técnica de fixar o pé com a sandália, e inclusive imitaram, na face superior da sola, o mesmo desenho da palha de arroz trançada (TARD, 2009). A tira de borracha, que no original era lisa e de tecido, recebeu um desenho geométrico, que também procura reproduzir um trançado. Essas Havaianas, inicialmente brancas, com tiras e laterais azuis, eram sinônimo de pobreza, o que se expressa na linguagem popular como "pé de chinelo" ou "chinelagem". Na década de 1990, as Havaianas dos pobres ganharam cores vibrantes e uma propaganda apoiada por artistas bonitos, famosos e colocados em um ambiente de lazer, de descontração, verão, praia, paquera e sexo. Com uma participação de 80% no mercado brasileiro, as Havaianas saem do contexto do "Jeca Tatu" e entram no mundo das celebridades. A etiqueta agora permite passear com Havaianas pelo *shopping center* da cidade, sem passar por situações constrangedoras e sofrer olhares de desprezo. A bandeirinha do Brasil, fixada na tira esquerda, identifica esse chinelo como um produto autêntico nacional, associado a um sentimento de orgulho.

De cada três brasileiros, dois consomem em média um par de Havaianas por ano. Os desgastes são característicos, de natureza estrutural e material: no calcanhar, o solado afina-se no canto externo, e a esponja compacta também não resiste aos impactos constantes e rítmicos do andar sobre o solo, afundando-se. A tira que passa entre os dedos é o "calcanhar de Aquiles" das Havaianas, pois é o lugar de encontro entre as duas matérias, entre a borracha da tira e a espuma compacta do solado. A tira possui nas três pontas um botão que passa apertado pelo orifício no solado. Há duas possibilidades típicas de desgaste nesse caso: o botão desprende-se da tira ou o orifício rasga-se e solta a tira com o botão. O "pé de chinelo" não descarta suas Havaianas. Isso o diferencia das pessoas que passeiam com Havaianas. Ele sempre acha uma maneira de consertar os defeitos, para poder continuar usando-as. Se o botão da frente desprende-se, o "pé de chinelo" usa um prego atravessado em seu lugar. Mas se esse jeitinho for mal executado, essa solução improvisada pode provocar sequelas dolorosas, quando o prego, sujo e enferrujado, atravessa o solado e entra no pé. Quando o orifício está rasgado e o botão não segura mais o solado, mas o sujeito não quer arriscar a solução clássica do prego, pode usar um clipe, um arame, um botão ou uma tampinha de garrafa recortada, para aumentar o tamanho do botão. Como última solução, ele pode comprar uma nova tira de borracha na agropecuária ou no boliche de beira da estrada mais próximos.

O chicote

A história do chicote do arqueólogo é mentira! Só Harrison Ford, vestido de Indiana Jones pelos estilistas de Stephen Spielberg e George Lucas, usa chicote para se defender dos inimigos, para escavar em pirâmides ou até para escalar monumentos pré-históricos. Por que esse conjunto de coisas e esse estilo de roupa estão associados ao imaginário popular do arqueólogo? A resposta é: ele é visto como um aventureiro! Mas por quê?

Uma explicação, acho, encontra-se na gaveta de lembranças da minha infância e de muitos outros garotos, hoje arqueólogos, que se vestem em campo como exploradores do tipo Robert Redford em *Out of Africa* ou como o aventureiro Dr. Jones. Meu irmão Chico e eu éramos frequentadores assíduos da matinê do cinema aos domingos. Nossos ídolos eram Charlton Heston, no papel de Harry Steele em *O segredo dos Incas*, ou Allan Quatermain em *As minas do Rei Salomão*, figura emblemática criada por Henry Rider Haggard em 1885. Essas e muitas outras figuras, como a do professor Challenger, descobridor do *Mundo Perdido*" de Arthur Conan Doyle, ou Percy Harrison Fawcett, Nevada Smith, John Wayne, serviram de inspiração para nossas brincadeiras e certamente para a criação da vestimenta do arqueólogo Dr. Henry Walton "Indiana" Jones. O chicote do Indiana Jones é um *bullwhip*, usado pelos domadores de animais no circo e pelos bôeres na África do Sul, que atravessaram o deserto do Kalahari com carruagens puxadas por dezenas de bois. Allan Quatermain também usava um chicote do tipo *bullwhip*.

Paul Bahn (1989) afirma, em tom de brincadeira, que muitos arqueólogos, mesmo não querendo publicamente ser comparados com Indiana Jones, escondem atrás da porta do seu gabinete um chicote. Por quê? "Só Freud explica...". Isso me leva a outra ideia que está diretamente relacionada aos arqueólogos clássicos de antigamente. É só olhar, por exemplo, as fotos de Hiram Bingham[59], Kent Flannery, Robert Braidwood[60] e de outros *old-timers*, principalmente norte-americanos, para ter uma impressão da origem da imagem do verdadeiro arqueólogo de campo. Eles também me servem como ídolos – por que não?

Outros, sobretudo os arqueólogos britânicos, vão para campo com vestuário de senhor urbano, como Mortimer Wheeler[61], Max Mallowan[62], William Flinders Petrie[63], Oscar Montelius[64], Paul Rivet[65], de terno e gravata, camisa branca, chapéu, guarda-chuva, lenço branco, relógio de bolso com corrente de prata e cachimbo. Essas figuras são mais relacionadas com o trabalho intelectual e com a magia do gabinete do que com o trabalho no campo. Não quero dizer que esses arqueólogos não fossem a campo. Eles preservaram e criaram a imagem do arqueólogo como *gentleman*, mesmo estando em campo. A roupa de trabalho era a roupa do dia a dia. Naquela época, não existia uma vestimenta específica para o trabalho de campo do arqueólogo. Quem percebe a Arqueologia como uma aventura, relacionada com inimigos nativos atacando, pedras gigantescas rolando e defesa contra animais ferozes, veste-se como Indiana Jones. Outros vão para o campo com a roupa do dia a dia. A vestimenta específica para arqueólogos que se pode adquirir por intermédio de catálogos de lojas especializadas é coisa recente.

Ferramentas

---

[59] Explorador norte-americano (1875-1956). Descobridor de Machu Picchu (1911).

[60] Arqueólogo norte-americano (1907-2003). Pesquisou, principalmente, no Oriente Médio, a origem da agricultura.

[61] Arqueólogo britânico (1890-1976). Especialista em estratigrafia e métodos arqueológicos. Escavou *Maiden Castle*.

[62] Arqueólogo britânico (1904-1978). Pesquisou, principalmente, no Oriente Médio. Famoso, também, por ser o segundo esposo de Agatha Christie.

[63] Arqueólogo e egiptólogo britânico (1853-1942). Pioneiro na classificação e sistematização de cultura material e cronologias (Seriação).

[64] Arqueólogo sueco (1844-1921), definiu o conceito de seriação por meio do rudimento tipológico.

[65] Etnólogo e médico francês (1876-1958). Um dos fundadores do *Musée del'Homme* em Paris. Especialista no "Povoamento americano".

Certa vez, um famoso arqueólogo gaúcho foi perguntado, ao vivo, por um repórter de uma rádio local, sobre o tipo de ferramentas que usava para fazer todas essas descobertas importantes do passado remoto rio-grandense. E, para não demonstrar sua completa ignorância sobre o assunto, o repórter, com um sorriso ingênuo, acrescentou:

"Imagino que o senhor tenha luvas especiais, importadas e bem confortáveis, com garras de aço bem afiadas em cada ponta dos dedos, para cavoucar nesse nosso chão gaúcho tão duro, mas repleto de História".

A decepção e o constrangimento do repórter foram ficaram visíveis quando o arqueólogo confessou que as ferramentas que usava para encontrar vestígios do glorioso passado gaúcho eram, simplesmente, a colher de pedreiro, pás e picaretas. O repórter imaginava que uma atividade tão nobre quanto a recuperação das relíquias dos gaúchos precisasse de tecnologia e, principalmente, de uma postura e uma Filosofia adequada.

O título da reportagem publicada no dia seguinte, num jornal local, alertava: "Como um operário, os arqueólogos escavam com pás e picaretas nosso chão gaúcho!"

A trolha

A ferramenta mais usada entre os arqueólogos é a trolha ou a colher de pedreiro. A denominação trolha tem uma sobreposição de significados negativos. Trolha, por ter também o sentido de grosseiro, tapa, tosco, pedreiro ruim, auxiliar de pedreiro, não "casa" perfeitamente com o significado positivo dessa ferramenta e sua importância para o arqueólogo. Como adaptação ao fazer arqueológico, colher de arqueólogo, de escavador, parece-me um nome mais adequado, em vez de colher de pedreiro, apesar da semelhança na manipulação da ferramenta e do trabalho com terra. Essa proximidade funcional e tecnológica entre o trabalho de um arqueólogo e de um pedreiro fica evidente nas fábricas das ferramentas. A Marshalltown, em Iowa, nos Estados Unidos, e a WHS na Inglaterra, por exemplo, oferecem trolhas para o uso arqueológico, junto a ferramentas especializadas para pedreiros da construção civil.

A trolha é símbolo do arqueólogo de campo. Em logotipos de centros de pesquisas arqueológicas no Brasil e na revista eletrônica da SAB (Sociedade de Arqueologia Brasileira), ela faz parte do conjunto de implementos de identificação profissional, ao lado de artefatos emblemáticos, como pontas de projéteis e/ou potes de cerâmica.

Coincidência ou não, a trolha também é símbolo de benevolência na Maçonaria Especulativa. A trolha serve para encobrir todas as irregularidades, para deixar uniforme uma obra formada por blocos separados. A trolha, na maçonaria, é emblema da tolerância com que todo maçom deve encobrir as falhas e os defeitos de seus irmãos. Ela representa o perdão dos defeitos. É símbolo do amor fraternal que deve unir os maçons, sendo o único cimento que os obreiros podem empregar para a edificação do templo. "Passar a colher de pedreiro" significa esquecer as injúrias, perdoar uma ofensa, desculpar uma falha. A colher de pedreiro é o instrumento do mestre maçom que exerce tolerância, encobrindo ou homogeneizando as irregularidades, no reboco, na aparência (BOUCHER, 1990).

A trolha é a extensão da mão do arqueólogo, mas já escavei só com as mãos, com um gancho feito originalmente para arrancar ervas daninhas de hortas na Alemanha, com uma espátula de rebocador, com trolhas triangulares ou arredondadas e com pequenas enxadas. Nunca escavei com luvas com unhas de aço, como me sugeriu certa vez uma repórter de rádio, em uma entrevista. Escolher qual é a ferramenta adequada, a mais eficiente, depende muito do tipo de solo predominante em uma área escavada. A quem escava em solos eólicos, fluviais, arenosos e leves, com uma ocorrência mínima de pedras, britas, cascalhos, blocos rochosos ou seixos, recomendo usar uma colher de arqueólogo, que tem a ponta e as laterais arredondadas. Se for o caso de retirar sedimentos em torno de blocos rochosos, muros desmoronados ou pisos de lajes – situações que ocorrem frequentemente em sítios com contextos históricos –, o uso de ganchos tem mostrado um desempenho mais satisfatório que a trolha. A combinação entre colher e pincel pode ser uma alternativa se o sedimento exibe uma textura arenosa ou solta. Se o preenchimento entre as pedras é de um sedimento argiloso e úmido, a retirada limpa, com pincel, não é recomendada. Em vez de retirar e evidenciar os vestígios para facilitar uma melhor leitura, o pincel apenas espalha e gruda o solo, dando à área escovada um aspecto borrado e sujo.

Colheres com pontas e laterais angulosas, usadas de preferência por pedreiros para lançar cimento ou reboco contra a parede erguida, não servem para manter a horizontalidade e verticalidade impecável de uma escavação arqueológica. A ponta e o perfil angulares da colher de pedreiro riscam o plano e o perfil com desenhos que repetem o movimento da mão do escavador, e não as linhas das camadas e das evidências. A percepção do escavador é confundida – e entra em conflito com as linhas feitas por ele mesmo – pelo uso inadequado da colher de pedreiro, em função das linhas sutis que separam texturas e cores das evidências arqueológicas. A tarefa do escavador e a funcionalidade da trolha consistem em de retirar uma fina camada de solo para evidenciar o documento geoarqueológico limpo, sem interferências externas ou criadas. Isso é como soprar a poeira que se acumulou sobre um pergaminho. A colher não pode agregar mais desenhos nem camadas novas de sedimento. Colheres com fios e pontas arredondadas não riscam e deixam a superfície lisa e impecável, mas criam cavidades rasas – ainda melhores do que os riscos que lembram um desenho de Jackson Pollock. Para elaborar cuidadosamente os cantos e ângulos exigidos para uma escavação perfeita, entretanto, o escavador com colheres arredondadas deve recorrer a uma espátula larga. Com ela, ele pode cortar os ângulos retos ente o plano e o perfil.

Qual é o jeito correto de escavar, de preparar uma superfície, um nível, como se deve cortar e limpar um perfil? Entre os arqueólogos que preferem o uso da trolha, desenha-se uma disputa entre os seguidores das colheres com o logo *WHS made in England* e os da *Marhalltown made in the USA*.

A fábrica de ferramentas William Hurst & Sons (WHS) foi fundada em 1793, em Sheffield, na Inglaterra. Em meados da década de 1950, a fábrica passou pelas mãos de diversos donos, mas a logomarca e a qualidade das ferramentas foram mantidas. A trolha WHS é feita de aço forjado sólido e de uma única peça, o que lhe dá uma grande durabilidade. Em trolhas de qualidade inferior, o cabo é simplesmente soldado a uma lâmina de aço, o que torna a ferramenta mais frágil. Durante qualquer ação mais pesada, essa trolha quebra no ponto mais vulnerável, na solda. O cabo da trolha WHS é arredondado e feito de madeira de faia, árvore típica do centro-norte da Europa. A lâmina é rígida e grossa. O aço não é duro como aço inox e tem a tendência de se desgastar com o tempo, característica desejada por alguns arqueólogos. Assim, o artefato adapta-se às condições do solo da escavação e molda-se às características do manuseio do seu proprietário.

A *"Marshalltown"* é forjada em uma fábrica de ferramentas em Marshalltown, Idaho, desde 1890, junto a outros equipamentos e materiais para construção, mas a especialidade da fábrica são as trolhas de diversos tamanhos, formas e funções – entre outras, para arqueólogos.

Kent V. Flannery escreveu, no início da década de 1980, uma parábola sobre os arqueólogos e suas Arqueologias – *The Golden Marshalltown*. No centro da história está um personagem do tipo "Indiana Jones", um veterano arqueólogo de campo, uma espécie de alter ego do autor. O *Old-timer* foi aposentado antes da hora, por não ter se atualizado e se adaptado às novas correntes teóricas e metodológicas da Arqueologia. Seus colegas da Universidade tinham pintado de ouro sua velha trolha da marca *"Marshalltown"*, como gesto de reconhecimento pelos serviços prestados por ele no campo da Arqueologia, mas, no fundo, ficaram contentes por ter-se livrado dele. O *Old-timer*, entretanto, lembra-se, com todo o orgulho de um arqueólogo de campo, de sua história de vida junto a sua *"Marshalltown"*.

Eu não uso uma *"Marshalltown"*. Eu uso uma WHS. Ganhei minha primeira, e única, WHS 6 polegadas de um amigo inglês, que ficou horrorizado com a falta de "cultura da trolha" entre os arqueólogos alemães. Chris me deu as seguintes instruções a respeito de cuidados e de comportamentos: "Cada arqueólogo, cada escavador tem sua trolha particular, marcada com sua identificação; a trolha jamais pode ser emprestada; uma trolha tem de ser marcada pelo uso, com batidas, riscos e desgastes, que comprovam a experiência do dono e contam histórias gloriosas de descobertas e de sofrimentos; o desenho assimétrico revela o uso contínuo e, consequentemente, uma vasta experiência da ferramenta em campo e de seu dono; para quem é destro, o desgaste dever ser no canto esquerdo da colher, e vice-versa; a colher de pedreiro precisa ser transformada em colher de arqueólogo pelas marcas de desgaste, que são como cicatrizes que os veteranos mostram com orgulho num desfile; uma colher nova e limpa denuncia o novato". Um arqueólogo de verdade não pode escavar com uma trolha limpa e lustrosa como um espelho; isso vale para todos, fato que coloca o novato em uma situação embaraçosa, pois quem nunca colocou os pés numa escavação precisa, obrigatoriamente, produzir marcas de desgaste em sua colher de pedreiro, recém-adquirida, para evitar o vexame de ser expulso da escavação. Isso acontecerá, inevitavelmente, se o coordenador descobrir que as marcas de desgaste são falsas.

Naquela escavação, quando ganhei uma trolha inglesa da marca WHS, que tenho até hoje, o coordenador, o mesmo que batia objetos duvidosos contra seus dentes para testar sua procedência lítica ou cerâmica, não dava a mínima importância para essas atitudes individualistas de um esnobe burguês. "Tudo é socializado", costumava dizer, enquanto fumava os cigarros e bebia a cerveja dos outros. "Uma colher de pedreiro é símbolo da igualdade entre todos os trabalhadores de uma operação arqueológica", explicava, "e não de uma elite burguesa". Ele tinha essas ideias estranhas para um arqueólogo e, por isso, comprava colheres de pedreiro de qualidade inferior, em uma ferragem qualquer. Os procedimentos eram sempre os mesmos. No começo das atividades diárias, as colheres estavam num balde de plástico. Cada escavador escolhia sua ferramenta, sem preferência, pois todas eram rigorosamente iguais e havia dezenas de colheres idênticas. Depois do trabalho, no fim do dia, a colher de pedreiro socializada era devolvida limpa e, se possível, sem marcas visíveis de uso, para manter a igualdade entre todos e todas. Essas trolhas não faziam e não tinham histórias, não eram mágicas, e, evidentemente, nada de importante, ou nada que pudesse ser chamado de tesouro arqueológico, foi encontrado nessa escavação. O coordenador foi demitido logo depois.

Desde quando a colher de pedreiro tornou-se uma colher de arqueólogo e sua principal ferramenta manual? A trolha WHS ganhou popularidade entre os escavadores profissionais logo depois da 2ª Guerra Mundial. Sua concorrente, na Inglaterra, naquela época, era a "Bowden", uma trolha mais fina, e, portanto, mais flexível, que perdeu terreno contra a mais rígida e, ao mesmo tempo, mais moldável trolha WHS.

No manual para arqueólogos de Richard Atkinson, de 1946, o autor garante, categoricamente, que a trolha seria a melhor pequena ferramenta para um escavador e recomenda uma com lâmina grossa, igual a uma WHS. O famoso arqueólogo inglês Mortimer Wheeler, que organizou, entre muitas outras, as escavações em Maiden Castle, no final da década de 1930, usava uma trolha. Paul Stamper (1999) registrou em uma fotografia tirada em 1906, durante as escavações em Glastonbury Lake Village, o mais antigo uso de uma trolha. Nos primórdios da Arqueologia inglesa, o general Pitt Rivers coordenou, em 1897, as escavações em Iwene Villa. O registro fotográfico dessa equipe mostra os trabalhadores apoiando-se e manuseando pás, picaretas, baldes e escovas grossas, mas na foto não aparece nenhuma trolha. Quem sabe a trolha fosse, já naquela época, de uso exclusivo do coordenador, do mestre-pedreiro, do próprio general Pitt Rivers?

Pás e picaretas

Nesse nível, as cadeias operatórias entre os pedreiros e os arqueólogos, entre a construção civil, militar, industrial e a Arqueologia continuam interagindo. Desde o começo da Revolução Industrial, os mesmos trabalhadores braçais que atuam na construção de canais fluviais, estradas, ferrovias, e fábricas provavelmente atuaram nas escavações de grandes dimensões bem características de meados do século 19. Nas fotografias dessa época, percebem-se semelhanças não só no manuseio das ferramentas, mas também na postura dos trabalhadores, quando, por exemplo, são retratados grupos de homens, a maioria em pé, segurando pás e picaretas – mostrar com o que se trabalha e exibir as armas ao adversário têm algo de uma postura que visa a impressionar. Aqui o homem trabalhador braçal é retratado desafiando as forças da natureza, expondo sua força braçal, orgulhando-se dos seus feitos e pronto, com suas ferramentas nas mãos aguardando as ordens do comandante da tropa. Fotos da 1ª Guerra Mundial mostram soldados da Saxônia entrincheirados exibindo suas ferramentas, duas picaretas, enquanto as armas estão em repouso, apoiadas no chão. O orgulho de ter escavado uma trincheira profunda em solo calcário francês está inscrito na expressão facial dos soldados. Foram as picaretas e a união de suas forças que garantiram a obra que servia de defesa e sua segurança momentânea.

As tarefas do trabalhador em sítios arqueológicos são iguais às do operário ao deslocar terra para pôr à mostra as muralhas de Troia, de Micenas etc., abrir montanhas para as ferrovias e escavar trincheiras que atravessam um aterro tumular.

A picareta do nosso Laboratório de Arqueologia é uma Tramontina, com cabo de eucalipto marcado com uma faixa pintada de vermelho na extremidade do cabo. Por baixo da tinta vermelha surgem, nos lugares em que a tinta está gasta e desbotada pelo uso, traços de tinta azul marinho. Essa picareta me acompanhou em todas as escavações. Às vezes, nem chegou a ser usada, mas ela sempre fez parte do conjunto de ferramentas que iam para campo. Ela foi comprada com verbas públicas do CNPq, em 1988, no âmbito do Projeto Missões, em que foi de utilidade. Até hoje, e mesmo depois de tantos anos em ação, a picareta apresenta as marcas da sua primeira escavação em solo missioneiro. O cabo da picareta absorveu o chão vermelho que se misturou com o suor e com a gordura das mãos e penetrou nos poros da madeira. Quem escavou em São Miguel, São Lourenço ou em São João Batista sabe do que estou falando: da argila vermelha do Planalto Gaúcho. Tudo que entra em contato com essa argila fica impregnado e nunca mais perde o tom vermelho, mesmo depois de muitas tentativas: escovação, sabão e água. Os tênis ficam imprestáveis, e camiseta, calça, tudo vira pano de chão. Não existem cachorros, cavalos, gatos, ovelhas, galinhas ou quaisquer animais brancos nas Missões. Só vermelhos. Nas conversas jogadas fora, imaginávamos os Guaranis missioneiros em suas túnicas brancas, mas na verdade vermelhas, andando pelas Reduções, algo bem diferente das imagens que se têm comumente. As chuvas, os ventos e as eventuais lavadas das ferramentas depois das escavações não conseguiram fazer com que esse carimbo missioneiro se soltasse do cabo da picareta.

Arno mandou pintar todas as ferramentas, recém-compradas com o dinheiro que recebera de um projeto financiado pelo CNPq, com uma faixa azul. Tudo foi pintado, as colheres de pedreiro, as espátulas, os pincéis, as pás de concha, as pás de corte, as enxadas, os baldes, as peneiras, os piquetes e as duas picaretas. Quando Arno terminou a fase de pesquisa de campo do projeto, em 1991 – aliás, em parte por causa do mau uso de uma das picaretas por um grupo de participantes da última escavação em São Miguel –, todas as ferramentas foram incorporadas ao acervo técnico do Laboratório de Arqueologia, chamado, naquela época, de Centro de Estudos e Pesquisas Arqueológicas. No Laboratório de Pesquisas Arqueológicas, no antigo Cepa, as ferramentas receberam, como todas as outras, uma marcação com tinta vermelha, por motivos óbvios.

A picareta pesa três quilos e é escarranchada. Este instrumento antigo – um romano já perdeu sua picareta na catástrofe de Pompeia – é um perfeito casamento entre duas ferramentas de talha, entre um picão e um talhador. O anel que une as duas extremidades ativas é, ao mesmo tempo, o segmento fraco desse artefato. O picão ou o talhador quebra por causa da força excessiva, no anel. O cabo, que é mais grosso em uma das extremidades, passa pelo anel em posição invertida, e, depois de algumas batidas fortes no chão, a parte grossa do cabo trava e encalha no metal. Depois de ele ficar muito tempo sem ação, parado no depósito, pode acontecer que a madeira se resseque e o cabo se solte da sua prisão. Só o trabalho faz com que o cabo se junte cada vez mais firmemente ao metal.

Eu gosto de escavar com uma picareta. Ela é muito eficiente para arrancar pedras grandes da terra. Sua ação é devassadora. Seu impacto deixa marcas profundas na terra e pulveriza o ponto de choque sobre as rochas. É uma ferramenta exigente e cansativa; poucos aguentam manter uma sequência de mais de 10 batidas sem parar. A picareta é sinônimo de força bruta e é o instrumento que melhor representa o trabalhador que retira seu sustento da terra. Quem me ensinou seu manuseio foi John, um inglês de Wulverhampton. John trabalhou nas minas de carvão e na construção civil;

por isso, sabia como domar essa ferramenta e como fazê-la trabalhar, sem ficar cansado. Para quem é destro, como eu, o certo é agarrar com a mão esquerda a ponta do cabo, e com a mão direita o outro extremo, bem junto ao ferro, e ficar com os pés plantados no chão, um ao lado do outro. Nessa posição, atravessada na frente do trabalhador, a picareta tem seu ponto de equilíbrio. A movimentação eficiente da picareta, essa cruza formal e técnica entre martelão, picão e machado, inicia com o flexionar curto e abrupto do braço direito rente ao corpo, levantando a ferramenta até o ombro e dando um passo para frente com a perna esquerda. Ao mesmo em que a mão direita solta o aperto da mão sobre o cabo, a outra levanta a ferramenta sobre a altura da cabeça, o corpo projeta-se, a mão direita desliza pelo cabo e se junta à esquerda, na extremidade do cabo, e a picareta cai com força, pelo próprio peso, sobre a terra a ser picaretada. Com as duas mãos, puxa-se a picareta, levanta-se o cabo, a terra é solta, o corpo inclina-se ainda mais para frente, dobram-se os joelhos, a mão direita escorrega para sua posição inicial de equilíbrio, e tudo começa. Não pode se esquecer de soltar o ar dos pulmões, com barulho, no momento do impacto da picareta sobre o chão. O trabalhador tem de mostrar seu esforço, para ser mais valorizado.

Peneiras

Empilhar, amontoar coisas ou substâncias traz uma sensação de tranquilidade, a segurança de ter organizado algo. Em geral, coisas ou substâncias da mesma categoria são amontoadas, como peças de roupa, livros, pedras, ossos, cerâmica, ou terra embaixo da peneira. O arqueólogo pode observar o crescimento constante de terra. Peneirar é uma ação bem arqueológica, uma forma de escavar, automática e um pouco preguiçosa, é autoridade, controle, segurança, para que nada escape.

A peneira, como meio de refinamento, limpeza, purificação e melhoramento, é um artefato antigo. Ela facilita a vida das pessoas. Num passo de mágica, num retorcer do quadril em sentido contrário aos ombros e aos braços, num passo de dança sensual, a peneira agrupa coisas que antes estavam separadas e espalhadas por aí. Ela organiza as coisas e as substâncias, estabelecendo ordens. Uma categoria ordenada pela peneira caracteriza-se pelas coisas que foram capturadas pelas malhas da peneira, e a outra pelas coisas e substâncias que conseguiram passar por ela.

Um dos fatores que determina essas ordens é a relação do espaço vazio, entre o tecido da malha, e o tamanho das coisas e das substâncias. Outro é o gesto com que a peneira é acionada. A movimentação horizontal, às vezes, alternada com um gesto abrupto vertical, com a finalidade de jogar seu conteúdo para o ar, é o mais popular. A ordem que a peneira estabelece é irreversível. Mesmo repetindo essa ação do peneirar com a mesma peneira, com as mesmas coisas, são sempre as mesmas coisas que passam e as mesmas coisas que ficam.

A peneira não apenas estabelece uma ordem entre as coisas, mas também cria dois espaços separados, nos quais as coisas apresentam tendências distintas e, portanto, organizam-se de maneira diferente. As coisas maiores, as que não passaram pelo crivo, espalham-se horizontalmente sobre o plano da peneira. As coisas menores amontoam-se embaixo da peneira e formam um cone. No espaço superior, na superfície da peneira, as coisas mostram-se, revelam-se a quem peneira. Elas organizam-se, lado a lado, para serem vistas de todos os lados. Nesse espaço suspenso, predomina a individualidade ou a diferença entre as coisas. Já no espaço inferior, embaixo da peneira, no chão, as coisas acumulam-se e escondem-se, para não serem vistas como unidades. Uma coisa é igual à outra. O destaque está na criação de um todo uniforme e massificado. O importante é o conjunto. O valor está na organização das coisas iguais e na formatação da mesma figura. Sempre a mesma figura. Nesse caso vale o princípio da igualdade.

A peneira também cria duas categorias de coisas: uma formada por objetos e a outra por substâncias. As substâncias que passaram pelo crivo são todas muito semelhantes entre si. Afinal, elas passaram pelo mesmo crivo e uniram-se na igualdade, quase como uma irmandade. São homogêneas e, por isso, podem e querem ser confundidas uma com a outra. Dessa maneira, perdem sua singularidade como objeto ou como indivíduo e assumem outra identidade: a do anonimato da massa. Todas juntas assumem a identidade da massa, que se comporta como substâncias. As substâncias organizam-se e têm tendências próprias, como, por exemplo, de se amontoar e assumir figuras cônicas perfeitas, adotando, assim, uma nova identidade, mais padronizada. Já as coisas que ficaram aprisionadas entre e, em cima das malhas da peneira, revelam-se como objetos, livres das substâncias que os rodeiam e acompanham; apresentam-se individualmente, com características próprias. Cada coisa é diferente de todas as outras. Elas recebem tratamento especial. Afinal, fazem parte de outro grupo seleto de coisas e não pertencem a uma massa anônima e homogênea. Aquilo que sobrou na peneira pertence a um grupo selecionado de objetos.

O ato de peneirar, quando é metáfora para "passar pelo crivo", "selecionar", "escolher", "atravessar", "passar", "limpar", "purificar", "expurgar", está, muitas vezes, relacionado aos rituais de limpeza, como meio de lustração, ou como amuleto selecionado que evidencia a separação entre o desejado e o indesejado, entre o bem e o mal. "Peneirar" algo ou "passar pelo crivo" é uma metáfora para "ser selecionado" e também para "superar alguma dificuldade". Ambas as expressões têm conotação positiva, apesar de estarem em posições opostas nas ordens estabelecidas pela peneira. São, simultaneamente, tanto positivas quanto negativas. Aquilo que sobrou, que ficou selecionado na peneira, é considerado o desejado, o amuleto que acumula poderes mágicos (*apotropaion*). Por isso, pode-se encontrar o ato de peneirar relacionado aos rituais de limpeza, que procuram visibilizar a separação do bem e do mal (CHEVALIER; GHEERBRANT, 1994).

Mas nem sempre aquilo que sobra na peneira é percebido como o desejado. A situação contrária, mas igualmente vinculada à ação de peneirar, está relacionada com um processo de limpeza que se pode observar quando o desejado é aquilo que passou pelo crivo, pelo espaço apertado da malha da peneira. O desejado, substância ou objeto, passou pela dificuldade e representa, metaforicamente, a superação. O que foi refinado é considerado o selecionado. O grosseiro, o tosco, o sujo, que permanece na peneira, é descartado. Essa ação coincide com o refinamento de substâncias, como, por exemplo, farinha, farofa, açúcar, sal, geleia, suco, leite, vinho, água, terra, areia, etc.

Para o arqueólogo, para o garimpeiro, para o agricultor, a semente, o achado, o tesouro, que ficou na peneira, que foi afastado pela peneira das outras coisas padronizadas, que se individualizou, identificou-se, torna-se mais valorizado, pois foi selecionado. Por isso, adquiriu, além do seu valor simbólico, de fetiche, um valor comercial. A palavra ou a expressão verbal que acompanha o ato de achar nessa situação está sempre relacionada com aquilo que ficou na peneira. "Heureca!" "Achei!" "Consegui!"

Ao arqueólogo interessa aquilo que sobrou na peneira, e não aquilo que passou pela malha. O que passou pela peneira não tem valor, é entulho de areia, entulho de terra fina, terra preta, substância que, obedientemente, amontoa-se e que, em primeiro lugar, serve apenas para fechar o buraco que foi escavado, de onde ela foi retirada no início do processo. Esse é um fenômeno interessante: sempre falta material de entulho para fechar os buracos, após o término da escavação. Isso se explica não só pela retirada do material arqueologicamente interessante, que faz com que no final falte material, mas pela tendência das substâncias de se misturarem com outras e, assim, desaparecerem.

A peneira é implacável quando se trata de separar os achados arqueológicos do entulho, os objetos desejados das substâncias descartadas. Mas ela é igualmente implacável quando se trata de diferenciar o escavador atencioso do distraído, de separar aquele que sabe distinguir e reconhecer um achado arqueológico de outra coisa qualquer e que não é de interesse. Estranhamente, muitos achados arqueológicos valiosos são encontrados na peneira. Isso até pode revelar a incompetência do escavador que está diretamente envolvido na ação primária de achar, que tem o privilégio de ser o descobridor das coisas enterradas e que tem a responsabilidade de descobri-las. Quando, pela astúcia ou pela capacidade das coisas de se esconder e de se tornar invisíveis, achados significativos são feitos na peneira, o escavador, que trabalha na outra ponta da cadeia operatória, perde uma boa porção de sua credibilidade como descobridor, ao deixar-se enganar por uma coisa. A pessoa na peneira, última colocada na sequência das descobertas arqueológicas, torna-se, nessas ocasiões felizes, o centro das atenções. Mas essa felicidade dura pouco tempo, pois todos sabem, inclusive a pessoa na peneira, que as coisas achadas nessas condições e circunstâncias são de pouco valor científico em termos arqueológicos. Mesmo assim, e diferentemente daquilo que se imagina, a maioria dos achados arqueológicos são feitos na peneira. Esse número seleto recebe tratamento diferenciado.

Não basta a peneira separar e reter os objetos que interessam ao arqueólogo, ao garimpeiro e às outras pessoas que procuram objetos valiosos. Esses objetos são separados, mas não purificados, e precisam ser selecionados, manualmente, com a ponta dos dedos ou com a pinça, como os passarinhos que se alimentam das migalhas. A peneira é um artefato mágico. Ela separa e purifica, em poucos instantes, algo que para os pombinhos da Cinderela exigiria várias horas de trabalho intenso.

Os arqueólogos, quando escavam, também peneiram a terra. A terra escavada deve, obrigatoriamente, ser peneirada. Isso é um costume arqueológico que existe praticamente desde sempre e remete aos tempos em que arqueólogos eram, predominantemente, caçadores de tesouros.

O ato de peneirar exige soluções logísticas. As peneiras, via de regra, são grandes e desengonçadas, precisam de cuidados e formas de transporte especiais. A estrutura de madeira ou de canos de ferro, que também precisa ser levada, sem falar dos baldes, precisa de muito espaço. Ninguém entra num ônibus de transporte público com dez ou mais baldes plásticos, com seis ou sete peneiras e metros e mais metros de canos de ferro para montar uma estrutura para sustentar as peneiras.

Durante uma escavação, a terra escavada é amontoada em algum lugar. Primeiro, formam-se pequenos montes de terra embaixo das peneiras, ao lado da área escavada, para evitar esforço excessivo quando os buracos anteriormente escavados são novamente preenchidos com a terra peneirada. É assim que deveriam funcionar as coisas.

Acho que preciso agora explicar para quem não é arqueólogo o porquê das peneiras, como instalar, como manusear e como colocá-las em funcionamento.

As primeiras pequenas porções de terra, três ou quatro punhados, ou melhor, colheradas, são amontoadas ao lado de uma pequena área em processo de escavação. Depois, esses pequenos amontoados são colocados, com uma pá – usamos para essa tarefa uma pá de lixo –, nos baldes. Quando cheio, o balde é levado para a área da peneiração. Em pequenas porções, o balde é esvaziado, a peneira é suspensa e movimentada, e a terra acumula-se, lentamente, embaixo da peneira. Esse é sempre um momento de expectativa.

Gosto de ficar na peneira. É uma demonstração de poder, de executar o último controle, é como estar na última posição de uma sequência de operações, ser o último antes de fechar o saco ou a embalagem e colocar a assinatura com o produto escavado dentro.

Na peneira, as coisas organizam-se conforme o movimento e, principalmente, pelo tamanho e peso. Aquilo que interessa é aquilo que sobra na malha de arame. É interessante que a terra amontoada embaixo da peneira não interesse mais, sendo inclusive chamada, geralmente com um pouco de desprezo, de entulho. A sobra é aquilo que interessa, é apreciada pelo arqueólogo e é levada para o laboratório e selecionada. Aquilo que vai e aquilo que fica em campo é o resultado da pesquisa, o bem precioso achado e selecionado.

Metros e trenas

Metros e trenas são artefatos de medição. As trenas amarram e prendem o lugar dos achados arqueológicos na paisagem. Dividem o lugar formado em quatro partes, em um sistema de linhas paralelas, quadrados e ângulos. A trena é de longo alcance, enquanto o metro de carpinteiro dobrável divide o espaço em ritmos métricos com maior intensidade e precisão em escala menor.

Não recomendo metros de carpinteiro de madeira. Depois da primeira chuva, eles perdem seu direcionamento certeiro, inclinam-se, curvam-se e, finalmente, soltam-se das garras-dobradiças metálicas instaladas a cada 20 cm. O metro de madeira que tenha pernoitado esquecido ou abandonado na escavação também se torna inútil: a tinta amarela descasca e leva consigo a numeração. Depois de várias semanas em uso, mesmo bem cuidados, os metros de madeira revelam sua tendência maldosa de quebrar, justamente nos segmentos iniciais ou terminais, de modo que sobra apenas a metragem intermediária e completamente inútil entre os 20 e 80 cm.

Metros de carpinteiro de plástico são mais caros, mas duram mais tempo. Não para sempre, é claro. Às vezes, alguns metros até sobrevivem aos maus-tratos sofridos em várias campanhas de escavações. Os mestres de obras, engenheiros e arquitetos romanos usavam regras dobráveis de bronze.

Os metros, geralmente, são de 2 m de comprimento e seccionados, intencionalmente, em segmentos de 20 cm. Uma dobradiça de metal que gira em 180º e em posição oposta conecta os 10 segmentos de 20 cm do metro de carpinteiro de 2 m de comprimento. A numeração vai em sentidos contrários. Em uma extremidade o metro inicia com o valor "zero" e corre até a outra extremidade, até o valor de 2 m. Girando o metro, a numeração vai no sentido contrário. Dobrado e em repouso, o metro de carpinteiro assume a forma de uma gaita e pode ser guardado no bolso, sem grandes transtornos.

Nos metros dobrados, as medidas se inter-relacionam nas extremidades. São como entidades espaço-temporais curvadas e duplicadas. O zero está perto dos 40 cm, os 20 cm dos 60 cm, e assim por diante. São distantes na linearidade métrica, mas próximos em termos de sua espacialidade. Podemos dizer de outra maneira também que o zero está numa relação sintagmática com os 10, 20, 30, 40 cm, e assim por diante, mas em relação paradigmática com os 40, 80, 120 cm, etc. Os metros dobráveis indicam não somente direções lineares, mas também ângulos. As dobradiças são construídas para indicar ângulos de 90º. O ângulo de 30º é formado quando o metro é quebrado no seu segundo segmento, nos 40 cm, e quando o ponto "zero" é posicionado no ponto de 50 cm.

Na trena, as medidas métricas são enroladas, e não dobradas. Isso faz muita diferença. A trena desencolhe-se, e o metro de carpinteiro desdobra-se. Trenas metálicas de 2 m são práticas nos espaços limitados de uma sondagem ou numa quadrícula. As mais compridas, de 5 m, por exemplo, não são de grande utilidade, já que a maioria das escavações tem a escala de 1 x 1 m. Trenas de plástico para grandes medições de 50 m são muito úteis e substituem, em escala intermediária, os níveis e teodolitos. Costumo fazer o quadriculamento com três trenas de 50 m usando o velho e conhecido teorema de Pitágoras ou o "número mágico de Pitágoras (14,14)"[66], para quem não entende nada de matemática, como eu. Para não desenhar uma série de figuras romboides na escavação em vez de um quadriculamento em ângulos retos de 10 x 10 m, precisamos de uma linha diagonal, que, num quadrado de 10 x 10 m, mede 14 m e 14 cm. Consequentemente, em um quadrado de 1 x 1 m, a diagonal é de 1 m e 41 cm.

Pranchetas, planilhas, lápis, apontadores e borrachas

As pranchetas são autoritárias, transmitem um ar de arrogância e dão ao seu usuário estabilidade de postura. Atribuem importância às pessoas que tomam conta dos registros e das planilhas a serem corretamente preenchidas. As pranchetas são como pequenas mesas de escritório por trás das quais os chefes escondem-se e que separam aqueles que mandam daqueles que recebem ordens. O inventor japonês Kenji Kawakami desenvolveu uma prancheta com todas as funções de uma mesa de escritório portátil, com prateleiras, gavetinhas, lixeira, luminária e com as demais coisas necessárias. Essa prancheta oferece aos empresários apressados a possibilidade de trabalhar andando pelas ruas de Tóquio.[67] Ela ficou completamente obsoleta com a invenção do *tablet*.

---

[66] Em qualquer triângulo-retângulo, o quadrado do comprimento da hipotenusa é igual à soma dos quadrados dos comprimentos dos catetos. A diagonal do quadrado o divide em dois triângulos-retângulos congruentes.

[67] Não sei se essa invenção pode ser levada a sério. Trata-se certamente de uma paródia de um objeto inútil e engraçado, um *chindōgu* inventado por Kenji Kawakami.

Os arquitetos usam pranchetas, os treinadores de basquete e de futebol usam pranchetas. Juntos, as pranchetas e seus donos mandam nos operários e nos jogadores. Nas escavações das quais participei, todos tinham pranchetas. Cada escavador era responsável pelo registro das ocorrências encontradas. Acho isso mais democrático.

Uma caneta ou um lápis na mão também implica autoridade. Eles indicam, selecionam, registram e transformam as coisas encontradas numa escavação em letras, desenhos e números, para, depois, descansar atrás da orelha do contador. Canetas colocadas no bolso da frente da camisa, junto a uma prancheta na mão, são insígnias de autoridade, agregam ainda mais poder ao seu portador e reforçam a postura de quem manda.

Quem usa lápis entra em dependência, quase obrigatória, de dois outros objetos: apontador e borracha. O apontador, da forma como é conhecido hoje, foi desenvolvido em 1908 pelo inventor alemão Theodor Paul Möbius. Desde então, esse artefato prático substitui o canivete e os outros instrumentos cortantes usados para devolver ao lápis sua ponta (REES, 2013).

O senador romano Plínio usava palitos de chumbo (*stilus plumbeus*) como instrumento para escrever. Somente no século XVII, *a frágil mina de grafite ganhou seu tradicional reforço e suporte em madeira*. Aproximadamente 100 anos depois, surgiram as lapiseiras. A mais famosa lapiseira – e também a mais prática pela solução técnica de usar uma mola interna acoplada a um botão – foi desenvolvida em 1915 pelo japonês Tokuji Hayakawa, que a chamou de *Ever-Ready Sharp Pencil*. Essa lapiseira, mais tarde, deu o nome à fábrica que a produzia: Sharp (PETROSKI, 1992).

Em 1770, o cientista britânico Edward Nairne, especialista em instrumentos óticos, descobriu que linhas feitas com um lápis poderiam ser apagadas por meio de uma borracha. Em vez de usar, como era costume, um naco de pão como apagador, ele, por engano, agarrou um pedaço de borracha. Ele chamou essa substância de *rubber* e passou a vender cada pedaço por um preço exorbitante de 3 libras esterlinas. Mas quem tornou essa descoberta pública foi o químico londrino Joseph Priestley, considerado, por muitos, o verdadeiro descobridor do apagador de borracha (PETROSKI, 1992).

Os apagadores são feitos usando duas substâncias: plástico e borracha. O apagador de borracha é produzido à base de látex da seringueira (*hevea brasiliensis*) e misturado com óleo vegetal (*fractice*). Pela adição de enxofre, essa mistura, ainda maleável, é vulcanizada sob pressão, a uma temperatura de 150º C, e transforma-se em uma massa mais sólida, porém elástica. Para aumentar seu atrito sobre a superfície a ser apagada, *são* acrescentados à borracha elementos de fricção, como pó de quartzo, gesso e corantes.

Uma pequena borracha cilíndrica colocada em uma das extremidades de um lápis e fixada por uma presilha metálica é a modalidade técnico-funcional mais recomendada no contexto de uma escavação arqueológica. Um apagador de borracha, retangular, conhecido como "borracha escolar", compartilha o mesmo destino de muitos outros objetos pequenos que circulam numa escavação, como apontadores, clipes, pregos, chaves, moedas, chicletes. Essas coisas costumam ter vida própria e revelam a tendência natural de assumir a forma e cor do seu entorno e, simplesmente, desaparecer e então surgir, do nada, em uma peneira ou em um saco plástico com achados arqueológicos, como se fosse um objeto importante. Certa vez, uma borracha entrou em uma planilha na qual constavam os achados encontrados num sambaqui no litoral norte do Rio Grande do Sul: RS-LN-201, identificado como "material desconhecido". Até número individual ela ganhou.

Intermitência: a lista das coisas de Günter Eich

Inventur

Dies ist meine Mütze
dies ist mein Mantel,
hier mein Rasierzeug
im Beutel aus Leinen.

Konservenbüchse:
Mein Teller, mein Becher,
ich hab in das Weißblech
den Namen geritzt.

Geritzt hier mit diesem
kostbaren Nagel,
den vor begehrlichen
Augen ich berge.

Im Brotbeutel sind
ein Paar wollene Socken

und einiges, was ich
niemand verrate,

so dient es als Kissen
nachts meinem Kopf.
Die Pappe hier liegt
zwischen mir und der Erde.

Die Bleistiftmine
lieb ich am meisten:
Tags schreibt sie mir Verse,
die nachts ich erdacht.

Dies ist mein Notizbuch,
dies meine Zeltbahn,
dies ist mein Handtuch,
dies ist mein Zwirn.

(Günter Eich, *Abgelegene Gehöfte*, 1968).

13

O VALOR DAS COISAS

O estudo da cultura material emprega objetos para se aproximar das ideias e ações das pessoas (SAMIDA; EGGERT; HAHN, 2014). Não queremos colocar a ideia "nobre" sobre a matéria "bruta", dualidade praticada no mundo ocidental desde os tempos de Platão, ou fortalecer a dicotomia entre o material e o imaterial; é um mundo intermediário que nos interessa (CASSIRER, 1923). Karl Kramer (1995) sugere o conceito da *Dingbedeutsamkeit* (significado do objeto) como uma forma de conectar o espiritual com o material nos estudos da cultura material. A percepção do mundo material, a agência das coisas e das substâncias do nosso dia a dia e seus significados, da forma como são tratadas atualmente, também têm poucas relações com os antigos estudos de cultura material praticados por etnólogos do século XIX. A preocupação científica com essas temáticas provocou uma verdadeira onda nos estudos da cultura material, perceptível nas pesquisas da Arqueologia, Etnologia, nos Estudos Culturais, na Sociologia, História, História da Arte e nos Estudos da Economia e do Folclore. Cultura material, conforme os novos paradigmas, não compreende mais apenas o objeto na sua forma material, mas também os seus contextos, e essas abordagens revelaram-se como as mais importantes chaves para os estudos do cotidiano (APPADURAI, 1986; LUBAR; KINGERY, 1993; HOSKINS, 1998; SUHRBIER, 1998; KOHL, 2003; BUCHLI, 2002; HAHN, 2005; WOODWARD, 2007; MARQUES; HILBERT, 2009b; LIMA, 2011).

André Leroi-Gourhan, em seus influentes estudos sobre *L'homme et la matière* (1943), apresenta uma grande quantidade de técnicas aplicadas pelas sociedades pré-modernas por meio das quais se podem produzir e utilizar objetos. Não pretendo repetir tudo aquilo que Leroi-Gourhan ensinou no seu livro; no entanto, quero chamar a atenção para uma lacuna considerável nos seus estudos, nos quais ele dedicou-se, quase exclusivamente, às tecnologias "duras" (*hard matter*) e ativas e aos artefatos que podem ser diretamente produzidos e usados. Mas, além dessas práticas, existem outras, em que o produto final desejado não pode ser produzido diretamente e que envolvem substâncias e objetos e suas transformações por intermédio de um processo predominantemente passivo. A ação ativa nesse processo de transformação das substâncias e dos objetos limita-se a criar as condições básicas para que, no final do processo, essa transformação aconteça sozinha. O controle da temperatura e da oxigenação e as condições de umidade são comandados externamente; substâncias e coisas são acrescentadas e misturadas, e, logo depois, a transformação desenvolve-se internamente e por força própria. Essas tecnologias "brandas" (*soft matter*) ocorrem, por exemplo, na preparação dos alimentos e das bebidas fermentadas, na preparação da argila para a fabricação da cerâmica, na preparação do material lítico, na vulcanização da borracha, na produção do fumo, da coca e da farinha de mandioca e numa infinidade de outras coisas em que a materialidade é perpassada pelas substâncias (SOENTGEN; HILBERT, 2012; SOENTGEN, 2015).

Pedras

Pedras fazem parte do dia a dia de todos nós, desde a infância (HILBERT, 2007c). Pedras nos acompanham até a morte, marcando temporariamente o local da nossa sepultura. Meu pensar sobre pedras e pessoas inicia e passa por experiências pessoais. Muitas das minhas experiências são compartilhadas, outras são particulares e até inacessíveis.

A maneira como cada pessoa relaciona-se com objetos nos diferentes momentos de sua vida é muito marcante, mas também mutante. As mesmas pedras, por exemplo, que usávamos na nossa infância para atirar nos cachorros brabos dos vizinhos e nos passarinhos, as pedras que machucavam nossos pés descalços, os seixos que fazíamos pular sobre a superfície do açude, aquelas pedrinhas bonitas, raras e mágicas que escondíamos em lugares secretos, ou com as quais brincávamos no decorrer da nossa vida, elas perderam sua força ou seu encanto, mudaram de sentido. É verdade que algumas pessoas continuam mimando, consultando, espiritualizando, energizando pedras, e outras até se tornaram profissionais na observação e manipulação delas. Ainda outras pessoas eliminam essas pedras das suas ações ou as apagam de suas memórias. Essas pessoas descartam simplesmente toda essa sabedoria, esse conhecimento adquirido em uma fase importante de sua vida. Esquecem os esconderijos secretos, o sentido, os encantos das pedras. Para elas, "pedras são apenas pedras".

Além dessas relações pessoais com as pedras, mudamos também as palavras relacionadas a elas. As "pedritas", os "aerolitos", a "Kryptonita", *moon rocks*, os "Palanthir", a "Pedra Filosofal" transformam-se, no mundo científico dos profissionais, em termos como "indústrias líticas", "lascas", "núcleos", "raspadores plano-convexos", *choppers*, etc. Muitos arqueólogos fazem parte desse último grupo de pessoas. Mas, para outros, sempre haverá uma pedra no caminho.

A Kryptonita

Hoje, como arqueólogo experiente, estou cada vez mais convencido de que não posso desconsiderar uma sabedoria valiosa adquirida no "mundo da vida". Sei que devo tratar as pedras arqueológicas com o mesmo respeito e com a mesma seriedade com que sempre tratei as pedras poderosas, bonitas, úteis e lúdicas da minha infância e adolescência. As pedras arqueológicas foram feitas por pessoas, e não por "indústrias líticas". Classificar, avaliar e manipular pedras admiráveis e valiosas não é coisa que eu tenha aprendido a fazer na Universidade. Muito antes pelo contrário. Tratar bem as pedras, isso eu já sabia antes. Estava preocupado com pedras perdidas. Em um dos projetos de investigação da minha infância, queria saber o que aconteceu com a pedra com que o pastorzinho chamado Davi derrubou o guerreiro gigante Golias. Onde está essa pedra?

Ou a pedra de fundação de Roma, de 753 a. C. Onde está essa pedra? Por que ninguém sabe? Por que ninguém a procurou? E vejam, estamos falando de Roma!

E as pedras de fundação da democracia na antiga Grécia? Mais tarde, na universidade, descobri que estão debaixo do maior mercado de inutilidades (Plaka – Πλάκα) de Atenas.

Na Arqueologia acadêmica, aprendi apenas a pronúncia de palavras novas, ou como executar gestos que assinalassem a importância do objeto e meu domínio sobre ele, falando baixo e com voz grave e séria.

Posso confessar agora que classificar líticos é algo que aprendi a fazer com pedras muito mais importantes e perigosas, realmente superpoderosas: a Kryptonita!

Não sei se preciso explicar o que é uma Kryptonita, mas esse termo é usado para designar qualquer fragmento que sobrou da explosão do planeta Krypton, do mundo original do Superman. Todos nós que lemos as aventuras do Superman, muitas vezes sem o conhecimento dos pais e escondidos pelos cantos perdidos da casa ou nas profundezas da noite debaixo do cobertor, sabemos que existem cinco classes de Kryptonita: verde, vermelha, dourada, azul e branca, das quais as primeiras três são tóxicas para o nosso herói.

A Kryptonita verde é a única variedade potencialmente fatal para o Superman. Ela provoca, inicialmente, inércia, sendo seguida pela morte, se não for removida a tempo da proximidade do super-herói.

A Kryptonita vermelha provoca sintomas bizarros, mas não mortais. Quando de sua proximidade, o Superman transforma-se em seu próprio clone, em uma criança ou em uma formiga gigante.

A Kryptonita dourada roubaria, de forma permanente, os superpoderes do Superman, se ele fosse exposto às suas radiações.

Essas Kryptonitas – todos devem lembrar – são igualmente danosas para a Supergirl, Krypto, o Superdog, e para todos os sobreviventes do planeta Krypton.

A Kryptonita azul é tóxica somente para as criaturas bizarras, enquanto a Kryptonita branca só é danosa para as plantas.

Depois de saber diferenciar todas essas Kryptonitas, classificar pedras arqueológicas é fácil, pois existem sites na internet, manuais e livros de autoajuda. A única informação que a maioria desses livros não revela é o significado das pedras classificadas pelos arqueólogos.

Com muita seriedade e autoridade, ensinei aos alunos, nos últimos anos, os segredos da classificação lítica e o uso correto das palavras tecnotipológicas. Mas ninguém jamais me perguntou o que tudo isso significava. Aqueles que realmente tinham dúvidas ficavam em silêncio, e outros nunca mais voltavam às aulas. Hoje, desconfio que esses últimos já soubessem classificar o material arqueológico e que já tivessem aprendido, como eu, esse ofício com as poderosas Kryptonitas do planeta Krypton.

Moon rocks

Nosso único satélite chama-se "Luna". Ele ganhou esse nome em honra à deusa Luna, da mitologia romana. Homenageamo-la no segundo dia da semana em nomes como *Lunes, Luni, Lunedi*. Na mitologia grega, a deusa da Lua chama-se Selene. Ela era filha dos titãs Hipérion e Teia, e irmã de Eos e Hélios. Selene conduzia uma carruagem prateada pelo céu, puxada por cavalos brancos. Mani, Mano, Moon ou Mond são os nomes que a mitologia nórdica reservou para o deus da lua. Mani é masculino. Homenageamo-lo no segundo dia da semana em nomes como *Montag, Monday*. Ele atravessa o céu conduzindo uma carruagem, acompanhado pelos filhos Bil e Hjuki e pelo temível lobo Hati, que corre desesperadamente atrás de Mani. Quando Hati, finalmente, alcança e devora Mani, o mundo chega a seu fim.

Noite de lua cheia também é lua de São Jorge, é noite dos namorados, dos beijos voláteis, das promessas sussurradas e olvidadas na aurora, é das mulheres solitárias dos marinheiros, dos caminhoneiros e dos taxistas, é dos lunáticos que andam perdidos pelos campos prateados, é dos lobisomens que atacam os viajantes distraídos. A lua é dos ladrões que saltam os muros e assaltam as casas, é dos cachorros que latem, dos gatos e das gatas que namoram nos telhados de zinco, dos ratinhos que sonham com um queijo do tamanho da lua, e é também a lua dos grandes navios que buzinam além do horizonte.

Em noites de lua cheia, marcamos entrevistas com os vampiros, e nascem crianças com lunares e com poeira dourada nos olhos e nos cabelos. Em noites de lua cheia, ouvimos atentamente os sons que vêm do lado escuro da lua. Esta era a lua que precisava ser analisada, escalada, perfurada, quadriculada, quantificada e, enfim, conquistada em nome da Guerra Fria. A Apollo 11 partiu da terra rumo à lua no dia 17 de julho de 1969. Em 20 de julho, iniciou a maior e mais cara escavação e coleta de material lítico da história da humanidade. Neil Armstrong, comandante da expedição, e Edwin "Buzz" Aldrin, piloto do módulo lunar, pousaram no "Mar da Tranquilidade". *"The Eagle has landed..."*. Michael Collins, que ficou na cápsula de controle em órbita lunar, apenas acompanhou esse cenário, assim como milhões de telespectadores na terra. Neil Armstrong saltou da escada do módulo lunar e carimbou as primeiras pegadas humanas na superfície empoeirada da lua. Mas qual foi o resultado desse grande salto para a humanidade?

O resultado mais importante foi a criação de um mito. O projeto Apollo representava a conquista do espaço, a vitória da ideologia do *American way of life*. A coleta do material lítico lunar, a prova de que "tudo era possível", foi um gesto simbólico muito poderoso. As pedras recolhidas, as pegadas na poeira, as imagens da superfície da lua, da terra e da bandeira representam a conquista, a vitória dos Estados Unidos, que, ao mesmo tempo, declararam a derrota emblemática da União Soviética. A superfície da lua foi transformada em um enorme palco, pronto para receber uma peça dramática de dimensão galáctica, a que o mundo inteiro assistiu. As pedras recolhidas, junto às imagens e fragmentos de fala, são as relíquias desse megaevento.

E as pedras? Quais são os resultados da análise?

Sabemos que as pedras coletadas na lua são extremamente antigas, comparadas com as rochas que se encontram na terra. Medidas radiométricas apontam para uma data que varia entre 4,5 e 3,16 bilhões de anos terrestres. As erupções basálticas mais recentes devem ter ocorrido há 1,2 bilhões de anos.

Durante as seis campanhas do projeto Apollo que tiverem atuação direta na superfície da lua, 382 kg de rochas basálticas foram recolhidas, a maioria durante as missões Apollo 15, 16, e 17 (HIESINGER et al., 2003).

A coleta dessa amostra significativa de rochas foi feita mediante o uso de artefatos altamente desenvolvidos, que incluíam martelos, pás côncavas, ancinhos, pinças e tubos. A grande maioria das rochas foi fotografada antes da coleta para registrar as condições em que foram encontradas. Depois, as pedras foram acondicionadas em sacos etiquetados e regressaram à terra em contêineres especiais, para evitar a contaminação das amostras. A grande maioria das rochas era de basalto, com um nível muito alto de titânio.

Podemos ainda destacar a descoberta de um novo mineral denominado de "armalcolita", composto pelos fragmentos dos nomes dos primeiros astronautas da Apollo 11, Armstrong, Aldrin e Collins.

Agora sabemos que a lua tem um diâmetro de 3476,2 km. Sua distância média do planeta Terra é de 384.400 km, e sua cor é cinza. A temperatura varia entre 123 °C durante o dia e -233°C durante a noite. A lua não tem atmosfera, tem uma gravidade de 1/6 da gravidade da Terra e leva 27,322 dias para orbitar a Terra.

O resultado material mais importante das diversas investigações na lua foi o resgate das pedras lunares. Os *"moon rocks"* são exibidos em Museus de Ciência e Tecnologia no mundo inteiro, mas não exercem mais toda a sua antiga magia. Seus poderes simbólicos têm prazo de validade bastante limitado. Em compensação, agora sabemos que a lua é apenas uma grande rocha!

Ela não interessa mais à NASA. O palco está vazio, cheio de lixo, a cortina está rasgada e o público está assistindo a outros espetáculos. A lua voltou a ser dos namorados, dos cães, dos gatos, dos ladrões, dos solitários, dos lunáticos.

A Pedra Filosofal

Descobrir a fórmula mágica para desvendar os segredos de antigas tecnologias, entender como certas construções foram erguidas, como determinados objetos foram moldados, como funcionavam, a questão da significação, representa um dos maiores desafios para arqueólogos profissionais e aficionados. Superar as barreiras do tempo e do espaço, bem como descobrir leis universais e eternas, significa imortalidade e riqueza infinita. O esforço de encontrar essas forças mágicas está em nossos imaginários, narrados em mitos e nas telenovelas.

As formas de magia e os mitos desenvolvidos pelos sábios das metafísicas da antiguidade revelam muita semelhança com as metodologias científicas sugeridas pelos sábios da atualidade – não pelas diferenças conceituais, mas simplesmente pela fórmula. Os métodos regrados perdem sua força com a mesma velocidade com que as poções mágicas perdem sua eficácia. Métodos comparativos da Antropologia e da Arqueologia foram substituídos por conceitos evolutivos, por abordagens sistêmicas, por modelos comportamentais ou interpretativos, por visões modernas, por visões pós-modernas.

Aprendi a metodologia de análise do material lítico da *Chaîne opératoire* com Albus Dumblendore. Ele realmente sabia tudo sobre sequências operacionais. Aplicava a cadeia operatória das substâncias e das coisas "brandas" (*soft matter*) às coisas "duras" (*hard matter*). Conhecia o segredo da transformação de uma simples pedra, sem poderes, sem nome, em pedra mágica, com nomes complicados e importantes. Albus Dumblendore fazia isso por meio da Pedra Filosofal. O *lapis philosophorum*, ou *philosophicum*, é o objetivo final do trabalho do alquimista. Sua criação, chamada de *conglutinatione* ou *transmutatione* da matéria-prima, é a obra-prima *magisterium* da alquimia. Os alquimistas buscavam transformar, por meio da Pedra Filosofal, metais inferiores em ouro, ou criar um elixir que garantisse a vida eterna. Esse processo de transformação de matéria-prima em *lapis philosophorum* acontece em diversas etapas sequenciais. Esses passos foram descritos pela primeira vez na *Tabula Smaragdina*, em texto atribuído ao grande Hermes Trismegisto.

Na sequência, gostaria de revelar os segredos dessa metodologia. São estas as diferentes etapas das sequências de operações para a obtenção da *lapis philosophorum*:

1. *Liquefaction*: nessa fase, a matéria-prima é diluída ou transformada em água de mercúrio.

2. *Nigredo*: representa o descenso da matéria a esferas inferiores da terra, o que provoca sua negridão e putrefação, como se fosse um corpo na tumba, simbolizado por um corvo.

3. *Albedo*: a clarificação da matéria, simbolizada pela transmutação do corvo em um pombo.

4. *Citricitas*: nos processos anteriores, perdeu-se muito *spiritus* por meio da evaporação. Para recompô-lo, a matéria precisa ser mergulhada em *lacta philosophica*. A coloração amarela indica o sucesso dessa operação, e a policromia ou *cauda pavonis* seu fracasso.

5. *Distillatio*: nessa fase, a matéria luta, em forma de um dragão vermelho, consigo mesma e transforma-se em sangue.

6. *Coagulatio*: nessa fase, o espírito se condensa.

7. *Tinctura*: a matéria transforma-se finalmente em *lapis philosophorum*.

Evidentemente, precisa-se de muita prática e de paciência para reproduzir essa receita com sucesso. Mas vale a pena tentar. Não existe maior prêmio para um sábio do que dominar a compreensão analítica dos passos e gestos subsequentes da *"Chaîne opératoire"* da Pedra Filosofal. E outra dica: nunca confie nos métodos e nos caminhos fáceis!

Sobre substâncias e pedras

Prefiro e sempre preferi as coisas discretas. Gosto das coisas usadas, dos fragmentos, cacos, estilhaços e pedaços. Mas as perguntas que fazia e as respostas que recebia sobre essas coisas simples, discretas, aparentemente sem valor sempre me levaram a uma Arqueologia bombástica e pomposa. Percebo hoje que minhas pequenas coisas apenas sustentavam enormes castelos no ar.

Algum tempo atrás, alguns arqueólogos propuseram uma troca dos paradigmas também na Arqueologia. Substituiu-se a palavra "comportamento" pela palavra "ação", que não se orientava mais por conceitos uniformizantes do comportamento humano com base nas ideias que propunham uma dicotomia entre o estímulo natural e a reação cultural (WOBST, 2000,

p. 40). Finalmente, também para os arqueólogos, o ser humano é percebido como *"agency"* (DOBRES; ROBB, 2000). Por fim, criaram-se novas metáforas e metonímias, e estabeleceram-se outras relações paradigmáticas e sintagmáticas (OLSEN, 2010; OLSEN *et al.*, 2012).

As perguntas mudaram. Atualmente pergunta-se sobre os significados, as significações, e como surgem os significados (SHANKS; TILLEY, 1992). A pergunta "como se chama essa coisa?" foi substituída por "como essa coisa faz sentido?" Arqueólogos dos anos oitenta sugeriram que se poderia "ler" o passado (HODDER, 1986). Na Arqueologia, essa guinada linguística ocorreu quase 90 anos depois da Filosofia. Isso não é uma crítica, apenas uma constatação, pois nós arqueólogos estávamos muito preocupados com a objetividade dos nossos estudos. Objetos eram considerados provas irrefutáveis e absolutamente seguras. Eles eram percebidos como coisas de sociedades desaparecidas que tinham aparecido. Os problemas da ambiguidade e da relatividade das fontes eram problemas dos outros (WYLIE, 2002).

Investigações mais recentes sobre cultura material destacam o significado das coisas e partem da ideia de que os objetos podem ser vistos como signos. Esses objetos-signos ajudam seus donos e usuários nos processos de comunicação entre pessoas, além de anunciar suas identidades perante a sociedade. Essas duas características da cultura material, a comunicacional e a expressiva, representam dois conceitos distintos e, ao mesmo tempo, interligados. Os trabalhos mais socioantropológicos enfatizam o caráter comunicativo e estrutural dos objetos (DOUGLAS; ISHERWOOD, 2004). O outro conceito, mais situado na área da psicologia cultural, destaca os atributos expressivos e identitários na cultura material (CSIKSZENT-MIHALYI; ROCHBERG-HALTON, 1999).

Ao valorizar os aspectos comunicacionais e expressivos da cultura material, preciso entender a posição do sujeito, o seu poder transformador, bem como o "eu" que se inter-relaciona com os fenômenos das materialidades. Por esses motivos, prefiro intuir, descrever e abrir múltiplas narrativas a listar sequências analíticas de gestos e de atributos tecnotipológicos.

Pretendo organizar uma coletânea de critérios que possam ajudar a diferenciar um objeto do outro, por intermédio de uma descrição dos seus fenômenos e das sensações que esses objetos provocam. O método fenomenológico caracteriza-se por orientar-se pelos aspectos acessíveis, colocando entre parênteses aspectos hipotéticos, teóricos e invisíveis.

O filósofo Jens Soentgen desenvolveu, em sua publicação *Splitter und Scherben. Essays zur Phänomenologie des Unscheinbaren* (1998), ideias que me inspiraram a percorrer caminhos semelhantes, mas relacionados com a investigação das pedras arqueológicas. Minha comunicação com Jens Soentgen baseou-se em "mostrar o caminho das pedras". Os arqueólogos, com raras exceções, procuraram a comunicação com a filosofia fenomenológica (TILLEY, 1994; THOMAS, 1996). A maioria dos profissionais da Arqueologia sente-se mais confortável com a suposta objetividade do seu objeto de pesquisa. Soentgen (1998, p. 175) pensa sobre os objetos e sobre as substâncias (*Stoffe*), mas do ponto de vista fenomenológico. Segundo sua percepção, uma das características das substâncias é que elas podem ser parceladas, são materiais, ocorrem e apresentam tendências ou inclinações (SOENTGEN; 2008; HAHN; SOENTGEN, 2010). Algumas dessas definições sobre substâncias me servem, como arqueólogo, para pensar sobre a relação entre pessoas e pedras.

Primeiro, quero refletir sobre substâncias parceláveis.

Ao regressar às coisas mesmas, ao voltar às substâncias parceláveis, colocamos entre parênteses todas as parcialidades qualitativas arqueológicas, junto a seus modelos e pré-conceitos teóricos. Regressamos às categorias de substâncias para voltar "às coisas mesmas", à sua essência.

Lembramos que as substâncias são parceláveis. Parcelas são partes que contêm o todo, que podem, por sua vez, ser parceladas, e mais uma vez, contêm o todo, sem perder sua qualidade substancial. Todas as qualidades que uma amostra pode ter também estão em suas porções, não importa, teoricamente, o tamanho da porção. Mas, do ponto de vista quantitativo, trata-se apenas de uma parte. Posso encher uma piscina com água, por exemplo, e depois retirar da piscina um balde de água. Desse balde, por sua vez, posso retirar um copo de água e do copo, um copinho de água. Trata-se sempre da substância água, só que em quantidades diferentes.

A Fenomenologia trata da aparição. Coisas e fenômenos aparecem, elas mostram-se. Mas até onde podem ser reduzidas? Ao ponto de desaparecerem? Teoricamente, até chegar à sua estrutura molecular, como sugere Titus Lucretius Carus em *De rerum naturae*.[68] Seguindo a percepção fenomenológica, entretanto, o tamanho das porções tem limites. Esses limites são perceptíveis e experimentáveis. Microgotinhas de água assumem novas

---

[68] A natureza das coisas.

propriedades e, consequentemente, merecem ganhar um novo nome. Chamamos pequenas porções de água de umidade. Chamamos micropedrinhas de areia. Chamamos microfragmentos de areia de poeira. Criamos novas categorias e nomes por causa da mudança das especificidades experimentáveis das substâncias, e não por razões classificatórias ou tipológicas, como fazemos com as pedras arqueológicas. A umidade nos lábios ou o suor que sinto na palma da mão é fenomenologicamente diferente da água em um copo ou uma piscina. Quantitativamente, é apenas um pouquinho de água. A poeira que o vento levanta provoca sensações diferentes das provocadas pela brita na beira da estrada ou pelos seixos na margem do rio.

Outra característica das substâncias sobre a qual pretendo refletir é que as substâncias têm tendências ou inclinações. Uma substância não é apenas matéria-prima, moldável e controlável pelo sujeito que impõe seu domínio sobre ela. Substâncias não são apenas volumes neutros, mas têm características ativas e produtivas. Os gases e a umidade têm a tendência de se espalhar e misturar-se, a poeira caracteriza-se pela inclinação a voar e a entrar nos olhos de pessoas e animais. São dinâmicas, e não passivas ou inertes, como pensam muitos arqueólogos.

Não se trata aqui, em absoluto, de um antropomorfismo. Não estou sugerindo que as substâncias tenham personalidades, vícios ou vontades próprias. Mas não podemos negar que as substâncias têm poderes sobre nós e que os tiveram sobre os homens e as mulheres no passado.

Estudo descritivo dos fenômenos

Lidar com fragmentos, estilhaços e cacos não é novidade para o mundo arqueológico. Artefatos líticos e cacos cerâmicos são unidades de observação parceladas. Para cada parcela, inventamos nomes diferentes. São eles: bloco, núcleo, fragmento, estilhaço, lasca, etc. Assim criamos categorias classificatórias e analíticas. Cada categoria é tratada e retratada como unidade independente. Lascas, núcleos e outras porções são categorias arqueológicas qualitativas, tecnotipológicas, e não quantitativas. As lascas são analisadas separadamente dos núcleos, que, por sua vez, são diferenciados dos instrumentos retocados ou com marcas de uso. Essas diferentes porções são, depois, interligadas em sequências operacionais, mas qualitativamente são sempre mantidas separadas.

"Quais seriam as alternativas para outra abordagem?"

Precisamos evitar as armadilhas classificatórias que estão relacionadas, de alguma forma, aos modelos teóricos e metodológicos regrados e prioritariamente tecnológicos. Vamos fazer de conta que não sabemos nada sobre pedras, estilhaços, fragmentos ou cacos. Vamos esquecer os núcleos, as lascas, os fragmentos.

A cultura material – em nosso caso específico, a cultura material de pedra – pode também ser pensada por meio da percepção fenomenológica. Entendo aqui por abordagem fenomenológica a tentativa de desistir das teorias, em favor das descrições. Para ajudar nesse complexo processo descritivo da materialidade, podemos pensar em tópicos que possam ser úteis na análise sensorial que as materialidades provocam em nós e de como percebemos essas materialidades. Não se trata de uma nova proposta de roteiro, de uma variedade da *Chaîne opératoire*.

Os *topoi* agrupam-se em torno de três áreas: superfície, estrutura própria e origem (SOENTGEN, 1998, p. 200).

Por meio da superfície, estabelecem-se as primeiras relações comunicativas entre o objeto e o sujeito. Os olhos, esses órgãos da distância, avaliam o brilho, a rugosidade, a pátina do objeto. As mãos aproximam-se, e as pontas dos dedos percebem a superfície da peça. Algumas peças respiram, absorvem seu entorno, enquanto outras não respiram. Coisas basálticas, areníticas, graníticas, madeira e cerâmica estão em constante intercâmbio com seu entorno e absorvem o ambiente. Essas coisas contam histórias e incorporam histórias. Outras coisas, como as cristalinas, as ágatas, os quartzos, parecem inalteradas. Suas superfícies são lisas, brilhantes, repelentes, e as marcas, as impressões digitais são removíveis. Essas peças parecem sempre novas.

As pedras têm estruturas próprias, são homogêneas ou com modulações internas. Pedaços de ágata, calcedônia ou outras rochas silicosas aparentam ser padronizados. Parecem produtos industrializados, "indústrias líticas". Porções de quartzos, peças basálticas, areníticas são bem menos uniformizadas. Parecem ser feitas artesanalmente. Elas mostram estruturas próprias, veios, irregularidades e modulações internas, que destacam seu caráter individual, suas inclinações e tendências.

As pedras têm histórias para contar, que deixaram marcas. As pedras aparecem para as pessoas de diferentes maneiras. Precisamos observar esses fenômenos relacionados com a trajetória dessas pedras. Algumas estão relacionadas com água, outras com terra, com água e terra, com calor, com frio, com pressão, fricção, maceramento, queda, com vento, sol. Diferentes substâncias líticas reagem de forma diferente a esses contatos. A quebra efetuada pela ação humana representa um episódio meramente casual e apenas passageiro na história dessas pedras.

A percepção fenomenológica passa necessariamente pela descrição. A descrição adequada está relacionada com o sujeito que sente, vê, cheira e toca conscientemente as coisas do nosso entorno. A descrição passa pela palavra, fato que nos remete à parte seguinte deste manual.

Intermitência: as coisas loucas de Pablo Neruda

Oda a las cosas

Amo las cosas loca,
locamente.
Me gustan las tenazas,
las tijeras,
adoro
las tazas,
las argollas,
las soperas,
sin hablar, por supuesto,
del sombrero.

Amo
todas las cosas,
no sólo
las supremas,
sino
las
infinita-mente
chicas,
el dedal,
las espuelas,
los platos,
los floreros. [...]

Ay cuántas
cosas
puras
ha construido
el hombre:
de lana,
de madera,
de cristal,
de cordeles,
mesas
maravillosas,
navíos, escaleras.

Amo
todas
las cosas,
no porque sean
ardientes
o fragantes,
sino porque
no sé,
porque
este océano es el tuyo,
es el mío:
los botones,
las ruedas,
los pequeños
tesoros
olvidados,
los abanicos en
cuyos plumajes
desvaneció el amor
sus azahares,
las copas, los cuchillos,
las tijeras,
todo tiene

en el mango, en el contorno,
la huella
de unos dedos,
de una remota mano
perdida
en lo más olvidado del olvido. [...]

Oh río
irrevocable
de las cosas,
no se dirá
que sólo
amé
los peces,
o las plantas de selva y de pradera,
que no sólo
amé
lo que salta, sube, sobrevive, suspira.
No es verdad:
muchas cosas
me lo dijeron todo.
No sólo me tocaron
o las tocó mi mano,
sino que acompañaron
de tal modo
mi existencia
que conmigo existieron
y fueron para mí tan existentes
que vivieron conmigo media vida
y morirán conmigo media muerte.

(Pablo Neruda, *Las Odas Elementares*, 1954).

14

O VALOR DAS PALAVRAS

Ler coisas arqueológicas

Sou confrontado, frequentemente, pelos alunos da faculdade com perguntas do tipo "Como os arqueólogos acham as coisas do passado?", ou "como os arqueólogos sabem que essas coisas foram realmente feitas pelos humanos?" Sou professor há mais de 30 anos, e no começo respondia a esses questionamentos – apesar de meio irritado por causa de sua aparente obviedade – de forma natural e com boa vontade, com todos os detalhes. Um dia, quando estava falando sobre tecnologia lítica do Paleolítico Superior, dei-me conta de que os alunos não só estavam desatentos, coisa normal e cotidiana em sala de aula, mas reagindo às minhas palavras de forma diferente. Ao segurar na mão esquerda um núcleo de quartzito, apontando para ele com o dedo da mão direita e explicando as características do "ponto de impacto" e do "bulbo", percebi um murmúrio estranho entre a garotada. As meninas começaram a ensaiar umas risadinhas e a cochichar, quando eu pronunciava as palavras "estrias", "lábio" ou "plataforma", ao referir-me aos atributos tecnotipológicos das lascas. Senti-me um pouco como Ivan Petrovich Pavlov, mas com as reações invertidas. Em vez de ficarem sérios, quietos e respeitarem minha autoridade, os alunos riam, ficavam inquietos e distraídos, como se estivessem pensando em outras coisas. Foi quando percebi que tínhamos problemas sérios de comunicação. Foi quando desisti de responder à pergunta "Como os arqueólogos sabem que as pedras foram feitas pelos humanos?", usando expressões do meu "arqueologuês". Percebi também a importância das palavras na Arqueologia e suas relações com as coisas. Para poder me comunicar novamente com os alunos, criamos, juntos, nas aulas seguintes, um vocabulário em que constavam palavras que faziam sentido para eles, como "pedrita", "aerólitos", "brita", "blocão", "coisinha do tipo assim... ó", "dar uma pancada" e "tá ligado?" Porém, e infelizmente, o assunto não estava resolvido. O problema da falta de comunicação voltou no outro semestre. Nosso dicionário de "litiquês" da turma 149, tão cuidadosamente elaborado, não servia para a nova turma. Então, qual seria a solução para esse problema do entendimento equivocado das palavras? A resposta era simples: fazer palavras com objetos. Parece coisa de doido, mas não é (LATOUR, 2000, p. 10). Ou não falar mais! (HILBERT, 2009b).

Essa decisão parece absurda e inadequada no mundo acadêmico. No entanto, encontrei apoio e uma referência para essa atitude num episódio narrado nas viagens de Gulliver. Jonathan Swift (1970, p. 214) conta que, na terceira viagem, Lemuel Gulliver presenciou, no país chamado Laputa, uma ilha flutuante, o resultado de um projeto acadêmico da Universidade de Lagado. Os sábios mais ilustres do país estavam empenhados na abolição das palavras. Eles argumentavam que, como as palavras eram apenas nomes para as coisas, seria muito mais conveniente para cada qual trouxesse consigo todas as coisas de que quisesse tratar. Nessa ocasião, Gulliver relata que muitas vezes ele viu dois desses sábios abaixados sob o peso de suas sacolas, que, quando se encontravam nas ruas, botavam suas cargas no chão, abriam suas sacolas e mantinham uma conversa por longas horas. Terminada a conversa eles colocaram todas suas coisas novamente nos sacos, um ajudando o outro, e partiram em seguida, retomando seus negócios.

A grande vantagem desse sistema de comunicação era, afirmaram os sábios da academia de Lagado, que todas as nações poderiam compreender-se facilmente, pois não se perderia muito tempo aprendendo línguas estrangeiras e estranhas.

Palavras e coisas

Para mim ficou evidente, pela experiência em sala de aula, que os arqueólogos transformam coisas em palavras, dão nomes às coisas usando palavras e, por meio dessas palavras, fazem Arqueologia (GELLNER, 1959; JOYCE, 2002). Os arqueólogos da mesma geração e da mesma área de pesquisa, geralmente, falam a mesma língua, pois, muitas vezes, fazem parte do mesmo projeto acadêmico. O meio de comunicação corriqueiro restringe-se, como vimos nesse exemplo, à troca dessas palavras.

Evidentemente, existem outras formas de comunicação, mais calmas e apartadas. São os monólogos, também chamados de análise em laboratório, que envolvem longos e extensos diálogos silenciosos entre o arqueólogo e as coisas.

Em diversas outras ocasiões, principalmente em congressos, já observei colegas seguindo o exemplo dos sábios da academia de Lagado, conversando ao mostrarem, um ao outro, pedras, cacos de cerâmica e de louça. Às vezes, esse gesto, executado tradicionalmente em silêncio e com toda a seriedade que esse momento exige, é interrompido por algumas palavras. Essas poucas palavras, pronunciadas nesses momentos solenes, ganham em consistência, em magia, em poder e têm como finalidade confirmar a importância do objeto ou de um determinado detalhe nele observado (WEINER, 1983). Essas ocasiões de troca de coisas e de palavras revelam a vantagem de ser arqueólogo. Podemos conversar sobre as coisas, com coisas e por meio das coisas. Coisamos coisas com, e sobre, colegas de profissão.

Mas quais são as possibilidades e as limitações no uso de objetos e palavras como linguagem? Posso ler cultura material como se fosse um texto? (HILBERT, 2008, 2010).

A contextualização desses conceitos comunicativos e expressivos da cultura material é decisiva. Os objetos contextualizados são transformados em textos interligados. Os objetos percebidos como signos formam seus significados muito menos por suas qualidades materiais e individuais do que pelos contextos, pelas situações sociais nas quais estão inseridos e nas quais foram usados e criados (MILLER, 1987, p. 11). Diante desse pano de fundo, a sociedade como um todo constitui uma inter-relação de significados e de representações que pode ser interpretada mediante os conceitos teóricos da semiótica (HAHN, 2003; 2005).

Para Ferdinand de Saussure (1989), existem dois princípios básicos em torno dos quais a linguística estrutural está organizada. Primeiro: não existem termos positivos, mas apenas referências. Esse caráter referencial e diferencial das identidades linguísticas significa que a língua constitui um sistema em que nenhum elemento pode ser definido independentemente do outro. Os signos adquirem seus significados por serem diferentes dos outros signos. Segundo: língua é forma, não é substância. Cada elemento do sistema linguístico é definido, exclusivamente, pelas regras de combinação e substituição com outros elementos.

Umberto Eco (1991, p. 4) define semiótica, em princípio, como a "disciplina que estuda tudo quanto possa ser usado para mentir. Se algo não pode ser usado para mentir, então não pode também ser usado para dizer a verdade: de fato, não pode ser usado para dizer nada". Ou, como formula Jean Aitchison (1996, p. 7), "a coisa surpreendente em relação à língua não é tanto que ela nos permite representar a realidade assim como ela é, mas que nos oferece a capacidade de falar convincentemente sobre algo completamente fictício, sem um apoio, nem sequer circunstancial, de evidências".

Na tradição semiológica de Saussure, a estrutura de uma língua pode ser explicada pela metáfora de uma rede, em que cada signo é representado por um nó, sendo seu lugar fixado pela distância em relação aos outros signos da rede.

Os pensadores pós-estruturalistas, entretanto, alertam que a rede de significados linguísticos não é estática. As estruturas mudam constantemente, existem temporariamente e não são necessariamente consistentes. Essa rede dinâmica pode ser imaginada como a *internet*. Os *links* estão interconectados, mas podem ser retirados a qualquer momento, ou, quando surgem novos *links*, a estrutura da rede altera-se (LACLAU, 1993, p. 433).

Ao perceber a cultura material como signos em uma rede, os objetos também adquirem seus significados por serem diferente dos outros signos, dos outros objetos. Além disso, não são só diferentes e presentes, mas a ausência material adquire igualmente características de um signo dentro de uma sequência narrativa. Porém esses signos, que servem de referência e mediante os quais eles diferenciam-se, também podem mudar, conforme o contexto em que são usados.

Esse contexto da cultura material não pode ser tido apenas como um pano de fundo, como dados. Os contextos materiais também mudam, da mesma maneira como os signos. Isso torna o processo de compreensão desses signos materiais e de seus significados extremamente dinâmico. Tanto o signo quanto seus signos referenciais estão sujeitos a constantes ressignificações. Os objetos ou signos usados são objetos criados.

O caráter comunicacional e expressivo dos objetos sem dúvida aproxima a cultura material da linguagem, sem que tenham exatamente as mesmas características. A metáfora da cultura material como linguagem é importante para destacar as propriedades simbólicas dos artefatos, mas não podemos esquecer que a cultura material é um sistema de comunicação completamente diferente (MCCRACKEN, 1988, p. 83).

Os objetos, vistos como sistemas de comunicação ou como linguagens, estão estruturados em padrões ou discursos. Como existem vários padrões ou discursos, os significados mudam conforme os diversos discursos por meio das práticas discursivas (FOUCAULT, 2002). Por esse motivo, o acesso a essa realidade material dá-se por meio da linguagem, como sistema. Com a linguagem, criam-se representações da realidade que não são apenas cópias preexistentes, mas contribuem para a construção da realidade. Os significados e representações são reais e os objetos também existem, mas ganham significados apenas mediante o discurso (PHILLIPS; JØRGENSEN, 2002, p. 8).

Um discurso pode ser visto como uma forma específica de entender e de falar sobre o mundo ou sobre alguns aspectos do mundo. As formas de falar sobre esses aspectos do mundo não são neutras ou reproduções idênticas desse mundo, das identidades ou das relações sociais. O discurso tem um papel ativo na criação desse mundo e um grande poder de transformá-lo.

O discurso arqueológico é construído pelos objetos (PREUCEL, 2006). Os arqueólogos, tradicionalmente, estudam a cultura material nos seus diversos contextos, sociais, funcionais e mentais. Entretanto a cultura material não é objeto exclusivo dos arqueólogos. Outros estudiosos, como os etnólogos, também estudam, tradicionalmente, a cultura material, além dos sociólogos, economistas, psicólogos, cientistas da comunicação, das letras, semiólogos, folcloristas, etc. Mas, na verdade, todos nós estamos relacionados com coisas. A cultura material é cultura transformada em matéria. Combina o visível com o invisível, sem privilegiar uma forma sobre a outra. A cultura é definida como um padrão na mente das pessoas, interno, invisível, mutável. O material, por outro lado, é sólido e projeta-se para fora, transformando-se em cultura. O estudo da cultura material emprega objetos para se aproximar dos pensamentos e das ações das pessoas.

A cultura material pode ser vista como um texto e resultado material de um processo criativo. A cultura material é transformada pelos arqueólogos em uma representação metafórica e análoga ao texto. A Arqueologia existe apenas como texto; logo, pode ser lida como um texto. Ou, como diz Bjørnar Olsen (1990, p. 192), "A arqueologia é o discurso do passado no presente. É uma metalinguagem que tem objetos antigos e o passado como objeto discursivo". Isso significa que a cultura material só se torna um objeto arqueológico quando é decodificada em texto, em imagem ou, por que não, em números. Embora os arqueólogos estudem o universo dos objetos, esse universo só fica arqueologicamente concebível pela linguagem. Ao tornar os objetos inteligíveis, nós os textualizamos, transformando-os em palavras, e esta textualização inclui análise, observação, descrição e interpretação.

O discurso do arqueólogo é construído com os artefatos, com os signos, com as palavras dentro de uma linearidade. Ao organizar sua narrativa, o arqueólogo utiliza objetos como unidades inteiras. Somando cada unidade, cada coisa, palavras após palavras, como se fossem contas em um rosário, o arqueólogo constrói um discurso. Ele mede o tempo e os espaços, somando ou subtraindo coisas e palavras: uma ponta de pedra lascada, mais 37 lascas retocadas, mais três núcleos e um percutor, formam uma tradição arqueológica no sul do Brasil. Ou: a soma de um caco de cerâmica pintado, mais quatro cacos de cerâmica com incisões, uma lâmina de machado de pedra polida e mais um fragmento de um pingente definem outra tradição arqueológica, dessa vez no Nordeste brasileiro (MARQUES, 2010).

Essas coisas arqueológicas medem e simbolizam o tempo e os espaços, mas o tempo e o espaço somente são ritmados e demarcados por coisas inteiras. São as coisas que, no fim das contas, definem os espaços arqueológicos. Sem artefatos, os espaços permanecem espaços naturais. São as coisas que têm a maior autoridade nesse mundo arqueológico. Estamos procurando o ser humano por trás das coisas, como dizem. Isso é verdade, mas as pessoas que ali viveram estão mortas, e o arqueólogo depara-se com o artefato, resultado da força criativa delas no passado, aguardando a criatividade, a sensibilidade e a imaginação do arqueólogo no presente.

A narrativa arqueológica não permite meias coisas. Até as coisas quebradas são consideradas coisas inteiras, unidades, signos com seus respectivos significados. Os objetos são signos, consolidam-se e ganham significado por meio de outros signos. Uma ponta de projétil não é um caco cerâmico. Uma lâmina de machado não é um pedaço de arame enferrujado. Junto às coisas inteiras, também existe na minha cabeça a ideia das "zero coisas". O "zero" entendido aqui como uma cifra para o ausente, que, por sua vez, constitui uma unidade concreta, outro signo, é tão importante na Arqueologia quanto a soma e a presença concreta das coisas, dos signos inteiros. "Zero coisas" é a falta de artefatos, que também caracteriza, por exemplo, uma tradição arqueológica. Sem pontas, sem cerâmica, sem agricultura, sem complexidade social, etc. Todo esse sistema estrutural binário corresponde a um código criado pelo arqueólogo.

Trata-se de um código em que os signos, as coisas, as palavras revelam sua estrutura sintagmática e paradigmática, lembrando um jogo de paciência. Nesse código, no qual várias cartas podem ser diferenciadas e são estruturadas em colunas de forma paradigmática, elas são substituídas para formar uma sequência numérica horizontal ou sintagmática. Nessas relações, existem duas ordens de valores interligados: uma linear, irreversível e sequencial dos signos, e a outra vertical, marcando o eixo das relações associativas ou paradigmáticas. É necessário levar em consideração que, enquanto numa relação sintagmática há uma ordem de sucessão e uma quantidade de signos, os componentes de um paradigma não seguem uma ordem nem um número determinado. A relação entre os dois eixos, o paradigma e o sintagma, é tão importante para a existência de uma linguagem quanto a relação obrigatória entre o significante e o significado para a construção de um signo (BARTHES, 2003a; COELHO NETTO, 2003, p. 27). Roland Barthes (2003b, p. 68) destaca que no eixo sintagmático o sentido emerge de uma articulação, em que ocorre uma divisão "simultânea do 'lençol' significante e da massa significada: a linguagem é por assim dizer o que divide o real".

Vestindo um modelo arqueológico

Usando a metáfora da roupa, vestindo um modelo arqueológico com peças arqueológicas diferentes, pretendo construir diversas narrativas arqueológicas sobre o mesmo contexto, sobre o mesmo sítio arqueológico. Cada um desses sintagmas apresenta um discurso atualizado sobre o mesmo sítio arqueológico fictício. Cada enunciado tem sua própria linguagem e representa uma vestimenta particular e característica, escolhida dentro de suas relações paradigmáticas (FOUCAULT, 2002). Por exemplo: no primeiro enunciado encontramos, na sequência linear da narrativa, palavras como "pontas de projétil líticas lascadas com técnica bifacial". No segundo enunciado, o discurso muda. Encontramos, na mesma posição sintagmática, as "setas de pedra", e, no terceiro, as "pontas de lança". O primeiro enunciado valoriza um discurso arqueológico chamado de científico e acadêmico. O segundo favorece uma linguagem mais popular, emprestada dos livros didáticos ou observada em artigos jornalísticos. O terceiro e último enunciado reproduz uma narrativa poética e literária.

Esses enunciados são frutos da minha imaginação. São diálogos inventados, em que uso minha criatividade de arqueólogo para criar histórias a partir das coisas que outros deixaram para trás. Às vezes, sou dominado por esses objetos, que me seduzem e que despertam desejos. Às vezes, eu domino os objetos (LATOUR, 1990, 2000; DITTMAR, 1992; FLUSSER, 1993; GELL, 1998; DROIT, 2005; BOIVIN, 2008; BERGER, 2010; INGOLD, 2010).

Os resultados desses diálogos conflitantes são histórias. Transformo coisas em narrativas, dialogo com cultura material, compondo histórias que funcionam dentro de um roteiro social, agrupando pessoas e refinando suas relações pessoais com base numa cosmologia compartilhada. Os enunciados têm seu início na minha vontade e na coragem de um arqueólogo que ignora a maioria das pessoas e dos eventos, e que seleciona uma pequena fração dos fatos e das pessoas, dispondo-os de forma artística, para falar sobre a condição humana (GLASSIE, 1999, p. 6).

Não pretendo, neste momento, falar sobre os arqueólogos representados nesses enunciados e que criam esses enunciados, nem da relação de poder entre esses arqueólogos e a cultura material. Nesse momento os contextos em que os arqueólogos vivem não interessam. Com o acréscimo desses elementos, acredito que minha narrativa satírica perca um pouco do seu sabor apimentado. Mas pode ser apenas impressão minha, pois uma sátira alimenta-se da exposição espontânea das ideias. Ela quer provocar e ridicularizar defeitos, e ela precisa ser aguda e sempre um pouco exagerada. Quero, talvez, provocar um pouco meus parceiros, como fazia Diógenes, que se comparava a um "*kynicos*", que se comportava como um cão vira-lata (SOENTGEN, 2007).

A substituição de fenômenos desconhecidos por outros mais familiares, esse processo de acomodação, faz parte do nosso cotidiano e serve para minimizar o desconforto da ignorância, da não compreensão de um fenômeno ou de uma situação vivenciada. Muitas vezes, resolvemos esse problema criando metáforas e metonímias. "Puxamos a brasa para as nossas sardinhas". Metáforas como essas são figuras literárias que transmitem significados por meio da analogia, explicando ou interpretando uma coisa em termos de alguma outra coisa, estabelecendo novos paradigmas (LAKOFF; JOHNSON, 1980).

Pretendo questionar, por intermédio desses três enunciados satíricos, o valor de um sítio ou de uma pesquisa arqueológica. Gostaria de apresentar esses enunciados como se fossem três cenários em uma peça de teatro. Cada cenário representa um discurso arqueológico específico, com sua linguagem própria, com seus atores e autores. Partindo dos mesmos objetos encontrados pelos arqueólogos, crio um enunciado, conto uma história, monto um cenário para um público diferente, os espectadores.

Primeiro enunciado

"Por ocasião da instalação do sítio arqueológico, o ambiente era de restinga seca. Ele foi implantado no relevo sobre paleodunas, estando localizado perto de um ribeirão, na margem de uma laguna. Sem datações por carbono-14, o material arqueológico foi resgatado na superfície de dunas parcialmente destruídas por ações naturais. As estratégias tecnológicas da indústria lítica revelam-se por meio das seguintes categorias de artefatos: 1.029 lascas, nove núcleos, 306 detritos, 38 artefatos brutos, 13 pontas bifaciais, 90 placas, 1.165 blocos, totalizando 1.654 líticos. A produção de artefatos dá-se, predominantemente, pelo lascamento bifacial de pontas pedunculadas, foliáceas e pré-formas compostas pelos tipos: 1A1 (curvo) B4 2A 6aII B4Ca1Dd E2a2b-1,5 II1a2a3bIII1d2j/am. O predomínio numérico das lascas indica atividades intensas de redução de blocos. Com base nesses dados estatísticos, demonstramos a alta frequência dos materiais confeccionados em basalto, representando 71,7% do total das evidências de origem antrópica. Seguem-se numa ordem decrescente as rochas areníticas e os cristais de quartzo, ambos com 8,5%, as calcedônias, com 5,3%, os arenitos silicificados, com 5,0%, e com menos de 1,0% as hematitas e rochas sedimentares alteradas e os granitos. O predomínio do basalto indica uma mobilidade relativamente baixa dos grupos, pois se trata de uma matéria-prima disponível nas proximidades. O sistema de assentamento nesse território indica uma relativa estabilidade na dinamicidade social e ambiental. O território de captação de recursos e a capacidade de suporte permitiram aos grupos de caçadores-coletores pré-históricos uma grande diversidade alimentar, além de uma grande diversidade de recursos naturais".

Segundo enunciado:

"Os povos primitivos que viviam neste local coberto de mata montaram seu acampamento na beira da lagoa, perto da foz de um pequeno riacho. As pedras recolhidas entre as dunas situam esses antigos moradores da região na idade da pedra lascada. Eles eram nômades, viviam da caça dos animais do mato, da pesca e da coleta das frutas silvestres. Comiam a maioria das coisas que conseguiam caçar, pescar e coletar. As setas de pedra encontradas no local eram de grande importância para eles e faziam parte das armas de que dispunham. Também conheciam o fogo e a tecnologia de montar pequenos abrigos feitos de galhos e palha. Eles faziam longas caminhadas até a encosta da serra, para caçar e para buscar pedras, que usavam para fabricar suas armas e outros tipos de ferramenta, ou aproveitavam a lagoa, os riachos e o mar para pescar. Tinham tudo de que precisavam para sobreviver e enfrentar as dificuldades do seu dia a dia. A vida deles era dura, repleta de desafios e perigos. O medo e a morte eram seus acompanhantes permanentes".

Terceiro enunciado:

"Sentado à sombra de uma figueira, com as costas apoiadas contra uma palmeira, seu olhar passeava sobre o espelho do lago, observando atentamente a formação das pequenas ondas na superfície, provocadas pelos cardumes de tainha, o voo dos pássaros circulando, que aproveitavam os ventos quentes da primeira hora do dia e descansavam sobre a linha do horizonte, formado pelo paredão das montanhas azuis e cobertas de mata. Sua família deixou os abrigos na encosta das montanhas e chegou a essa clareira elevada sobre o lago junto aos primeiros cardumes de peixes. Todos os anos, eles vêm para este mesmo local, desde sempre. Nessa época do ano, todos vêm para este corredor de restinga seca entre os lagos, as montanhas e o mar salgado. Alguns chegam de longe, trazem carne defumada de javali das montanhas, pinhão e pedras para lascar pontas, e ficam alguns dias pescando, enquanto as mulheres catam os coquinhos de jerivá para fazer bebida fermentada. Os homens passaram noite passada pescando nos pequenos riachos que deságuam na lagoa. Agora, alguns estão conversando, assando e defumando as tainhas. Outros estão preparando, consertando suas lanças de caça, além de trocar as pontas de pedra. Afinal, essa é a melhor época do ano. Mais tarde, com a seca, os animais escondem-se na mata, e os peixes desaparecem nas profundezas das águas. Um assobio agudo tira o menino da tranquilidade de seus pensamentos: os outros o chamam para brincar e nadar no lago".

O valor de um sítio arqueológico

O primeiro enunciado responderá a pergunta: "Quanto vale um sítio arqueológico" fazendo os seguintes cálculos:

"Vamos analisar e calcular tudo na ponta do lápis!"

Primeiro o valor da matéria-prima:

"O basalto, 1.186 peças, corresponde a 2 m^2, totalizando R$ 34,00 (R$ 17,00 por metro quadrado). Fragmentos e seixos de quartzo, arenito, calcedônia, granito, etc. são vendidos em lojas de artigos para jardins como peças ornamentais, totalizando 500 gramas. No varejo pagaríamos R$ 6,00 para cada quilo".

Agora o valor do transporte:

"Pela distância entre a origem e o destino, o frete custaria em média R$ 35,00, sem entrega nos fins de semana".

Mão-de-obra:

"Para produzir 1.029 lascas, não é necessária uma mão de obra muito qualificada. Qualquer auxiliar de pedreiro faria esse trabalho em um dia. A diária corresponde a R$ 20,00. Já as pontas exigiriam mão de obra mais qualificada e experiente. As 13 pontas encontradas no sítio poderiam ser feitas por artistas plásticos a R$ 25,00 cada uma, somando R$ 325,00".

Terreno:

"Agora vêm itens que envolvem a compra ou aluguel do terreno que forma o sítio arqueológico. Em função do tempo, será mais vantajoso comprar o terreno. Pagar o aluguel de um terreno de 1 hectare durante aproximadamente 5 mil anos seria completamente antieconômico. Custaria entre R$ 1.500.000,00 e 2.000.000,00. Então, é melhor comprar o terreno. Não vai pesar tanto no orçamento! O terreno de 1 hectare, nessa localidade, com vista para o lago, atualmente custaria entre R$ 15.000,00 e 20.000,00. Pagando à vista, investiríamos R$ 12.850,00. Gastamos um total de R$ 13.235,00 para um sítio arqueológico autêntico".

"E agora? Você achou que isso era tudo?"

"Agora vêm as despesas extras e pesadas: o trabalho do arqueólogo e o cadastro do sítio pelo Iphan (Instituto do Patrimônio Histórico e Artístico Nacional)".

Primeiro, os arqueólogos precisam autenticar o produto:

"Três semanas de escavação, com uma equipe básica e muito econômica, composta por cinco estagiários voluntários, sem experiência de campo, mas com muita vontade de fazer Arqueologia, com garra e dedicação, dois bolsistas (CNPq), dois especialistas com pós-graduação *lato sensu*, um doutor, coordenador das investigações, e dois consultores, também doutores e professores de universidades importantes, que nunca vão a campo, mas recebem um *pro labore* e que no final dos trabalhos assinam os relatórios para dar mais credibilidade, custariam um total de R$ 68.000,00.

Faltam ainda os gastos com as análises de carbono-14 e com a termoluminescência, para as datações. Os melhores e mais confiáveis laboratórios estão no exterior, e precisamos pagar em dólares. Com as três datações, gastaríamos US$ 1.200,00, o que equivale a aproximadamente R$ 2.640,00.

Somando esse valor aos outros itens, gastaríamos R$ 83.875,00".

"Agora vem a parte do Iphan". Educação patrimonial é a palavra da atualidade.

Para a educação patrimonial, exigida pelo Instituto do Patrimônio Histórico e Artístico Nacional (Iphan), precisamos de *folders* educacionais em papel couché, *tablets,* computadores, *software*, cartazes com iluminação, aulas inaugurais, palestras educacionais, professoras, guias locais, guardas, motoristas, ônibus, lanches para as crianças, almoço com as autoridades da prefeitura e das organizações não governamentais, capas de chuva, bonés, educadoras, fraldas, chupetas, recreacionistas, psicólogos, ambientalistas, testemunhas oculares, maquinistas, recicladores e estagiários, muitos estagiários, e de um guarda aposentado de 48 anos para vigiar a cerca elétrica de 4 m de altura que foi construída em volta de seu sítio arqueológico para proteger o patrimônio histórico e artístico da União durante um período de 16 meses. Tudo isso custará R$ 982.587, 34.

O pagamento poderá ser parcelado em até 48 vezes, sendo a primeira prestação paga somente em março de 2019, depois do carnaval, e tudo sem juros e acréscimos. Você ainda pode descontar seus investimentos diretamente do imposto de renda, conforme a Lei de Incentivo à Cultura. Como brinde, você receberá ainda uma separata de uma revista arqueológica com seu nome mencionado na nota de agradecimentos que constará no relatório científico elaborado pelos arqueólogos. O sítio arqueológico vale hoje R$ 1.066.462,34".

O segundo enunciado valorizará seu sítio arqueológico da seguinte forma:

"É impossível calcular o valor monetário de um sítio arqueológico! Os achados pré-históricos dos povos primitivos são de valor inestimável. Um sítio arqueológico é um monumento muito importante da nossa história. É testemunho da evolução cultural da humanidade. Os antigos habitantes do nosso continente viviam da caça da pesca e da coleta, não conheciam a agricultura, eram nômades e viviam na idade da pedra. Junto aos fósseis dos dinossauros, as obras do Aleijadinho, as senzalas e as igrejas barrocas, esses sítios precisam ser preservados e estudados pelos arqueólogos. O resgate dos artefatos pré-históricos concentra-se principalmente nos objetos de valor artístico, como as pontas de projétil, que darão um brilho especial às exposições de Museus de História Natural ou de Artes Primitivas. É tarefa do arqueólogo recolher esses artefatos preciosos, estudá-los e depois salvaguardá-los no acervo de seu centro de pesquisa. Essa é uma tarefa honrosa, que reúne muitos voluntários e apaixonados pelo ofício e destina-se a servir para o aprofundamento do conhecimento do passado da nação. Seu nome, lembrado na galeria dos famosos da profissão, é recompensa mais do que suficiente por seu esforço, ao qual se dedicou de corpo e alma durante toda a sua vida".

O terceiro enunciado está relacionado com o seguinte orçamento:

"A divulgação da imagem do sítio arqueológico é mais importante do que os objetos. É a história construída em torno desses objetos que representa o verdadeiro valor do local. Uma minissérie de três capítulos, dirigida por Carlos Gerbase, com a participação de atores como Fernanda Montenegro, Lima Duarte, Antônio Fagundes e Stênio Garcia como caciques da tribo, além de Juliana Paes e Natalia Duvale, será o melhor veículo de divulgação e conscientização. Entre o telespectador e a imagem do sítio arqueológico se desenvolverá um diálogo dinâmico e rico em significados, provocando laços emocionais fortes, que garantiriam a proteção desse patrimônio histórico como se fosse a taça Jules Rimet.

Nossa história, cultura material transformada em escrita, depois em imagem e em emoções, custará aproximadamente R$ 1.240.000,00. Mas o retorno será imediato, e ela ainda trará lucro para financiar novas pesquisas e novas minisséries sobre como viviam nossos antepassados".

Intermitência: não são apenas palavras... de Mário Quintana

Os poemas

Os poemas são pássaros que chegam
não se sabe de onde e pousam
no livro que lês.
Quando fechas o livro, eles alçam voo
como de um alçapão.
Eles não têm pouso
nem porto;
alimentam-se um instante em cada
par de mãos e partem.
E olhas, então, essas tuas mãos vazias,
no maravilhado espanto de saberes
que o alimento deles já estava em ti...

(Mário Quintana, *Os poemas*, 2005).

15

O "FIM"

Sempre gostei dos contos que terminam com a palavra "FIM". Esses contos que terminam com um "FIM" nos permitem dar um suspiro de alívio, um "ahhh" de satisfação. "Finalmente! Deu tudo certo!" O herói venceu, o mundo foi salvo, os inimigos foram derrotados e todos vivem felizes para sempre. Ou, como terminam os contos dos irmãos Grimm: "[...] und wenn sie nicht gestorben sind, so leben sie noch heute" (e, se não morreram, estão vivos até hoje).

Termino meu conto aqui, mas não por ter chegado a um fim. Muito pelo contrário. Se pudesse, começaria tudo de novo. E, certamente, esse novo conto teria detalhes e trechos diferentes. Fragmentos dessa história poderiam ser substituídos por outros, mas o roteiro seria, basicamente, o mesmo. Seguiria o mesmo caminho dos contos fabulosos e dos formulários míticos. Esse novo conto seria igualmente bonito e compreensível por sua simplicidade, interessante por sua variabilidade, fascinante por seu potencial de improvisação e tranquilizante por sua previsibilidade. O herói seria igualmente ambíguo, indeciso, incapaz de dizer somente "Sim! Sim!" ou somente "Não! Não!" O herói não tem somente duas faces, como o deus Jano da mitologia romana, deus das mudanças e das tradições, deus do passado e do presente. Ele tem muitas faces diferentes. O herói desse conto nem sempre atua de forma correta, e suas tomadas de decisão dão margem a discussões, pois em um momento ele afirma uma coisa, e no outro instante a desmente ou a relativiza, a questiona. Por exemplo: a certa altura do meu conto, duvido da força das fórmulas prontas e das "receitas de bolo" que devem ser refeitas. Isso não significa que eu seja contra as receitas e contra as regras. Em outros lugares do meu manual, mostro que o arqueólogo só sobrevive e só consegue praticar sua profissão seguindo procedimentos padronizados e obedecendo à risca o livro das receitas de como fazer, corretamente, sua Arqueologia.

Não preciso dizer que este manual é **meu** livro de receitas. Os procedimentos podem servir para mim e não, necessariamente, para outros. É como fazer um pão, um bolo, uma bebida fermentada ou qualquer outra comida ou bebida. Se a sequência das diferentes etapas do fazer for invertida, ou se o tempo não for estritamente cronometrado, o produto não sai da maneira correta. O *timing* é muito importante. Eu preciso saber quando agir, em qual velocidade e com qual intensidade dos movimentos devo fazer as coisas. Preciso saber quando relaxar e quando ter paciência. Preciso saber aguardar o momento certo de agir e quando simplesmente esperar, como aquela menina, Lili Marleen, que esperava, recostada na lanterna na frente do portão principal do quartel, por seu amante, um soldado que nunca retornará.[69]

Gosto de – nos momentos de distração – assistir a programas de culinária na TV. Quando me dá vontade de repetir as receitas apetitosas, convidativas e aparentemente fáceis de colocar em pratica na minha cozinha, elas nunca ficam iguais, seja por falta de ingredientes, falta de equipamento e, certamente, falta de habilidade e de conhecimento. Por esse motivo, escrevi este manual, que incentiva a questionar as coisas feitas, em vez de adotá-las sem saber por que foram feitas, motiva a romper com uma Arqueologia estereotipada e que apenas segue procedimentos recomendados por autoridades, acadêmicas ou institucionais. Esse mesmo manual propõe que se siga o próprio bom senso, a própria habilidade e a própria sabedoria. Essas sabedorias e habilidades são passadas de geração a geração. Pois somente dessa maneira garante-se o sucesso do produto final, ou melhor, da proposta, do projeto inicial de conservar a memória e de revelar as histórias das coisas que fazem sentido para as pessoas, para "a gente", como se diz por aqui.

A cortina se fecha e as luzes se apagam

Tateando na escuridão e procurando uma fresta entre as duas metades da cortina do teatro, passo para frente do palco – o público está à minha frente e a cortina pesada, às minhas costas, como uma parede. Um facho de luz concentrado me localiza. Começo a falar:

"Estimado público!"

Silêncio...

"Espero que tenham gostado e se identificado com pelo menos um dos enunciados, tenham vestido uma fantasia, assumido um figurino no teatro arqueológico e estabelecido um diálogo entre os diversos atores da peça".

---

[69] A canção "Das Mädchen unter der Laterne" (A menina debaixo da lanterna), com letra de Hans Leip, foi gravada pela cantora alemã Lale Andersen em 1939. Durante a II Guerra Mundial, "Lili Marleen" tornou-se popular e era ouvida, com muita saudade da sua menina que ficara em casa esperando, por todos os soldados.

Murmúrio...

"As pessoas que não gostaram da apresentação receberão o dinheiro do ingresso de volta".

"Boa noite!"

Assim, o arqueólogo, o herói deste conto, parte em direção ao pôr do sol, seguindo um novo roteiro, e sua silhueta aparece enorme contra o céu e desaparece minúscula entre as estrelas.

Intermitência: o mundo é um palco e todos somos apenas atores

All the World's a Stage

All the world's a stage,
And all the men and women merely players;
They have their exits and their entrances,
And one man in his time plays many parts,
His acts being seven ages. At first, the infant,
Mewling and puking in the nurse's arms.
Then the whining schoolboy, with his satchel
And shining morning face, creeping like snail
Unwillingly to school. And then the lover,
Sighing like furnace, with a woeful ballad
Made to his mistress' eyebrow. Then a soldier,
Full of strange oaths and bearded like the pard,
Jealous in honour, sudden and quick in quarrel,
Seeking the bubble reputation
Even in the cannon's mouth. And then the justice,
In fair round belly with good capon lined,
With eyes severe and beard of formal cut,
Full of wise saws and modern instances;
And so he plays his part. The sixth age shifts
Into the lean and slippered pantaloon,
With spectacles on nose and pouch on side;
His youthful hose, well saved, a world too wide
For his shrunk shank, and his big manly voice,
Turning again toward childish treble, pipes

And whistles in his sound. Last scene of all,
That ends this strange eventful history,
Is second childishness and mere oblivion,
Sans teeth, sans eyes, sans taste, sans everything.

(William Shakespeare, *As You Like It*. Act II, Scene VII, 1623).

REFERÊNCIAS

ACHIM, von Achim. Von dem Machandelbohm. **Zeitung für Einsiedler**, v. 30, p. 229-237, 1808.

AITCHISON, Jean. **The Seeds of Speech**: Language Origins and Evolution. Cambridge: Cambridge UP, 1996.

APPADURAI, Arjun. Introduction: Commodities and the Politics of Value. *In*: APPADURAI, Arjun (ed.). **The Social Life of Things**: Commodities in Cultural Perspective. Cambridge: Cambridge UP, 1986. p. 3-63.

ARAÚJO, Astolfo G. Mello; MARCELINO, José Carlos. The Role of Armadillos in the Movement of Archaeological Materials: An Experimental Approach. **Geoarchaeology**, v. 18, n. 4, p. 433-460, 2003.

BAHN, Paul. **The Bluffer's Guide to Archaeology**. London: Oval Books, 1989.

BAILEY, Douglass. Cutting the Earth/cutting the Body. *In*: GONZÁLEZ-RUIBAL, Alfredo (ed.). **Reclaiming Archaeology**: Beyond the Tropes of Modernity. London: Routledge, 2013. p. 337-345.

BALUT, Pierre-Yves. **Théorie du vêtement**. Paris: L'Harmattan, 2014.

BARNARD, Alan. **History and Theory in Anthropology**. Cambridge: Cambridge UP, 2000.

BARRETO, Cristiana. Brazilian Archaeology from a Brazilian Perspective. **Antiquity**, n. 72, p. 573-581, 1998.

BARTHES, Roland. **Elementos de semiótica**. 15. ed. São Paulo: Cultrix, 2003a.

BARTHES, Roland. **Mitologias**. Rio de Janeiro: Difel, 2003b.

BATES, Henry Walter. Contributions to an Insect Fauna of the Amazon Valley: Lepidoptera: Heliconidae. **Transactions of the Linnean Society**, London, v. 23, n. 3, p. 495-566, 1862.

BAUDRILLARD, Jean. **O sistema dos objetos**. São Paulo: Perspectiva, 2004.

BENDER, Barbara. Contested Landscapes: Medieval to Present Day. *In*: BUCHLI, Victor (ed.). **The Material Culture Reader**. Oxford/New York: Berg, 2002. p. 135-174.

BERGER, Arthur Asa. **The Objects of Affection**: Semiotics and Consumer Culture. New York: Palgrave Macmillan, 2010.

BINFORD, Lewis Roberts. "Culture" and Social Roles in Archaeology. *In*: BINFORD, Lewis Roberts. (ed.). **Debating Archaeology**. New York: Academic Press, 1989. p. 3-11.

BINFORD, Lewis Roberts. General Introduction. *In*: BINFORD, Lewis Roberts. (ed.). **For Theory Building in Archaeology**. New York: Academic Press, 1977. p. 1-10.

BLUMENBERG, Hans. **Lebenszeit und Weltzeit**. Frankfurt: Suhrkamp, 2001.

BLUMENBERG, Hans. **Zu den Sachen und zurück**. Frankfurt: Suhrkamp, 2002.

BÖHME, Gernot; BÖHME, Hartmut. **Feuer, Wasser, Erde, Luft**: Eine Kulturgeschichte der Elemente. München: C. H. Beck, 1996.

BOIVIN, Nicole. **Material Cultures, Material Minds**: The Impact of Things on Human Thought, Society, and Evolution. Cambridge: Cambridge UP, 2008.

BOIVIN, Nicole; OWOC, Mary Ann (ed.). **Soils, Stones and Symbols**: Cultural Perceptions of the Mineral World. London: UCL Press, 2004.

BORGES, Jorge Luis. **Funes el memorioso**. Buenos Aires: Emecé, 1956.

BOUCHER, Jules. **La symbolique maçonnique**. Paris: Dervy, 1990.

BOURDIEU, Pierre. **Outline of a Theory of Practice**. Cambridge: Cambridge UP, 1977.

BRADLEY, Richard. **An Archaeology of Natural Places**. London: Routledge, 2000.

BROCHADO, José Proenza; SCHMITZ Pedro Ignácio. Petroglifos do estilo de pisadas no Rio Grande do Sul. **Estudos Ibero-Americanos**. Porto Alegre, v. 2, n. 1, p. 93-146, 1976.

BROMMER, Frank. **Anekdoten und Aussprüche von deutschen Archäologen**. Tübingen: Wasmuth, 1979.

BROWN, Antony. **Fieldwork for Archaeologists and Local Historians**. London: Batsford, 1987.

BROWN JUNIOR, Tom. **The Science and Art of Tracking**: Nature's Path to Spiritual Discovery. New York: Barkley, 1999.

BUCHLI, Victor (ed.). **The Material Culture Reader**. Oxford: Berg, 2002.

BURCKHARDT, Lucius. **Warum ist Landschaft schön?** Die Spaziergangswissenschaft. Berlin: Martin Schmitz, 2006.

CABRAL, Mariana Petry. **Sobre coisas, lugares e pessoas**: uma prática interpretativa na arqueologia de caçadores coletores do sul do Brasil. 2005. Dissertação (Mestrado em História) – Programa de Pós-graduação em História. Pontifícia Universidade Católica do Rio Grande do Sul, Porto Alegre, RS, 2005.

CALVINO, Ítalo. **As cidades invisíveis**. Tradução Diogo Mainardi. 10. ed. São Paulo: Companhia das Letras, 1998.

CANETTI, Elias. **Masse und Macht**. Frankfurt: Fischer, 1960.

CARRUTHERS, Mary. **The Book of Memory**: A Study of Memory in Medieval Culture. Cambridge: Cambridge UP, 2009.

CASCUDO, Luís da Câmara. **Dicionário do folclore brasileiro**. Rio de Janeiro: INL, 1954.

CASEY, Edward. **Remembering**: A Phenomenological Study. Bloomington: Indiana UP, 1987.

CASSIRER, Ernst. Eidos und Eidolon: Das Problem des Schönen und der Kunst in Platons Dialogen. *In*: SAXL, Fritz (ed.). **Vorträge der Bibliothek Warburg**: II Vorträge 1922-23/1. Teil. Leipzig: Teubner, 1923. p. 1-27.

CAVALCANTE, Thiago Leandro Vieira. As pegadas de São Tomé: Ressignificações de sítios rupestres. **Revista de Arqueologia**, v. 21, n. 2, p. 121-137, 2008.

CERAM, C.W. **Götter, Gräber und Gelehrte**: Roman der Archäologie. Hamburg-Stuttgart: Rowohlt Verlag, 1949.

CHAUVET, Jean-Marie; DESCHAMPS, Eliette Brunel; HILLAIRE, Christian. **Chauvet Cave**: The Discovery of the World's Oldest Paintings. London: Thames & Hudson, 1996.

CHEVALIER, Jean; GHEERBRANT, Alain. **Dicionário dos símbolos**: mitos, sonhos, costumes, gestos, formas, figuras, cores, números. Lisboa: Teorema, 1994.

COELHO NETTO, José Teixeira. **Semiótica, informação e comunicação**: diagrama da teoria do signo. 6. ed. São Paulo: Perspectiva, 2003.

CSIKSZENTMIHALYI, Mihaly; ROCHBERG-HALTON, Eugène. **The Meaning of Things**: Domestic Symbols and the Self. 8. ed. Cambridge: Cambridge UP, 1999.

DÄNIKEN, Erich von. **Erinnerungen an die Zukunft**: Ungelöste Rätsel der Vergangenheit. Berlin: Econ, 1968.

DARWIN, Charles. **The Expression of the Emotions in Man and Animals**. London: John Murray, 1872.

DARWIN, Charles. **The Formation of Vegetable Mould, Through the Action of Worms, with Observations on Their Habits**. London: John Murray, 1881.

DEBORD, Guy. Theory of the Dérive. *In*: KNABB, Ken (ed.). **Situationist International Anthology**. 2. ed. Berkeley: Bureau of Public Secrets, 2006. p. 62-66.

DEETZ, James. **In Small Things Forgotten**: An Archaeology of Early American Life. 3. ed. New York: Anchor, 1996.

DEHIO, Georg; RIEGL, Alois. **Konservieren, nicht Restaurieren**: Streitschriften zur Denkmalpflege um 1900. Braunschweig: Vieweg & Sohn, 1988.

DELLE, James A. On Collaboration, Class Conflict, and Archaeology in Brazil. **International Journal of Historical Archaeology**, v. 7, n. 3, p. 223-237, 2003.

DESCARTES, René. **Discurso do método**. Lisboa: Edições 70, 1979.

DIAS, Adriana Schmidt. Um projeto para a arqueologia brasileira: breve histórico da implementação do PRONAPA. **Revista do CEPA**. Santa Cruz do Sul, v. 19, n. 22, p. 25-40, 1995.

DIAZ, David. **Tracking – Signs of Man, Signs of Hope**. A Systematic Approach to the Art and Science of Tracking Humans. Connecticut: The Lyons Press, 2005.

DITTMAR, Helga. **The Social Psychology of Material Possessions**: To Have Is to Be. London: Hemel Hampstead, 1992.

DOBRES, Marcia-Anne; ROBB, John (ed.). **Agency in Archaeology**. London: Routledge, 2000.

DOUGLAS, Mary; ISHERWOOD, Baron. **O mundo dos bens**: para uma antropologia do consumo. Rio de Janeiro: Editora UFRJ, 2004.

DROBNIK, Jim (ed.). **The Smell Culture Reader**. Oxford: Berg, 2006.

DROIT, Roger-Pol. **Was Sachen mit uns machen**: Philosophische Erfahrungen mit Alltagsdingen. München: Heyne, 2005.

DURAN, Jacques. **Sables émouvants**: La physique du sable au quotidien. Paris: Belin, 2003.

DURRY, Andrea; SCHIFFER, Thomas. **Kakao: Speise der Götter**. München: Oekom, 2011.

ECO, Umberto. **Tratado geral de semiótica**. São Paulo: Perspectiva, 1991.

EDGEWORTH, Matt. **Acts of Discovery**: An Ethnography of Archaeological Practice. Oxford: Archaeopress, 2003. (BAR International Series, 1131).

EGGERS, Hans Jürgen. **Einführung in die Vorgeschichte**. München: Piper, 1959.

ELIADE, Mircea. **Schamanismus und archaische Ekstasetechnik**. Frankfurt: Suhrkamp, 2001.

EVANS, Clifford; MEGGERS, Betty Jane. **Guia para prospecção arqueológica no Brasil**. Belém: Museu Paraense Emílio Goeldi, 1965. (Série "Guia", n. 2).

FAGAN, Brian Murray. **In the Beginning**: An Introduction to Archaeology. 6. ed. London: Scott, Foreman and Company, 1988.

FAHLANDER, Fredrik. Third Place Encounters: Hybridity, Mimicry and Interstial Practice. *In*: CORNELL, Per; FAHLANDER, Fredrik (ed.). **Encounters, Materialities, Confrontations**: Archaeologies of Social Space and Interaction. Cambridge: Scholars Press, 2007. p. 5-41.

FLANNERY, Kent Vaughan. The Golden Marshalltown: A Parable for the Archaeology of the 1980s. **American Anthropologist**, v. 84, n. 2, p. 265-278, 1982.

FLUSSER, Vilém. **Dinge und Undinge**: Phänomenologische Skizzen. München: Carl Hanser, 1993.

FORMANEK, Ruth. Why They Collect: Collectors Reveal Their Motivations. *In*: PEARCE, Susan (ed.). **Interpreting Objects and Collections**. London: Routledge, 1994. p. 327-335.

FOUCAULT, Michel. **As palavras e as coisas**. 8. ed. São Paulo: Martin Fontes, 2002.

FOWLER, Chris. **The Archaeology of Personhood**: An Anthropological Approach. London: Routledge, 2004.

FRANCOVICH, Riccardo; MANACORDA, Daniele (ed.). **Diccionario de Arqueologia**. Barcelona: Crítica, 2000.

FRANZ, Angelika. **Der Tod auf der Schippe**: Oder was Archäologen sonst so finden. Stuttgart: Theiss, 2010.

FRESE, Jürgen. **Prozesse im Handlungsfeld**. München: Klaus Boer, 1985.

FUNARI, Pedro Paulo. **Arqueologia**. São Paulo: Contexto, 2003.

FUNARI, Pedro Paulo. Class Interests in Brazilian Archaeology. **International Journal of Historical Archaeology**, v. 6, n. 3, p. 209-216, 2002.

FUNARI, Pedro Paulo; HALL, Martin; JONES, Siân (ed.). **Historical Archaeology**: Back from the Edge. London: Routledge, 1999.

GAMBLE, Clive. **Arqueología básica**. Barcelona: Ariel, 2002.

GELL, Alfred. **Art and Agency**: An Anthropological Theory. Oxford: Clarendon, 1998.

GELLNER, Ernest. **Words and Things**: A Critical Account of Linguistic Philosophy and a Study in Ideology. London: Gollancz; Boston: Beacon, 1959.

GINZBURG, Carlo. **Spurensicherung**: Die Wissenschaft auf der Suche nach sich selbst. Berlin: Verlag Klaus Wagenbach, 2002.

GLASSIE, Henry. **Material Culture**. Bloomington: Indiana UP, 1999.

GROYS, Boris. **Logik der Sammlung**. München: Hanser, 1997.

HAHN, Hans Peter. Dinge als Zeichen – eine unscharfe Beziehung. *In*: VEIT, Ulrich; KIENLIN, Tobias; KÜMMEL, Christoph; SCHMIDT, Sascha (ed.). **Spuren und Botschaften**: Interpretationen materieller Kultur. Münster: Waxmann Verlag, 2003. p. 29-51. (Tübinger Archäologische Taschenbücher, v. 4).

HAHN, Hans Peter. **Materielle Kultur**: Eine Einführung. Berlin: Dietrich Reimer, 2005.

HAHN, Hans Peter; SOENTGEN, Jens. Acknowledging Substances: Looking at the Hidden Side of the Material World. **Philosophy & Technology**, v. 24, n. 1, p. 19-33, 2010.

HALL, Martin. **Archaeology and the Modern World**: Colonial Transcripts in South Africa and the Chesapeake. London: Routledge, 2000.

HEIZER, Robert Fleming. **A Guide to Archaeological Field Methods**. 3. ed. Palo Alto: The National Press, 1958.

HIESINGER, Harald *et al.* Ages and Stratigraphy of Mare Basalts in Oceanus Procellarum, Mare Numbium, Mare Cognitum, and Mare Insularum. Journal of Geophysical Research: Planets, n. 108, E7, p. 1-27, 2003.

HILBERT, Klaus. *"Cave Canem!"*: cuidado com os "Pronapianos"! Em busca dos jovens da arqueologia brasileira. **Boletim do Museu Paraense Emílio Goeldi- Ciências Humanas**, Belém, v. 2, n. 1, p. 117-130, 2007a.

HILBERT, Klaus. "Só achei algumas pedrinhas!" Uma sátira sobre o valor de um sítio arqueológico. **Arqueología Suramericana**, v. 4, p. 76-87, 2008.

HILBERT, Klaus. A interpretação étnica na arqueologia dos caçadores-coletores da região do Prata. **Estudos Ibero-Americanos**, Porto Alegre, EDIPUCRS, v. 27, n. 2, p. 103-119, 2001.

HILBERT, Klaus. **Aspectos de la arqueología en el Uruguay**. Mainz: Philipp von Zabern, 1991.

HILBERT, Klaus. Charruas e Minuanos: Entre ruptura e continuidade. *In*: KERN, Arno; SANTOS, Maria Cristina; GOLIN, Tau (ed.). **História Geral do Rio Grande do Sul**: Povos Indígenas. Passo Fundo: Méritos, 2009a. v. 5, p. 179-205.

HILBERT, Klaus. Como as pessoas e as coisas se fazem entender. *In*: AGUIAR, Rodrigo; OLIVEIRA, Jorge E. (ed.). **Arqueologia, etnologia e etno-história em Iberoamérica**: fronteiras, cosmologia, antropologia em aplicação. Dourados: Editora da UFGD, 2010. p. 11-40.

HILBERT, Klaus. Diálogos entre substâncias, cultura material e palavras. **Metis**: História & Cultura, Caxias do Sul: Universidade de Caxias do Sul, v. 8, n. 16, p. 11-25, 2009b.

HILBERT, Klaus. Indústrias líticas como vetores de organização social. *In*: BUENO, Lucas; ISNARDIS, Andrei (ed.). **Das pedras aos homens**: tecnologia lítica na arqueologia brasileira. Belo Horizonte: Argentum, 2007b. p. 95-116.

HILBERT, Klaus. Qual o compromisso social do arqueólogo brasileiro? **Revista de Arqueologia** (SAB), v. 19, p. 89-101, 2007c.

HILBERT, Klaus; MARQUES, Marcélia. A construção do sentido social numa coleção particular: um mundo biográfico em direção a uma ação política? **O Público e o Privado** (UECE), v. 12, p. 45-58, 2008.

HINSIE, Leland Earl; CAMPBELL, Robert Jean. **Psychiatric Dictionary**. New York: Oxford UP, 1970.

HODDER, Ian. **Reading the Past**. Cambridge: Cambridge UP, 1986.

HODDER, Ian. **Symbolic and Structural Archaeology**. Cambridge: Cambridge UP, 1983.

HODDER, Ian. **Theory and Practice in Archaeology**. London: Routledge. 2005.

HOFFMANN-KRYER, Eduard; BÄCHTOLD-SCHÄUBLI, Hanns (ed.). **Handwörterbücher zur Deutschen Volkskunde**. Berlin-Leipzig: Walter de Gruyter, 1927/42.

HOLLINGWORTH, Harry Levi. The Psycho-Dynamics of Chewing. **Archives of Psycology**. New York, n. 239, p. 5-89, 1939.

HOLTORF, Cornelius. **From Stonehenge to Las Vegas**: Archaeology as Popular Culture. Walnut Creek: AltaMira, 2005.

HOLTORF, Cornelius. Notes on the Life History of a Pot Sherd. **Journal of Material Culture**, v. 7, n. 1, p. 49-71, 2002.

HOSKINS, Janet. **Biographical Objects**: How Things Tell the Stories of People's Lives. London: Routledge, 1998.

HUSSERL, Edmund. **Logische Untersuchungen**: Theil 2, Untersuchungen zur Phänomenologie und Theorie der Erkenntnis. Halle: Max Niemeyer, 1901.

INGOLD, Tim. **Bringing Things to Life**: Creative Entanglements in a World of Materials. Manchester: University of Manchester, 2010. (Realities Working Papers, n. 15).

JONES, Andrew; MACGREGOR, Gavin (ed.). **Colouring the Past**. Oxford: Berg, 2002.

JOYCE, Rosemary A. **The Languages of Archaeology**: Dialogue, Narrative, and Writing. Oxford: Basil Blackwell, 2002.

KAPP, Ernst. **Grundlinien einer Philosophie der Technik**. Düsseldorf: Stern-Verlag Janssen, 1978.

KERN, Arno Alvarez. As origens pré-históricas do povoamento de Torres. **Coleção Arqueológica**, Porto Alegre: EDIPUCRS, v. 1, n. 2, p. 121-140, 1995.

KERN, Arno Alvarez. O papel das teorias como instrumento heurístico para a reconstituição do passado. **História**: Revista da Associação dos Pós-graduandos em História, Porto Alegre: PUCRS, v. 1, p. 7-22, 1996.

KOHL, Karl-Heinz. **Die Macht der Dinge**: Geschichte und Theorie sakraler Objekte. München: C. H. Beck, 2003.

KÖNIG, Gudrun. **Eine Kulturgeschichte des Spaziergangs**: Spuren einer bürgerlichen Praktik 1780-1850. Köln: Böhlau, 1996. (Kulturstudien, Sonderband 20).

KRAMER, Karl-Sigismund. Dingbedeutsamkeit: Zur Geschichte des Begriffs und seines Inhaltes. **Anzeiger des Germanischen Nationalmuseums**, p. 22-32, 1995.

KÜCHLER, Susanne; MILLER, Daniel (ed.). **Clothing as Material Culture**. Oxford: Berg, 2005.

LACLAU, Ernesto. Discourse. *In*: GOODIN, Robert; PETTIT, Philip (ed.). **The Blackwell Companion to Contemporary Political Philosophy**. Oxford: Basil Blackwell, 1993. p. 431-437.

LAKOFF, George; JOHNSON, Mark. **Metaphors We Live by**. Chicago: University of Chicago Press, 1980.

LATOUR, Bruno. Technology is Society Made Durable. **The Social Review**, v. 38, n. 1, p. 103-131, 1990.

LATOUR, Bruno. The Berlin Key or How to Do Words with Things. *In*: GRAVES-BROWN, Paul (ed.). **Matter, Materiality and Modern Culture**. London: Routledge, 2000. p. 10-21.

LAZZAROTTI, Marcelo dos Santos. **Arqueologia da margem de Porto Alegre e a formação de uma cidade portuária do século XVIII a meados do século XIX**. 2013. Dissertação (Mestrado em História) – Programa de Pós-graduação em História. Pontifícia Universidade Católica do Rio Grande do Sul, Porto Alegre, RS, 2013.

LE CORBUSIER. **Planejamento urbano**. 3. ed. São Paulo: Perspectiva, 1984.

LEAKEY, Mary Douglas (ed.). **Laetoli**: A Pliocene Site in Northern Tanzania. Oxford: Oxford UP, 1987.

LEONE, Mark; LITTLE, Barbara. Artifacts as Expressions of Society and Culture: Subversive Genealogy and the Value of History. *In*: LUBAR, Steven; KINGERY,

William David (ed.). **History from Things**: Essays on Material Culture. Washington: Smithsonian Institution Press, 1993. p. 160-181.

LEROI-GOURHAN, André. **Hand und Wort**: Die Evolution von Technik, Sprache und Kunst. Frankfurt: Suhrkamp, 1980.

LEROI-GOURHAN, André. **L'homme et la matière**. Paris: Albin Michel, 1943.

LESSER, Wendy. **The Life Below the Ground**: A Study of the Subterranean in Literature and History. Boston/London: Faber and Faber, 1987.

LIMA, Tania Andrade. Cultura Material: a dimensão concreta das relações sociais. **Boletim do Museu Paraense Emílio Goeldi**, Ciências Humanas, Belém, v. 6, n. 1, p. 11-23, 2011.

LIMA, Tania Andrade. Os marcos teóricos da arqueologia histórica, suas possibilidades e limites. **Estudos Íbero-Americanos,** Porto Alegre: EDIPUCRS, v. 28, n. 2, p.7-23, 2002.

LOREN, Diana Di Paolo. Considering Mimicry and Hybridity in Early Colonial New England: Health, Sin and the Body "Behung with Beades". **Archaeological Review from Cambridge**, v. 28, n. 1, p. 151-168, 2013.

LOTHROP, Eleanor. **Throw Me a Bone**: What Happens When You Marry an Archaeologist. New York-Toronto: Whittlesey House, 1948.

LUBAR, Steven; KINGERY, William. David. **History from Things**: Essays on Material Culture. Washington: Smithsonian Institution Press, 1993.

LYMAN, Lee Richard.; O'BRIEN, Michael; DUNNELL, Robert. **The Rise and Fall of Culture History**. New York: Plenum, 1997.

MacDONALD, Mary (ed.). **Experiences of Place**. Harvard: Harvard UP, 2003.

MACDOUGALL, Doug. **Nature's Clocks**: How Scientists Measure the Age of Almost Everything. Berkeley: University of California Press, 2008.

MAGGS, Tim. Naming of Archaeological Sites. **The South African Archaeological Bulletin**, v. 34, n. 130, p. 110, 1979.

MAHAYNI, Ziad. **Feuer, Wasser, Erde Luft**: Eine Phänomenologie der Natur am Beispiel der vier Elemente. Rostock: Ingo Koch, 2003.

MARQUES, Marcélia. **Pedra que te quero palavra**: discursividade e semiose no (com)texto arqueológico da Tradição Itaparica. 2010. Tese (Doutorado em História) – Programa de Pós-graduação em História, Pontifícia Universidade Católica do Rio Grande do Sul, Porto Alegre, RS, 2010.

MARQUES, Marcélia; HILBERT, Klaus. Coisas colecionadas: um jeito (conceitual e intuitivo) de lidar com a cultura material. **Metis**: História & Cultura, Caxias do Sul: Universidade de Caxias do Sul, v. 8, n. 16, p. 43-72, 2009.

MARSHALL, Claire. Breaking the Sound Barrier: New Directions for Complexity, Transformation and Reconstructive Practice in Experimental Neolithic Archaeoacoustics. *In*: MILLSON, Dana (ed.). **Experimentation and Interpretation**: The Use of Experimental Archaeology in the Study of the Past. Oxford: Oxbow, 2011. p. 46-108.

MATHEWS, Jennifer; SCHULTZ, Gillian. **Chicle**: The Chewing Gum of the Americas, from the Ancient Maya to William Wrigley. Tucson: The University of Arizona Press, 2009.

MAUSS, Marcel. **Ensaio sobre a dádiva**. Lisboa: Edições 70, 2001.

MCCRACKEN, Grant. **Culture and Consumption**: New Approaches to the Symbolic Character of Consumer Goods and Activities. Bloomington: Indiana, 1988.

MEGGERS, Betty Jane. Advances in Brazilian Archaeology, 1935-1985. **American Antiquity**, v. 50, n. 2, p. 364-373, 1985.

MENTZ RIBEIRO, Pedro Augusto. *et al*. Escavações arqueológicas no município de Bom Jesus, RS. **Revista de Arqueologia**, São Paulo, v. 8, n. 1, p. 221-236, 1994.

MILLER, Daniel (ed.). **Materiality**: Politics, History and Culture. Durham, NC: Duke UP, 2005.

MILLER, Daniel. **Material Culture and Mass Consumption**. Oxford: Basil Blackwell, 1987.

MINTZ, Sidney Wilfred. Time, Sugar, and Sweetness. *In*: COUNIHAN, Carol; ESTERIK, Penny van (ed.). **Food and Culture:** A Reader. London: Routledge, 1997. p. 357-369.

MONTICELLI, Gislene. **Deixe estar**: patrimônio, arqueologia e licenciamentos ambientais. Porto Alegre: EDIPUCRS, 2010.

MUENSTERBERGER, Werner. **Sammeln**: Eine unbändige Leidenschaft. Berlin: Suhrkamp, 1999.

MURDOCK, George Peter. **Ethnographic Atlas**: A Summary. Pittsburgh: The University of Pittsburgh Press, 1967.

MURRAY, Tim. Communication and the Importance of Disciplinary Communities: Who Owns the Past? *In*: YOFFEE, Norman; SHERRATT, Andrew (ed.). **Archaeological Theory**: Who Sets the Agenda? Cambridge: Cambridge UP, 1997. p. 105-116.

NAPP, Leonardo; TELLES, Mário Ferreira; SILVA, Michel Platini. *Ilarilariê (ô, ô, ô)*: Um disco da Xuxa e a análise de valor. **História, Imagem e Narrativas**, n. 7, ano 3, 2008.

OLSEN, Bjørnar. **In Defense of Things**: Archaeology and the Ontology of Objects. Walnut Creek: AltaMira, 2010.

OLSEN, Bjørnar. Roland Barthes: From Sign to Text. *In*: TILLEY, Christopher (ed.). **Reading Material Culture**. Oxford: Basil Blackwell, 1990. p. 163-205.

OLSEN, Bjørnar *et al*. **Archaeology**: The Discipline of Things. Berkeley: University of California Press, 2012.

PEARCE, Susan. **Museums, Objects and Collections**. Washington: Smithsonian Institution Press, 1992.

PELLINI, José Robert. Onde está o gato? Realidade, Arqueologia Sensorial e paisagem. **Habitus**, Goiânia, v. 9, n. 1, p. 17-31, 2011.

PETROSKI, Henry. **The Pencil**: A History of Design and Circumstance. New York: Alfred A. Knopf, 1992.

PHILLIPS, Louise; JØRGENSEN, Marianne. **Discourse Analysis as Theory and Method**. London: Sage, 2002.

PISANI, Elisabeth; GEORGE, Rose. **Dirt**: The Filthy Reality of Everyday Life. London: Profile, 2012.

POIRIER, Anne; POIRIER, Patrick (ed.). **Archäologie zwischen Imagination und Wissenschaft**. Göttingen: Wallstein, 1999.

PREUCEL, Robert. **Archaeological Semiotics**. Oxford: Basil Blackwell, 2006.

PREUSS, Karl Theodor. **Tod und Unsterblichkeit im Glauben der Naturvölker**. Tübingen: Verlag J.C.B. Mohr, 1930. (Sammlungen Gemeinverständlicher Vorträge und Schriften aus dem Gebiet der Theologie und Religionsgeschichte, v. 146).

PROPP, Vladimir. **A morfologia do conto**. Lisboa: Vega, 1983 [1928].

QUIGLEY, Christine. **Skulls and Skeletons**: Human Bone Collections and Accumulations. London: McFarland, 2008.

RAHTZ, Philip. **Convite à arqueologia**. Rio de Janeiro: Imago, 1989.

REDMAN, Charles. Multistage Fieldwork and Analytical Techniques. **American Antiquity**, v. 38, n. 1, p. 61-79, 1973.

REES, David. **Die Kunst einen Bleistift zu spitzen**: Theorie und Praxis der Kunst des Bleistiftspitzens für Schriftsteller, Künstler, Unternehmer, Architekten, Handwerker, Juristen, Staatsdiener u.v.a. Eine praktische und theoretische Abhandlung. Berlin: Metrolit, 2013.

REIS, José Alberione. Das condições de possibilidade da teoria em arqueologia: do impacto e do explícito na arqueologia brasileira. *In*: FUNARI, Pedro Paulo *et al.* (ed.). **Identidades, discurso e poder**: estudos da arqueologia contemporânea. São Paulo: Annablume, 2005. p. 211-237.

RENFREW, Colin; BAHN, Paul. **Archaeology**: Theories, Methods and Practice. London: Thames & Hudson, 2005.

ROBINSON, Tony; ASTON, Mick. **Archaeology is Rubbish**: A Beginner's Guide. London: Channel 4, 2003.

ROWE, John. Site Designation in the Americas. **American Antiquity**, v. 36, n. 4, p. 477-478, 1971.

RUSSELL, Miles. "No more heroes any more": The Dangerous World of the Pop Culture Archaeologist. *In*: RUSSELL, Miles (ed.). **Digging Holes in Popular Culture**: Archaeology and Science Fiction. Oxford: Oxbow, 2002. p. 38-54.

SALISBURY, Roderick. Engaging with Soil, Past and Present. **Journal of Material Culture**, v. 17, n. 1, p. 23-40, 2012.

SAMIDA, Stefanie; EGGERT, Manfred; HAHN, Hans Peter (ed.). **Handbuch Materielle Kultur**: Bedeutungen, Konzepte, Disziplinen. Stuttgart: J. B. Mertzler, 2014.

SANTOS, Paulo Alexandre da Graça. **Mensagens nas garrafas**: o prático e o simbólico no consumo de bebidas em Porto Alegre (1875-1930). 2009. Dissertação (Mestrado em História) – Programa de Pós-graduação em História. Pontifícia Universidade Católica do Rio Grande do Sul, Porto Alegre, RS, 2009.

SARTRE, Jean-Paul. **O ser e o nada**: ensaio de ontologia fenomenológica. 13. ed. Petrópolis: Vozes, 2005.

SAUNDERS, Nicolas. The Colours of Light: Materiality and Chromatic Cultures of the Americas. *In*: JONES, Andrew; MacGREGOR, Gavin (ed.). **Colouring the Past**. Oxford: Berg, 2002. p. 209-226.

SAUSSURE, Ferdinand de. **Curso de lingüística geral**. 15. ed. São Paulo: Cultrix, 1989.

SCHIFFER, Michael Bian. **Formation Processes of the Archaeological Record**. Salt Lake City: University of Utah Press, 1987.

SCHLOZ, Thomas. **Die Gestes des Sammelns**. Eine Fundamentalspekulation; Umgriff, Anthropologie, Etymographie, Entlass. Stuttgart: Selbstverlag, 2000.

SHANKS, Michael; TILLEY, Christopher. **Re-Constructing Archaeology**: Theory and Practice. 2. ed. London: Routledge, 1992.

SILLIMAN, Stephen. **Collaborating at the Trowel's Edge**: Teaching and Learning in Indigenous Archaeology. Tucson: The University of Arizona Press, 2008.

SILVA, Fabíola Andréa. **As técnicas e seus significados**: um estudo da cerâmica dos Assurini do Xingu e da cestaria dos Kayapó-Xikrin sob uma perspectiva etnoarqueológica. 2000. Tese (Doutorado em Antropologia Social) – Departamento de Antropologia da Faculdade de Filosofia e Ciências Humanas da Universidade de São Paulo, 2000.

SIMÕES, Mário; ARAÚJO-COSTA, Fernanda. Áreas da Amazônia Legal Brasileira para pesquisa e cadastro de sítios arqueológicos. Belém: Museu Paraense Emílio Goeldi, 1978. (Publicações Avulsas, 30).

SOENTGEN, Jens. **Das Unscheinbare**: Phänomenologische Beschreibungen von Stoffen, Dingen und fraktalen Gebilden. Berlin: Akademie, 1996.

SOENTGEN, Jens. Materialität. *In*: SAMIDA, Stefanie; EGGERT, Manfred; HAHN, Hans Peter (ed.) **Handbuch Materielle Kultur**: Bedeutungen, Konzepte, Disziplinen. Stuttgart/Weimar: J. B. Metzler, 2014. p. 226-229.

SOENTGEN, Jens. **Selbstdenken**: 20 Praktiken der Philosophie. Wuppertal: Peter Hammer, 2007.

SOENTGEN, Jens. **Splitter und Scherben**: Essay zur Phänomenologie des Unscheinbaren. Zug: Die Graue Edition, 1998.

SOENTGEN, Jens. Stuff: A Phenomenological Definition. *In*: RUTHENBERG, Klaus; BRAKEL, van Jaap (ed.). **The Nature of Chemical Substances**. Würzburg: Königshausen & Neumann, 2008. p. 71-92.

SOENTGEN, Jens. **Wie man mit dem Feuer philosophiert**. Chemie und Alchemie für Furchtlose. Wuppertal: Peter Hammer, 2015.

SOENTGEN, Jens; HILBERT, Klaus. Entdeckungen der indigenen Völker Südamerikas: Präkolumbische Chemie. **Chemie in unserer Zeit**, n. 5, p. 322-324, 2012.

SOENTGEN, Jens; HILBERT, Klaus. Terra Preta als politischer Mythos: "Das Wunder aus dem Regenwald". **Scheidewege**, n. 45, p. 265-275, 2015.

SOENTGEN. Jens. **Von den Sternen bis zum Tau**: Eine Entdeckungsreise durch die Natur. Mit 120 Phänomenen und Experimenten. Wuppertal: Peter Hammer, 2010.

SOMBROEK, Wim. **Amazon Soils**: A Reconnaissance of the Soils of the Brazilian Amazon Region. Wageningen: Center for Agricultural Publications and Documentation, 1966.

SOMMER, Manfred. **Sammeln**: Ein philosophischer Versuch. Frankfurt: Suhrkamp, 2002.

STAMPER, Paul. Only One Way to Scratch the Dirt. **British Archaeology**, v. 43, n. 3, essay, 1999.

STEIN, Julie. Earthworm Activity: A Source of Potential Disturbance of Archaeological Sediments. **American Antiquity**, v. 48, n. 2, p. 277-289, 1983.

STEWARD, Julian Haynes. **Theory of Culture Change**: The Methodology of Multilinear Evolution. 2. ed. Urbana: University of Illinois Press, 1973.

SUHRBIER, Birgit. **Die Macht der Gegenstände**. Menschen und ihre Objekte am oberen Xingú, Brasilien. Marburg: Curupira, 1998. (Reihe Curupira, Band 6).

SWIFT, Jonathan. **Gulliver's Travels**. London: Collins Clear-Type, 1970.

SYMANSKI, Luís Cláudio Pereira. **Grupos domésticos e comportamento de consumo em Porto Alegre no Século XIX**: Solar Lopo Gonçalves. 1997. Dissertação (Mestrado em História) – Programa de Pós-graduação em História. Pontifícia Universidade Católica do Rio Grande do Sul, Porto Alegre, RS, 1997.

TAÇON, Paul. The Power of Stone: Symbolic Aspects of Stone Use and Tool Development in Western Arnhem Land, Australia. **Antiquity**, n. 65, issue 247, p. 192-207, 1991.

TARD, Gabriel. **Die Gesetze der Nachahmung**. 1. Frankfurt: Suhrkamp, 2009.

TAYLOR, Walter. **A Study of Archaeology**. 7. ed. Illinois: Southern Illinois University, 1983.

TERRELL, John. Storytelling and Prehistory. **Archaeological Method and Theory**, v. 2, p. 1-29, 1990.

THIESEN, Beatriz Valladão. **As paisagens da cidade**: arqueologia da área central de Porto Alegre do século XIX. 1999. Dissertação (Mestrado em História) – Programa de Pós-graduação em História. Pontifícia Universidade Católica do Rio Grande do Sul, Porto Alegre, RS, 1999.

THOMAS, Julian. **Time, Culture and Identity**: An Interpretative Archaeology. London: Routledge, 1996.

TILLEY, Christopher. **A Phenomenology of Landscape**: Places, Paths and Monuments. Oxford: Berg, 1994.

TILLEY, Christopher. Interpreting Material Culture. *In*: THOMAS, Julian (ed.). **Interpretative Archaeology**: A Reader. London-New York: Leicester University Press, 2000. p. 418-426.

TILLEY, Christopher. **Metaphor and Material Culture**. Oxford: Basil Blackwell, 1999.

TOCCHETTO, Fernanda Bordin. **Fica dentro ou joga fora?** Sobre práticas cotidianas em unidades domésticas na Porto Alegre oitocentista. 2004. Tese (Doutorado em História) – Programa de Pós-graduação em História. Pontifícia Universidade Católica do Rio Grande do Sul, Porto Alegre, RS, 2004.

TRIGGER, Bruce Graham. **A History of Archaeological Thought**. 7. ed. Cambridge: Cambridge: Cambridge UP, 1995.

WAGNER, Gustavo *et al.* Sambaquis (shell mounds) of the Brazilian Coast. **Quaternary International**, v. 239, p. 51-60, 2011.

WAISMAN, Leonardo de Azevedo; MOEHLECKE, Sílvia Copé. A gênese das galerias subterrâneas do Planalto Sul-brasileiro. **Revista de Arqueologia**, v. 25, n. 1, p. 144-142, 2012.

WALDENFELS, Bernhard. **De Husserl a Derrida**: Introducción a la fenomenología. Buenos Aires: Paidós, 1997.

WARKENTIN, Benno (ed.). **Footprints in the Soil**: People and Ideas in Soil History. Amsterdam: Elsevier, 2006.

WARNIER, Jean-Pierre. **Construire la culture matérielle**: L'homme qui pensait avec ses doigts. Paris: Presses Universitaires de France, 1999.

WEINER, Annette. From Words to Objects to Magic: Hard Words and the Boundaries of Social Interaction. **Man** (N. S.), v. 18, n. 4, p. 690-709, 1983.

WELLAND, Michael. **Sand**: The Never-ending Story. Berkeley: University of California Press, 2009.

WEST, John. A Brief History and Botany of Cacao. *In*: FOSTER, Nelson; CORDELL, Linda (ed.). **Chilies to Chocolate**: Food the Americans Gave the World. Tucson: The University of Arizona Press, 1992. p. 105-122.

WHITE, Leslie Alvin. **Ethnological Essays**. DILLINGHAM, Beth; CARNEIRO, Robert Leonard (ed.). Albuquerque: University of New Mexico Press, 1987.

WILDESEN, Leslie. The Study of Impacts on Archaeological Sites. **Advances in Archaeological Method and Theory**, v. 5, p. 52-96, 1982.

WILK, Richard. Bottled Water. The Pure Commodity in the Age of Branding. **Journal of Consumer Culture**, v. 6, n. 3, p. 303-325, 2006.

WILK, Richard; SCHIFFER, Michael Brian. The Archaeology of Vacant Lots in Tucson, Arizona. **American Antiquity**, v. 44, n. 3, p. 530-536, 1979.

WOBST, Martin Hans. Agency in (Spite of) Material Culture. *In*: DOBRES, Marcia-Anne; ROBB, John (ed.). **Agency in Archaeology**. London: Routledge, 2000. p. 40-50.

WOHLLEBEN, Peter. **Das geheime Leben der Bäume**: Was sie fühlen, wie sie kommunizieren. Kiel: Ludwig, 2016.

WOOD, Raymond; JOHANSON, Donald Lee. A Survey of Disturbance Processes in Archaeological Site Formation. *In*: SCHIFFER, Michael Brian (ed.). **Advances in Archaeological Method and Theory**. New York: Academic Press, 1978. v. 1, p. 315-381.

WOODWARD, Ian. **Understanding Material Culture**. London: Sage, 2007.

WOODWARD, Sophie. Looking Good: Feeling Right-Aesthetics of the Self. *In*: KÜCHLER, Susanne; MILLER, Daniel (ed.). **Clothing as Material Culture**. Oxford: Berg, 2005. p. 21-39.

WOYWODT, Alexander; KISS, Akos. Geophagia: The History of Earth-eating. Journal of the Royal Society of Medicine, v. 95, n. 3, p. 143-146, 2002.

WYLIE, Alison. **Thinking from Things**. Essays in the Philosophy of Archaeology. Berkeley: University of California Press, 2002.

YARROW, Thomas. Artifactual Persons: The Relational Capacities of Persons and Things in the Practice of Excavation. **Norwegian Archaeological Review**, v. 36, n. 1, p. 65-73, 2003.

YATES, Frances Amelia. **A arte da memória**. Campinas: Editora Unicamp, 2007.

ÍNDICE REMISSIVO

Achados arqueológicos: *27-31, 39, 41, 51, 63-65, 69, 77-79, 83-84, 91, 93-94, 96-98, 101, 105-107, 109, 115, 119, 132-134, 140-142, 150, 157-158, 161, 182, 191, 194, 200, 214, 224-225, 227-228, 231, 245, 247, 250.*

Análise: *19-20, 54, 70-71, 98, 110, 177, 214, 220, 222, 258-259, 264, 270, 273, 279.*

Antropologia: *Nota 1, 18, 101, 103, 217, 259.*

Arqueólogo de campo: *51-52, 55, 65, 234-235, 238.*

Arqueólogo de gabinete: *52.*

Arte: *24, 29, 35, Nota 11, 50, Nota 28, 85, 106, 130, 151, 158, 209-212, 225, 253.*

Artefato: *Nota 7, 149, 185, 219, 237, 241-242, 245, 249, 274.*

Classificar: *177, 255-256.*

Coisas do passado: *7, 29-32, 35-37, 40, 60-61, 93, 141, 148-150, 227, 269.*

Como escavar: *20, 98, 107, 217.*

Contar histórias: *32, 36-37, 111.*

Cultura arqueológica: *70-71, 97-98, 105, 136.*

Cultura material: *23, Nota 7, 43, 45-46, 49, Nota 30, 69, 95, 98, 101, 112, 125, 135, 200, 214-215, Nota 63, 253, 261, 264, 271-273, 275-276, 281.*

Descobrir: *21, 32, 58, 108, 141, 222, 238, 259.*

Discurso: *50, 112, 212, 219, 221, 273-276.*

Educação Patrimonial: *149-150, 279-280.*

Escavação arqueológica: *17, 63, 130, 149, 151, 170-171, 177-178, 181, 183, 200, 223-224, 227, 236, 250.*

Fazer Arqueologia: *9, 22-24, 52, 58, 89, 94, 217, 279.*

Fenômeno: *100-102, 126, 146, 182, 220, 226-227, 245, 276.*

Ferramenta: *178, 184, 235-239, 241-242, 277.*

Filosofia: *20, 55, 57-58, 217, 235, 261-262.*

Iphan: *Nota 6, 39, 41, 70, 72, 74, 228, 279-280.*

Laboratório de Arqueologia: *68-70, 72, 90, 240-241.*

Linguagem: *7, 9-10, 20, 23-24, 53, 112, 220-221, 232, 271-273, 275-276.*

Lugares de achados: *31-32, 40-42, 63, 65-66, 77-79, 93, 106, 110, 114, 119, 140, 229.*

Manual de Arqueologia: *5, 7, 21, 23, 38.*

Materialidade: *Nota 7, 101-102, 254, 264.*

Memórias: *7, 21-23, 28-34, 36, 38, 44, 102, 211, 214-215, 254.*

Museu: *42, 44, 47-49, 80-81, 95, 103, 111, 180.*

Objetos encontrados: *43, 60, 94, 136, 200, 276.*

Patrimônio arqueológico: *59, 69, 105, 107, 199-200.*

Prospecção: *20, 67-69, 89-91, 105, 107, 229.*

Semiótica: *271.*

Sensibilidade: *69, 93, 107, 185-186, 274.*

Sítio arqueológico: *7, 20, 27, 33-34, 53, 70, 83-84, 90, 93-94, 100, 105-106, 108-109, 114, 133-135, 140, 142, 144, 147, 150, 162-164, 167, 189, 191-193, 214, 223-224, 226-227, 275-276, 278-281.*

Stoffe: *20, 124, 262.*

Teorias arqueológicas: *55-57.*

Terra preta; *28, 31, 64, 89, 114, 122, 125, 143-144, 163-164, 244.*

Tocar: *33, 131, 184-186.*

Universidade: *17, 20, 41, 55, 63, 69, 72, 91, 99, 135-136,* Nota *40, 199, 238, 255, 270.*